O documento arquivístico ante a realidade digital

Rosely Curi Rondinelli

O documento arquivístico ante a realidade digital

Uma revisão conceitual necessária

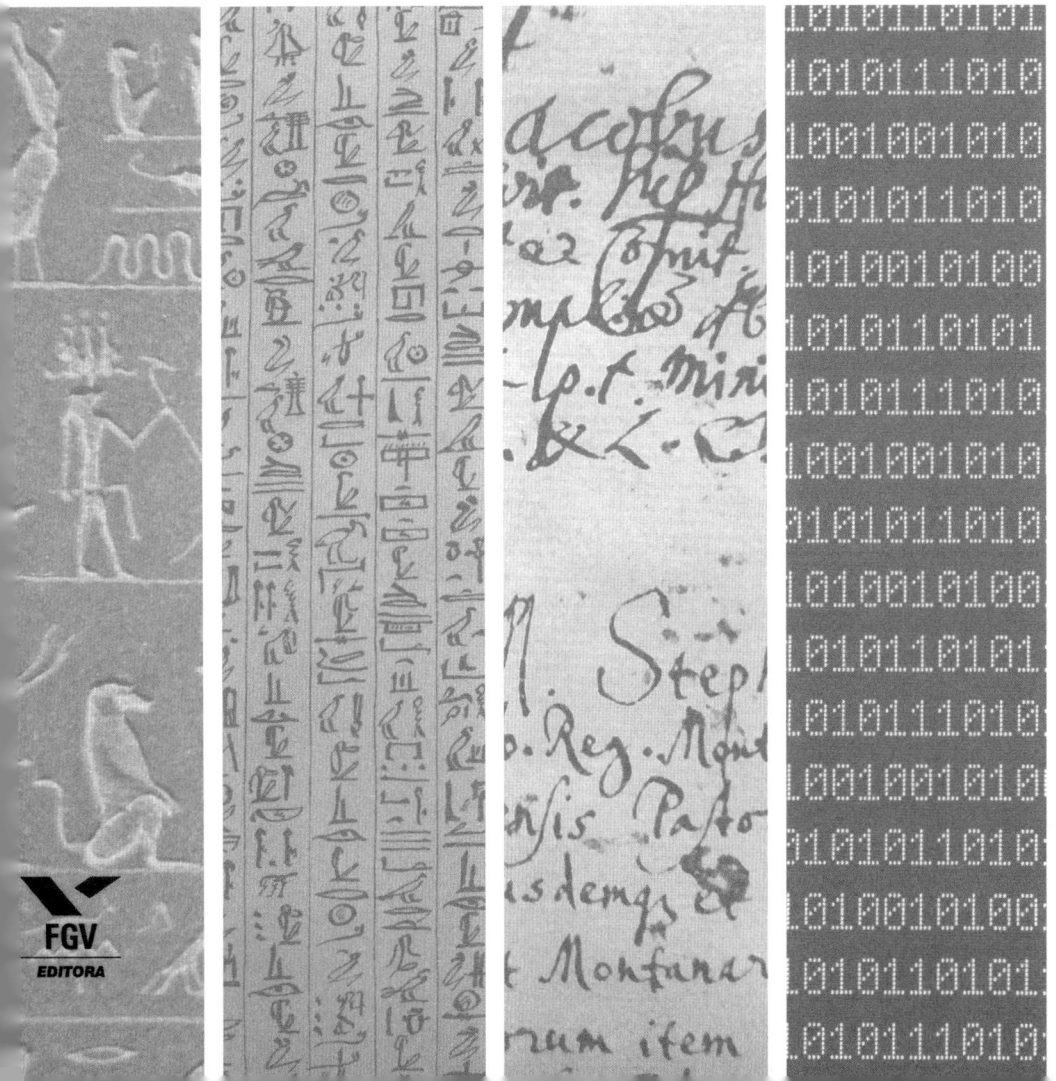

Copyright © Rosely Rondinelli

Direitos desta edição reservados à
Editora FGV
Rua Jornalista Orlando Dantas, 37
22231-010 | Rio de Janeiro, RJ | Brasil
Tels.: 0800-021-7777 | 21-3799-4427
Fax: 21-3799-4430
editora@fgv.br | pedidoseditora@fgv.br
www.fgv.br/editora

Impresso no Brasil | *Printed in Brazil*

Todos os direitos reservados. A reprodução não autorizada desta publicação, no todo ou em parte, constitui violação do copyright Lei nº 9.610/98).

1ª edição — 2013; 1ª reimpressão — 2017; 2ª reimpressão — 2020.

Preparação de originais: Laura Vianna Vasconcellos
Revisão: Fatima Caroni
Projeto gráfico e editoração eletrônica: Mari Taboada
Capa: Letra e Imagem

Ficha catalográfica elaborada pela
Biblioteca Mario Henrique Simonsen/FGV

> Rondinelli, Rosely Curi
> O documento arquivístico ante a realidade digital : uma revisitação conceitual necessária / Rosely Rondinelli. — Rio de Janeiro : Editora FGV, 2013.
> 280 p.
>
> Originalmente apresentada como tese da autora (doutorado-Universidade Federal Fluminense, Curso de Pós-Graduação em Ciência da Informação).
>
> Inclui bibliografia.
> ISBN: 978-85-225-1426-7
>
> 1. Arquivos e arquivamento (Documentos). 2. Documentos eletrônicos. I. Fundação Getulio Vargas. II. Título.
>
> CDD — 025.1714

A Aluen Curi, professor e poeta árabe,
que por sorte era meu avô.

Até aqui me ajudou o Senhor (1 Sm. 7: 12).

Agradecimentos

Este livro foi originalmente uma tese de doutorado apresentada ao Curso de Pós-Graduação em Ciência da Informação, no convênio Ibict/UFF. Nesse contexto há muitos a quem agradecer.

Em primeiríssimo lugar agradeço à minha orientadora, Lena Vania Ribeiro Pinheiro, a quem, entre tantas outras valiosas sugestões, devo o aprimoramento do título de minha pesquisa devidamente incorporado a essa publicação. Em seguida agradeço aos membros da banca examinadora da tese, professores Maria Nélida González de Gómez, Rosali Fernandez de Souza, Luiz Cleber Gak e Luis Fernando Sayão, cujos comentários generosos e agudos reiteraram a percepção de que uma pesquisa acadêmica não é concluída, mas sim interrompida.

Dedico ainda um agradecimento muito especial à professora Marilena Leite Paes por mais uma vez ter acreditado e amadrinhado uma obra de minha autoria sob a honrosa chancela da editora da Fundação Getulio Vargas.

SUMÁRIO

Prefácio   11
Introdução   13

1. Documento e informação: variações conceituais a partir da ciência da informação e da arquivologia   19

   Documento, o que é?   24
   Informação, o que é?   55
   A convergência conceitual possível   101

2. Diplomática e arquivologia: trajetórias que se cruzam   105

   Diplomática: das chancelarias medievais às estações de trabalho   105
   Arquivologia: do hibridismo diplomacista à ciência autônoma   117
   Diplomática, arquivologia ou diplomática arquivística contemporânea?   140

3. Documento arquivístico, o que é?   143

   O que dizem os clássicos   145
   O que dizem os contemporâneos   172
   O que dizem os dicionários   200
   Considerações terminológicas envolvendo o conceito de arquivo   206
   Um conceito de evidência para o documento arquivístico   213
   Ideias centrais sobre o conceito de documento arquivístico   224

4. O conceito de documento arquivístico diante da realidade digital   231

Documento arquivístico digital, o que é?   233
Documento arquivístico digital: características e partes constituintes segundo a diplomática   235
Documento digital: uma proposta de classificação   245
Documento digital, documento arquivístico digital e o conceito de variabilidade limitada   249
Documento arquivístico digital: categorias funcionais e credibilidade   253
Ideias centrais sobre o documento arquivístico em ambiente digital   259

Considerações finais   263

Bibliografia   269

Prefácio

Esta é uma obra fundamental para quem lida com documentos arquivísticos, sejam arquivistas, profissionais da informação em geral, profissionais da área jurídica, ou usuários de arquivos.

Muito se tem escrito sobre a natureza e a definição do documento arquivístico, mas nenhuma tentativa havia sido feita para compreender a evolução do pensamento sobre o conceito desse documento através de culturas, bem como para conciliar os diferentes pontos de vista e transcendê-los, a fim de fornecer um contorno intelectualmente rigoroso, de uso prático e universalmente aceitável sobre a natureza, as características e o comportamento do documento arquivístico em ambiente digital. O fato de esse contorno tomar por base o conhecimento estabelecido e reforçá-lo, ao invés de divergir dele, confirma sua validade e aumenta sua utilidade.

Outra qualidade deste livro é seu embasamento, não só na literatura publicada, mas também nas descobertas não publicadas de um projeto internacional, do qual a autora tem participado ativamente, e em conversas com os principais teóricos sobre o assunto.

Há relevância nesta obra também para estudantes de cursos que tratam de informação. Primeiramente porque, embora tenha como foco um conceito que está no âmago da ciência arquivística, apresenta uma abordagem interdisciplinar e é acessível a pessoas com diferentes experiências e perspectivas. Essa acessibilidade é intensificada pelos quadros de sistematização elaborados pela autora, os quais apresentam um apanhado do pensamento dos autores contemplados indicando o que eles têm em comum, e pela rica bibliografia, uma fonte de valor inestimável.

Finalmente, o livro é escrito com tal clareza que sua leitura é um prazer para aquele que se interessa por nossa memória documental, independentemente do suporte que a retiver para as futuras gerações.

LUCIANA DURANTI
Professora doutora da School of Library, Archival and Information Science
da University of British Columbia, Vancouver, Canadá

Introdução

Em 1989, o diretor do Arquivo de Segurança Nacional[1] dos Estados Unidos, Scott Amstrong, e outros interessados apresentaram uma ação judicial contra a destruição de fitas magnéticas que continham cópias de segurança (*backup*) das mensagens eletrônicas (e-mails) da Secretaria da Presidência da República. Entre as agências subordinadas à secretaria, e portanto atingidas pela decisão, estava o Conselho de Segurança Nacional. A ordem para destruir o material havia sido dada pela própria secretaria, no fim da administração Reagan. Como justificativa, alegava-se que, em meio digital, as mensagens não constituíam documentos arquivísticos, como sua versão em papel, a qual já havia sido providenciada. Os autores da ação judicial baseavam sua iniciativa em três argumentos: tratava-se de documentos arquivísticos públicos, e, portanto, sua gestão e preservação estavam subordinadas a leis federais; a secretaria não dispunha de normas sobre gestão de seus e-mails condizentes com essas leis; o Arquivo Nacional dos Estados Unidos havia sido negligente ao não se pronunciar sobre o assunto.

No final, o juiz decidiu a favor dos autores com base nos seguintes argumentos: grande parte das mensagens eletrônicas não se diferenciava de documentos como cartas e memorandos, comumente tidos como arquivísticos em instituições governamentais; as cópias em papel podiam

---

[1] Instituição não governamental que detém acervo bibliográfico e arquivístico formado por documentos liberados pelo Federal Information Act-Foia. Funciona nas dependências da Universidade George Washington, em Washington, DC.

não conter todas as informações existentes no original digital, como, por exemplo, o nome de todos os destinatários ou links para mensagens anteriores (Macneil, 2000; Eastwood, 2002).

O caso citado, conhecido como "Armstrong *vs* Secretaria da Presidência da República", se insere no contexto das questões arquivísticas suscitadas pela rápida disseminação da tecnologia digital em instituições públicas e privadas, a partir dos anos 1990. Tais questões remetem, primeiramente, à identificação da entidade arquivística em ambiente digital e, a partir daí, à sua gestão e preservação. A nova realidade motivou uma série de estudos no âmbito dos arquivos, como o empreendido pelas Nações Unidas com o objetivo de "desenvolver diretrizes para implementação de arquivos eletrônicos e programas de gestão de documentos arquivísticos para uso da Organização das Nações Unidas, levando em consideração arquivos tradicionais e práticas de gestão de documentos" (Eastwood, 2002:1)

O estudo em questão resultou num relatório publicado em 1990, intitulado "United Nations, Advisory Committee for the Co-ordination of Information System (Accis), management of electronic records: issues and guidelines", conhecido como Accis Report. Entre os pontos listados no relatório, destaca-se o reconhecimento de que "as Nações Unidas tinham que 'distinguir entre documento arquivístico e material não arquivístico'" (Eastwood, 2002:1). Para tanto, recomendava-se que os sistemas automatizados fossem projetados de maneira a possibilitar que documentos arquivísticos fossem identificados em meio ao que agora era indistintamente chamado de dado, informação e documento.

Segundo Eastwood, "nem sempre é fácil identificar o que, entre dados, informação e documentos, são documentos arquivísticos, e que por isso requerem medidas especiais de controle" (Eastwood, 2002:3). A dificuldade da tarefa é proporcional à sua importância, e implica que se pergunte, primeiramente, por que a identificação e as medidas de controle seriam necessárias? A resposta exige que se conheça a natureza do documento arquivístico, ou seja, o que de fato é essa entidade e o que ela significa para a sociedade. Trata-se, pois, de conhecer determinada entidade, e não de defini-la simplesmente, de percorrer um caminho teórico o qual, no âmbito deste livro, se traduz num processo de revisitação do conceito de documento arquivístico. Como se trata de percurso conceitual, com base em Heidegger (apud Safranski, 2005:459), para quem "indagar é a devoção do pensar", propomos que o percurso seja trilhado com a seguinte hierarquia de perguntas: o que é documento? O que é informação? O que é documento arquivístico? O que é documento arquivístico digital?

As duas primeiras indagações serão respondidas a partir da ciência da informação e da arquivologia, o que de imediato suscita o seguinte questionamento: por que a opção, neste livro, de se privilegiar os laços interdisciplinares[2] da arquivologia com a ciência da informação, e não com a história ou o direito, por exemplo? A escolha se justifica pelo fato de a presente obra se originar de uma tese de doutorado desenvolvida no âmbito de um programa de pós-graduação em ciência da informação, área que prima pela produção de vasta literatura sobre os conceitos de informação e documento.

De posse desses conceitos, é possível dar início ao estudo do documento arquivístico e do documento arquivístico digital, agora a partir dos fundamentos teóricos metodológicos da arquivologia e da diplomática. Mas por que a diplomática? Por que recorrer a uma disciplina de forte conotação medieval para abordar tema tão contemporâneo como os documentos arquivísticos digitais? Inspirando-se em Duranti, deve-se argumentar que a aplicação dos fundamentos da arquivologia e da diplomática ao estudo dos documentos digitais pode ser comparada ao uso da câmara de neblina pelo físico: por meio do "choque entre elementos desconhecidos e elementos conhecidos, poderíamos descobrir a natureza do que é ou aparenta ser novo" (Duranti, 1994b:1). Em outras palavras, incluiríamos

---

[2] Segundo Japiassu e Marcondes (apud Pinheiro, 1977) interdisciplinaridade é um "Método de pesquisa e de ensino suscetível de fazer com que duas ou mais disciplinas interajam entre si, esta interação podendo ir da simples comunicação das ideias até a integração mútua dos conceitos, da epistemologia, da terminologia, da metodologia, dos procedimentos, dos dados e da organização da pesquisa".

"o antigo como uma verdade parcial, um aspecto da realidade". Com esse "método, o conhecimento tradicional pode ser transformado pela interação com novas observações, e suas aparentes contradições podem ser reconciliadas" (Duranti, 1994b:1).

Este livro surgiu da necessidade imposta pela tecnologia digital de se conhecer de fato o objeto da arquivologia, a fim de que se possa diferenciá-lo de meros objetos digitais. Esse "conhecer de fato" implica que revisitemos toda a trajetória conceitual relativa ao documento arquivístico e que nos inteiremos dos elementos diplomáticos que o constituem. Afinal, estamos falando de uma entidade cuja natureza se confunde com o próprio agir humano.

É oportuno esclarecer que nossa proposta de revisitação do conceito de documento arquivístico se dará predominantemente no contexto institucional, ou seja, no âmbito dos documentos produzidos por pessoas jurídicas, e não pelas pessoas físicas. A razão para tanto reside no fato de os arquivos privados pessoais passarem um tanto ao largo da discussão sobre o conceito de documento arquivístico como se verá aqui. Sobre essa realidade, a voz crítica nos vem de Yeo (2008:124), para quem

> documentos arquivísticos organizacionais são sempre vistos como "melhores" membros da categoria do que os produzidos fora da estrutura institucional. Muitas definições de documentos arquivísticos declaram explicitamente que [esses documentos] podem ser produzidos e mantidos tanto por pessoas como por instituições. Entretanto, a terminologia profissional sugere outra coisa. Geralmente falamos de documentos arquivísticos institucionais, e não dos pessoais.

Na verdade, as palavras de Yeo apontam para uma realidade de carência de estudos teóricos arquivísticos envolvendo os arquivos privados pessoais. A crítica do autor inglês pode ser entendida tanto como um alerta quanto como um convite à realização desses estudos.

Cabe também fazer aqui algumas considerações sobre a questão da leitura e da interpretação num trabalho desse porte. Comecemos com

Larrosa (2005:28), para quem: "Nem o mundo nem o homem são suscetíveis de uma exegese definitiva, não podem ser lidos de uma vez por todas; seu sentido é inesgotável, seu mistério infinito. E talvez a esse infinito se possa chamar interpretação, leitura". Em outro momento, o mesmo Larrosa recorre às seguintes reflexões de Nietzsche:

> Um aforismo, se bem-cunhado e fundido, não fica logo "decifrado" pelo fato de ser lido; ao contrário, então é quando deve começar sua interpretação. [...] Naturalmente, para praticar este modo de leitura como arte necessita-se, antes de mais nada, uma coisa que é precisamente, hoje em dia, a mais esquecida [...], uma coisa para a qual se tem que ser quase um bovino, e, em todo caso, não um "homem moderno": o ruminar da leitura [Nietzsche, apud Larrosa, 2005:39].

Na verdade, Larrosa e Nietzsche estão falando das possibilidades infinitas de interpretação, bem como do quanto de esforço e tempo deve ser empregado na leitura de um texto. Quanto ao tipo de leitor ideal, Nietzsche (2003:76) declara: "Quando eu fico a idealizar a imagem de um leitor perfeito, acaba surgindo sempre um monstro de coragem e curiosidade, e, além disso, algo flexível, cheio de manhas, precavido, um aventureiro nato, um descobridor". Como se não bastasse, exige para si "um leitor como eu mereço, um leitor que me lê como os velhos e bons filólogos liam seu Horácio" (Nietzsche, 2003:78).

Os riscos e exigências que rodeiam o leitor foram também abordados, ou melhor, "cantados" por outros tipos de "sábios". O refrão do samba-enredo[3] da Unidos da Tijuca, escola campeã do carnaval de 2010, no Rio de Janeiro, dizia: "Cuidado, o que se vê pode não ser, será?". Basta trocar o verbo *ver* por *ler*.

Assim, este trabalho se insere num contexto inesgotável de leitura e interpretação das fontes selecionadas. Afinal, como ensina Larrosa (2005:30), "Sempre existe um texto já escrito e já lido que temos que aprender a ler

---
[3] De autoria de Júlio Alves, Marcelo e Totonho.

de outro modo. […] Sempre há outras leituras possíveis, perspectivas novas. […]. Não existem mais que textos suscetíveis de leitura infinitas".

Dá-se, pois, que o livro constitui ele mesmo um objeto suscetível de múltiplas leituras e interpretações, pois, de acordo com Eco (2005:48), e na mesma linha das reflexões anteriores, "um texto, depois de separado de seu autor […] e das circunstâncias concretas de sua criação, […] flutua […] no vácuo de um leque potencialmente infinito de interpretações possíveis".

1

Documento e informação: variações conceituais a partir da ciência da informação e da arquivologia

O desafio de uma análise dos conceitos de documento e informação nos campos da ciência da informação e da arquivologia deve, no nosso entendimento, ser precedido pela apresentação de algumas reflexões sobre o ato de conceituar.

De acordo com Yeo (2007:315), desde a decadência do positivismo e do essencialismo, na primeira metade do século XX, as definições são malvistas pelos filósofos e teóricos da cultura que não acreditam mais na capacidade de uma língua "prover um meio confiável de capturar a identidade ou o significado de coisas que encontramos no mundo". As dúvidas vão desde o significado propriamente dito de um termo até a utilidade da definição em si. Assim, a certeza positivista de que verdades e mentiras podiam ser aferidas por meio da lógica e de observações empíricas foi seriamente abalada. Nesse contexto, surge a figura de Wittgenstein, buscando mostrar a força do grupo social e do uso que faz das palavras na determinação do seu significado. Esta é uma virada no tratamento lógico da linguagem para considerar seu uso em contextos determinados, na qual Wittgenstein cria o conceito de *jogos de linguagem*. Tal conceito é caracterizado por ele no aforisma 7 de *Investigações filosóficas*, em que diz: "Chamarei também de 'jogos de linguagem' o conjunto da linguagem e das atividades com as quais está interligada" (Wittgenstein, 2000:30). Assim, proposições e conceitos não eram mais absolutos. Essa visão ganhou força a partir da década de 1970, com a prevalência de pensamentos construtivistas e relativistas que acabaram assumindo o rótulo de pós-modernismo. Segundo Yeo (2007:316):

No quadro de referência pós-modernista, todas as definições são perigosas. Elas são vistas como ilusórias, quimeras de uma verdade objetiva e inconteste, buscando reforçar uma única interpretação dogmática de fenômenos que oferecem significados múltiplos e variáveis [...]. Pode haver concepções paralelas legítimas do mesmo fenômeno, e estas não são fixas, mas variam ao longo do tempo e sobre culturas, linguagens e contextos de perguntas.

A insatisfação com as definições encontrou sustentáculo nas ciências sociais, por cujas mãos as ideias pós-modernistas se propagaram. Contudo, o fato é que a produção de definições seguiu seu curso e ainda hoje permanece. Na visão de Yeo (2007:318):

definições podem não oferecer verdades irrefutáveis, mas são ainda úteis para muitos propósitos. Elas auxiliam os novatos em sua profissão, [...], ajudam profissionais estabelecidos na análise de conceitos básicos, [...] bem como especialistas em outras áreas do conhecimento ou o público em geral.

Por essa razão, Yeo considera o compartilhamento de significados, principalmente por comunidades profissionais, uma ação legítima. Da mesma forma, julga positiva a coexistência de divergências conceituais dentro de uma mesma comunidade. Finalmente, no seu entender: "Definições são necessariamente moldadas por épocas culturais às quais pertencem, mas são úteis em demonstrar como conceitos são percebidos e compreendidos pela comunidade profissional na qual são empregadas" (Yeo, 2007:319).

Dois outros autores que também abordam a questão do ato de conceituar são Capurro e Hjorland (2007:149) para quem:

No discurso científico, conceitos teóricos não são elementos verdadeiros ou falsos, ou reflexos de algum outro elemento da realidade; em vez disso, são construções planejadas para desempenhar um papel, da melhor maneira possível. Diferentes concepções de termos fundamentais, como informação, são, assim, mais ou menos úteis, dependendo das teorias [...] para as quais se espera que deem suporte.

A influência do grupo social na determinação do significado das palavras, estudada por Wittgenstein, é exemplificada por Capurro e Hjorland no caso da palavra "informação". Os autores sugerem a questão da variação do uso dessa palavra nos âmbitos corrente e formal. Em seguida destacam a necessidade de o primeiro ser levado em conta no momento em que definições formais do termo estiverem sendo elaboradas. No entender desses autores, "o uso ordinário de um termo como informação pode ter significados diferentes de sua definição formal, significando que visões teóricas conflitantes podem surgir entre as definições científicas explícitas e as definições implícitas de uso comum" (Capurro e Hjorland, 2007:151).

Entretanto, Capurro e Hjorland alertam para o fato de que os estudos sobre o uso corrente dos termos não podem determinar sua definição científica. Segundo eles: "O tipo de atividade realizada pela ciência é a produção de conhecimento e o desenvolvimento de teorias científicas. Em função disso, o significado dos termos deve ser considerado na estrutura das teorias a que se supõe que eles sirvam" (Capurro e Hjorland, 2007:152). Ao mesmo tempo que destacam a importância das teorias na elaboração de conceitos, Capurro e Hjorland chamam a atenção para o fato de que elas podem apresentar graus de imprecisão que repercutem nos conceitos envolvidos:

> Proposições acerca de observações devem ser expressas na linguagem de alguma teoria. Consequentemente discute-se que as proposições e os conceitos que nelas figuram serão tão precisos e informativos quanto mais precisa e informativa seja a teoria em cuja linguagem se apoiam. Penso que concordamos que o conceito de massa de Newton tem um significado bem mais preciso que o conceito de democracia, por exemplo. É plausível sugerir-se que a razão para o significado relativamente preciso do primeiro termo repousa no fato de que esse conceito representa uma função específica e bem-definida no contexto de uma teoria precisa e bem-elaborada: a mecânica newtoniana. Em contraste, as teorias sociais nas quais se usa o conceito de democracia são vagas e múltiplas [Chalmers, apud Capurro e Hjorland, 2007:152].

No que diz respeito ao ato de conceituar, enquanto Yeo argumenta a favor da utilidade de se elaborar conceitos, Capurro e Hjorland alertam para o caráter dinâmico das estruturas teóricas que envolvem os conceitos, principalmente no âmbito das ciências sociais.

Passemos agora a considerar a questão a partir de outro prisma, o do conceito de conceito. Comecemos por uma abordagem mais pontual, oriunda de dicionários de filosofia e de metodologia científica.

Segundo Japiassu e Marcondes, conceito "designa uma ideia abstrata e geral sob a qual podemos unir diversos elementos" (1995:53). Já de acordo com o *Dicionário de ciências sociais* da Fundação Getulio Vargas: "Definido como um aspecto do pensamento, conceito é uma espécie de unidade em termos da qual se pensa; uma unidade menor do que um julgamento, proposição ou teoria, mas que forçosamente toma parte neles" (Silva, 1987:232). No entender de Silva e colaboradores (2006?), conceito consiste em:

> todo processo que torne possível a descrição, a classificação e a previsão dos objetos cognoscíveis [...]. A função primeira e fundamental do conceito é a mesma da linguagem, isto é, a comunicação [...]. Esta é a função do conceito: tornar claro o que antes era obscuro.

Finalmente, para Brentano, e nas palavras de Safranski (2005:52): "Conceitos não são algo puramente interno mas são sempre conceitos 'de algo'. São a consciência de algo. Ente que existe, ou mais precisamente: que se oferece e se expõe para mim".

Minayo, pesquisadora da área da sociologia, apresenta uma distinção entre conceito e noção a partir do âmbito da teoria:

> Chamamos de teoria a um conjunto inter-relacionado de princípios que servem para dar organização lógica a aspectos selecionados da realidade empírica. [...] A essência de uma teoria consiste na sua potencialidade de explicar uma gama ampla de fenômenos através de um esquema conceitual ao mesmo tempo abrangente e sintético [Minayo, 1999:91].

No que se refere a conceito, Minayo (1999:92) entende que:

Os conceitos são as unidades de significação que definem a forma e o conteúdo de uma teoria. Podemos considerá-los operações mentais que refletem certo ponto de vista a respeito da realidade, pois focalizam determinados aspectos dos fenômenos, hierarquizando-os. Dessa forma, eles se tornam um caminho de ordenação da realidade, de olhar os fatos e as relações, e ao mesmo tempo um caminho de criação.

Quanto à diferença entre conceito e noção, Minayo (1999:93) pondera: "Por noção entendemos aqueles elementos de uma teoria que ainda não apresentam clareza suficiente e são usados como 'imagens' na explicação do real". Pode-se concluir que, no entender da autora, noção é um estágio das "operações mentais" anterior ao conceito, ou, em outras palavras, são "operações mentais" ainda não formalizadas.

Já para Campos, pesquisadora na área de linguagem documental, na sua distinção entre conceito e definição a partir da teoria geral da terminologia (TGT) conceito é:

uma unidade de pensamento constituída de características que refletem as propriedades significativas atribuídas a um objeto, ou a uma classe de objetos. Sua finalidade é permitir a ordenação mental e a comunicação através do símbolo linguístico que é o termo. A TGT traz, então, para seu âmbito, a tríade linguagem-pensamento-realidade, defendida por Sausurre (1987) [Campos, 2001:71].

Decorre daí que:

O conceito é um elemento de significação do termo, que representa um objeto na realidade empírica. Como unidade de pensamento, é uma construção mental, própria de um indivíduo, que, ao observar a realidade que o cerca, percebe "objetos individuais" que nela estão inseridos. Os objetos podem ser seres ou coisas, qualidades, ações, locais [Campos, 2001:71].

Deduzimos então que, no entender de Campos, conceito é uma ideia que se tem de um objeto, que pode ser comunicada por meio de uma forma verbal – o termo. Ocorre que essa forma verbal pressupõe uma narrativa, que, por sua vez, envolve outros conceitos, e é a partir daí que a autora insere a questão da definição, a qual, no seu entender, "é a descrição de um conceito pelo significado de outros conceitos conhecidos. A definição revela a posição do conceito em um sistema de conceitos relacionados". Assim, no exemplo "lâmpada incandescente: lâmpada na qual uma matéria sólida se aquece por meio da corrente elétrica até alcançar um grau de temperatura no qual emite luz" (Campos, 2003), identificamos em lâmpada incandescente o termo que materializa o conceito, ou seja, a ideia que se tem desse objeto. Já a narrativa que se segue ao termo seria a definição.

Verificamos, pois, em relação ao conceito de conceito, que Minayo e Campos coincidem no tocante à tríade "linguagem-pensamento-realidade". A divergência se dá quanto à identificação de diferenciadores hierárquicos. Enquanto, no entender de Minayo, essa hierarquia envolveria conceito e noção, Campos aponta para conceito e definição.

Isto posto, passemos à análise dos conceitos de documento e informação no âmbito da ciência da informação e da arquivologia.

Documento, o que é?

O pensamento humano tem sido registrado por meio de sinais gráficos (alfabeto, número, traço) em diferentes formas[4] (textos avulsos, livros, fotografias, esculturas, discos) e em vários tipos de suporte (pedra, osso, argila, madei-

---

[4] Pesquisas realizadas no *Dicionário de terminologia arquivística* (1996), no *Dicionário brasileiro de terminologia* (2005) e no glossário do InterPares 2 (2008) deixaram dúvidas sobre a real diferença entre forma e formato. Assim, os termos em questão serão aqui empregados de acordo com as seguintes definições: forma – "regras de representação que determinam a aparência de uma entidade e transmite seu significado" (glossário InterPares 2, 2008:816); formato – "especificação de regras e padrões descritos formalmente para interpretação dos bits constituintes de um arquivo digital" (Câmara Técnica de Documentos Eletrônicos, 2009).

ra, bambu, couro, tecido, metal, pergaminho, papiro, papel, plástico, superfícies magnéticas e óticas) [Eves, 1997; Mlodinow, 2004], num processo dinâmico de comunicação de vivências, fatos e descobertas ao longo das gerações. Em geral, tais registros são entendidos como documentos, ou, mais recentemente, como informação. Mas em que base se dá esse entendimento? Afinal, o que vem a ser um documento? A pergunta se torna ainda mais instigante quando apresentada a partir do contexto da tecnologia digital. Isso porque a nítida fisicalidade dos documentos foi substituída por dígitos binários, invisíveis aos olhos humanos, fixados em bases magnéticas e ópticas; a leitura, antes direta, passou a ser indireta, isto é, dependente de hardware e software; a visualização simultânea de suporte e informação deixou de existir; como se não bastasse, ainda há as bases de dados e os hipertextos, ou seja, "documentos" aparentemente ilimitados. A pergunta então é: estes são documentos?

Buckland nos informa que as tentativas de resposta para essa pergunta levaram a definições um tanto metafóricas de documento como "'conhecimento capturado", "dados em contexto" (Buckland, 1998a). Outra reação foi denominar tudo informação. O quadro, pois, é de certa nebulosidade no que diz respeito a registros tão peculiares. Na verdade, a questão conceitual antecede a problemática digital e evidencia a necessidade, ainda, de um olhar apurado sobre o conceito de documento. É o que nos propomos a fazer por meio de uma abordagem filológica e entitiva do termo.

Abordagem filológica

Um dos caminhos para se chegar ao conceito de documento pode ser o filológico, no qual duas vertentes se complementam, a semântica e a etimológica. A primeira corresponde ao conteúdo do conceito e envolve uma questão definicional. Já a segunda corresponde ao nome do conceito e envolve uma questão denominacional. É o que nos ensinam Sagredo Fernández e Izquierdo Arroyo (1982:164-167). Comecemos pela vertente etimológica: qual seria a origem do "nome" documento?

Segundo Lopez Yepes (apud Sagredo e Izquierdo, 1982:171, nota 27), documento vem do latim *documentum*, que tem "a mesma raiz de *docere*, 'ensinar', o que outorga ao documento o significado de ensino". Quanto ao sufixo "mento", em latim *mentum*, Rodríguez Bravo (2002:77) lhe atribui "um sentido instrumental", reiterado por Buckland (1991) ao conferir-lhe o significado de "meios". Assim, para este último, "'documento' originalmente denotava um meio de ensinar ou informar, seja uma lição, uma experiência ou um texto".

E qual seria a origem da palavra *docere*?

Ainda de acordo com Sagredo Fernández e Izquierdo Arroyo, "*docere* procede etimologicamente do verbo grego δοχειν (*doxein*)" (1982:187). O verbo guarda relações com as palavras latinas *dicere, ducere*, as quais conferem ao termo *docere* o sentido de comunicação, que por sua vez alude a ensino. Os autores prosseguem a análise etimológica informando que δοχειν não é a única palavra grega que remete a *docere* (Sagredo e Izquierdo, 1982:187-188). Além do étimo "δοχ", há outro, "δειχ", do qual se originaram outras palavras relacionadas a *docere*. É o caso do vocábulo "δειγμα" (*deigma*), que significa "o que se mostra", "manifestação", "indicação", "exemplo"; e do vocábulo composto "εν-δειχνομ" (*en-deiximon*), do qual deriva "ενοειγμα" (*endeigma*). Essa derivação, além de corresponder à palavra latina *documentum*, apresenta uma conotação diferente da de ensino (*docere*), qual seja, a de "prova", "testemunho". Tal conotação nos chama a atenção por dois motivos: pela novidade de informação (em geral as referências etimológicas ao termo se limitam à sua origem latina) e pelo muito que representa para a arquivologia, área do conhecimento que entende o documento arquivístico como registro de atividades, fonte de prova, testemunho de ação.

O diagrama 1 faz a síntese dessas reflexões.

DIAGRAMA 1 Etimologia da palavra "documento"

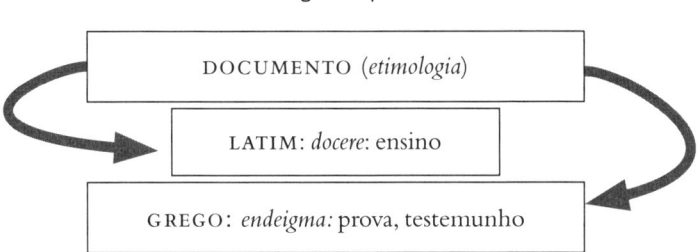

Passemos à vertente semântica. Segundo Austin (1974, apud Sagredo e Izquierdo, 1982:163, nota 8), "a linguagem 'ordinária' (usual, cotidiana, pré-científica) poderá não ter a última palavra, mas tem a primeira. [...] A terminologia científica buscará, sim, a univocidade, mas sem perder de vista suas raízes cotidianas". Em consonância com Austin, Sagredo Fernández e Izquierdo Arroyo esclarecem desde logo que "o significado de uma expressão linguística se dá a partir do emprego que os usuários da linguagem fazem dessa expressão". E prosseguem: "A correlação entre significado léxico e significado etimológico se dá em virtude de uma terceira e decisiva instância: o significado usual. De tal modo, o significado léxico é já resultante de se juntarem os usos com os étimos" (Sagredo e Izquierdo, 1982:164, nota 12). Assim, no entendimento desses autores, e em sintonia com Wittgenstein (embora não o mencionem), significado e uso estão intimamente ligados, e esse uso se dá a partir de contextos socioculturais mutáveis.

E qual seria o significado da palavra documento?

Para responder a essa pergunta, Sagredo Fernández e Izquierdo Arroyo recorrem a léxicos da língua espanhola que consideram "os mais relevantes por sua transcendência histórica" (Sagredo e Izquierdo, 1982:168). Vejamos, então o mais antigo deles, o *Diccionário de autoridades*, de 1732, produzido pela Real Academia Española de la Lengua, segundo o qual documento é: "Doutrina ou ensino com que se procura instruir alguém sobre qualquer matéria, e, principalmente, se toma por aviso ou conselho que se lhe dá, para que não incorra em algum erro ou defeito" (apud Sagredo e Izquierdo, 1982:168, nota 22). Vale mencionar aqui o esclarecimento dos autores sobre o significado da palavra "ensinar" no contexto medieval. Segundo eles, na Idade Média, o verbo ensinar não tinha o sentido de transmissão de conhecimentos, mas de normas de conduta. Como exemplo, citam a obra intitulada *Castigos e documentos para bem viver que Don Sancho IV de Castela dá a seu filho*, sobre a qual afirmam:

> Trata-se aí de ensinos "exemplares", tecidos na estrutura apológica do exemplo passado de conselheiro a aconselhado, promovidos "para bem viver" (quer dizer, não para o conhecimento pelo conhecimento). [...] Seu conteúdo não é um conjunto de "conhecimentos puros", mas [...] pautas de conduta [Sagredo e Izquierdo, 1982:179].

Outras acepções interessantes de documento apresentadas em dicionários destacados por Sagredo Fernández e Izquierdo Arroyo são, respectivamente, a do *Diccionario de la ERA*, de 1970, e a do *Diccionario de uso del español*. Vejamos: "2. Diploma, carta, relação ou escrito que ilustra um feito, principalmente os históricos" (Sagredo e Izquierdo, 1982:169, nota 23). "1. Testemunho escrito de épocas passadas que serve para reconstruir sua história." "2. Escrito que serve para justificar ou creditar algo; tal como um título profissional, uma escritura notarial, um ofício ou um contrato" (Sagredo e Izquierdo, 1982:169, nota 24).

Na mesma linha de Sagredo Fernández e Izquierdo, recorremos também a um dos léxicos da nossa língua para a exploração da vertente semântica da palavra documento. Segundo o *Dicionário Houaiss da língua portuguesa* (Houaiss, 2001:1069), documento é "qualquer escrito usado para esclarecer determinada coisa; qualquer objeto de valor documental (fotografias, peças, papéis, filmes, construções etc.) que elucide, instrua, prove ou comprove cientificamente algum fato, acontecimento, dito etc.". Doutrina, ensino, diploma, testemunho constituem, pois, a vertente semântica da palavra documento e trazem em seu interior as referências etimológicas já vistas.

O diagrama 2 sintetiza as ideias apresentadas.

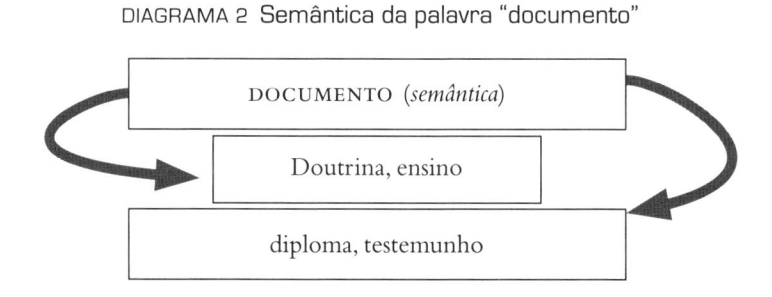

DIAGRAMA 2 Semântica da palavra "documento"

DOCUMENTO (*semântica*)
Doutrina, ensino
diploma, testemunho

Abordagem entitiva

O estudo do documento como entidade implica que o item seja subdividido nas duas áreas do conhecimento escolhidas para empreendê-lo:

a ciência da informação e a arquivologia. O objetivo dessa partição é demonstrar mais claramente as diferenças e/ou semelhanças no entendimento das áreas sobre o que vem a ser documento.

Cabe esclarecer desde logo que as divergências filosóficas, principalmente a partir de Heidegger, sobre a possibilidade de se distinguir entre ser e ente não serão aqui contempladas por fugirem a nosso escopo. Nós iremos nos limitar ao entendimento de ente como "o que é" ou, inclusive, como "o que existe" (Ferrater Mora, 2001, t. 3.:836-838).

O olhar da ciência da informação
Para o estudo do documento como entidade no âmbito da ciência da informação, comecemos pelos clássicos Paul Otlet e Suzanne Briet.

Podemos dizer que muito antes do *Traité de documentation*, Otlet já havia apresentado seu conceito de documento. Isso porque, em 1908, o Instituto Internacional de Bibliografia (IIB),[5] que, juntamente com Henri la Fontaine, havia ajudado a criar, definiu documento como:

> tudo aquilo que representa ou expressa, por meio de sinais gráficos (escrita, pintura, diagramas, mapas, imagens, símbolos) um objeto, um feito, uma ideia, ou uma impressão. Textos impressos (livros, revistas, jornais) hoje constituem a mais numerosa categoria deles [American Document Institute (ADI) apud Shera e Cleveland, 1977:251].

Observamos na definição do IIB uma forte influência da ideia expansionista de documento que Otlet desenvolveria mais tarde, em 1934, quando da publicação do *Traité*. Nessa sua obra principal, Otlet entende que o termo

---

[5] O IIB foi criado em 1895, com sede em Bruxelas. Em 1931 passou a denominar-se Instituto Internacional de Documentação (IDD). Em 1937 tornou-se Federação Internacional de Documentação (FID), e, a partir de 1988, passou à Federação Internacional para Informação e Documentação, mantendo, no entanto, a mesma sigla.

> Livro (*biblion* ou documento ou grama) compreende não somente o livro propriamente dito, manuscrito ou impresso, mas as revistas, os jornais, os escritos e reproduções gráficas de todo o tipo, desenhos, gravuras, cartas, esquemas, diagramas, fotografias etc. A documentação no sentido amplo do termo compreende: livro, elementos que servem para indicar ou reproduzir um pensamento considerado sob não importa que forma [Otlet, 1934:9, n. III.1].

Observamos nesse conceito que Otlet usa a palavra livro como sinônimo de *biblion*, documento e grama. E o que isso significaria? O próprio autor explica:

> Até que haja acordo sobre a unidade da terminologia, empregaremos indistintamente os termos formados pelos quatro radicais seguintes, dois gregos, dois latinos, dando-lhes por convenção um significado equivalente: 1 *biblion*, 2 *grapho* (*grammata gramme*), 3 *liber*, 4 *documentum* [Otlet, 1934:12, n.112. 4].

Com o intuito de explorar ainda mais a questão, recorremos, mais uma vez, à etimologia. Com base em Houaiss (2001:1773, 443, 1474, 1069), verificamos que:
- Livro vem do latim *líber*, *libri*, que se refere à película encontrada entre a madeira e a casca das árvores sobre a qual se escrevia antes da descoberta do papiro.
- *Biblion* é uma palavra grega que também remete à base para escrita.
- Grama vem do grego *gramma* e significa sinal gravado, letra, documento.
- Documento vem do latim *documentum* e significa indício, sinal, aviso, advertência, ensino, lição.

Os quatro termos mencionados por Otlet, portanto, se complementam, à medida que, juntos, remetem a uma inscrição sobre uma base a qual constitui sinal, indicação, testemunho, prova ou mesmo ensino. Essa constatação leva-nos a inferir que, ao fazer a correlação entre os quatro termos, Otlet embasou sua ideia expansionista de documento, ao mesmo tempo que libertou o termo "livro" dos limites estreitos de uma forma específica.

Para o autor: "A definição mais geral possível de livro e documento é esta: um suporte de uma certa matéria e dimensão [...] no qual se incluem sinais representativos de certos dados intelectuais" (Otlet, 1934:43, n.211.1). Como exemplos de documentos Otlet menciona: "volumes, folhetos, revistas, artigos, cartas, diagramas, fotografias, estampas, certificados, estatísticas, discos, películas cinematográficas" (1934:43, n.211.3).

De fato, a concepção de documento de Otlet é bastante ampla e está claramente demonstrada no *Traté*. Ali o autor apresenta uma classificação na qual constam: "documentos chamados bibliográficos" (folheto, monografias, ensaios, livros, enciclopédias, dicionários, entre outros); "documentos gráficos que não são obras impressas" (manuscritos, mapas e plantas, estampas, partituras musicais, moedas, medalhas etc.); e "documentos chamados substitutos do livro" (filmes, discos, obras de arte, entre outros) (Otlet, 1934:127-83, n.241-3).

A mesma amplitude de concepção é demonstrada mais uma vez quando Otlet (1934:217, n.243.1, n.1) afirma: "As coisas materiais em si (objetos) podem ser consideradas documentos quando se colocam como elementos de estudos ou provas de uma demonstração". Essa relação objeto/documento em Otlet é entendida por Buckland (1998b) como uma afirmação do autor de que "os objetos em si mesmos podem ser considerados documentos se, por observá-los, você recebe informação".

Passemos agora a Suzanne Briet. Em sua famosa obra *Qu'est-ce que la documentacion?*, o primeiro movimento de Briet em direção à formulação do conceito de documento foi buscar conceitos já existentes. Após recorrer a léxicos franceses que sempre associavam documento a ensino e prova, Briet se deteve na definição da Union Française des Organismes de Documentation, segundo a qual documento é "toda base do conhecimento fixado materialmente e suscetível de ser utilizado para consulta, estudo ou prova" (Briet, 1951:7). Em seguida, no que parece uma demonstração de insatisfação com o conceito, ela apresenta suas célebres indagações e a resposta:

> Uma estrela é um documento? Um seixo levado por uma torrente é um documento? Um animal vivo é um documento? Não. Mas são documentos as

fotografias e os catálogos das estrelas, as pedras de um museu de mineralogia, os animais catalogados e expostos num zoológico [Briet, 1951:7].

Só então a autora apresenta sua definição de documento, a qual ela mesma classificou de "a mais abstrata e portanto a menos acessível". Segundo Briet (1951:7), documento é "todo índice[6] concreto ou simbólico, conservado ou registrado com a finalidade de representar, reconstruir ou demonstrar um fenômeno físico ou intelectual".

O conceito foi profundamente estudado por Buckland (1998a:217), o qual, após advertir que "as regras de Briet para determinar quando um objeto se torna um documento não são claras", apresenta as seguintes inferências:

- Há materialidade: apenas objetos físicos e sinais físicos.
- Há intencionalidade: pretensão de que o documento seja tratado como evidência.
- Os objetos têm que ser processados: eles devem se transformar em documento.
- Há uma posição fenomenológica: o objeto é percebido como documento.

As interpretações de Buckland sobre o conceito de Briet foram analisadas pela arquivista americana Michele Tourney. Sobre a declaração do autor quanto à falta de clareza de Briet na apresentação do seu conceito, Tourney (2005:301) alerta para o fato de que "pode-se argumentar que essa ambiguidade [...] foi totalmente intencional".[7] Em relação à primeira inferência, considera que "teria sido melhor para Buckland referir-se a objetos 'registrados' e *sinais*, em vez de objetos 'físicos', [...] já que [...] a

---

[6] Nossa opção pela manutenção do termo "índice", e não indício, na tradução será devidamente justificada adiante.
[7] Embora Tourney não justifique sua suposição, acreditamos que ela se fundamenta na declaração da própria Briet, já reproduzida, de que sua definição de documento era "a mais abstrata e portanto a menos acessível" (Briet, 1951:7).

própria Briet usou os termos 'concreto ou *simbólico*'" (Tourney, 2005:301, grifos nossos). No entender de Tourney, é justamente nesse "simbólico" que reside a amplitude do conceito de documento de Briet, o qual, a seu ver, vai ainda mais longe que Otlet à medida que incluiu animais vivos. Segundo a autora:

> Animais e outros objetos naturais geralmente não exibem marcas de atividade humana tal como descrito por Otlet; eles não são criados por mãos humanas como são as mais tradicionais formas de documentos. Entretanto, cientistas podem aprender muito sobre um antílope africano ao estudar um de seus espécimes num zoológico [Tourney, 2003:299].

Tourney considera ainda que, para Briet, até o grito do antílope captado numa gravação seria um documento ("*Son cri est enregistré sur disque*" — Briet, 1951:7). Assim, Tourney arrisca uma interpretação do termo "simbólico" em Briet segundo a qual a autora francesa poderia "facilmente incluir os documentos eletrônicos na sua lista de documentos secundários" (Tourney, 2003:298). Isso porque, no seu entender, os códigos binários poderiam "ser considerados um 'símbolo' ou 'indicador' da informação contida no documento".

Tourney está, pois, convencida de que, no que diz respeito à primeira inferência de Buckland, "limitar a discussão à questão da fisicalidade impõe um tipo de restrição que Briet estava empenhada em evitar" (Tourney, 2003:301). No que se refere às três últimas inferências, Tourney julga a segunda e a terceira "convincentes, e a quarta, mero senso comum" (2003:301). Entretanto, julgamos importante aprofundar o entendimento da perspectiva fenomenológica em Briet lançando mão do próprio Buckland.

De fato, Buckland vê em Briet a adoção de uma perspectiva semiótica, fenomenológica, a partir da qual um objeto se transforma em documento quando percebido, tratado, como tal. Essa perspectiva se explicaria a partir das ligações de Briet com seu amigo e professor de filosofia da Sorbonne, especializado em estética e fenomenologia, Ron Day, o qual é mencionado por ela em seu livro. Segundo Buckland, em conversa pessoal travada entre ele e Day, em 1996, este teria chamado a atenção para o uso, por Briet, da palavra *índice*, a qual aponta para o status das coisas, ou seja, a posição delas em relação a outras (Buckland, 1998a:217). Assim, seria justamente essa indexicalidade que daria ao objeto seu status de documento. Nesse contexto, um antílope num jardim zoológico, depois de ter sido identificado e descrito a partir de uma taxonomia de animais, se torna mais informativo do que quando se encontrava em seu hábitat natural.

A questão se torna ainda mais clara quando, em mensagem eletrônica de 31 de julho de 2008, Buckland explica que, vista a partir de um contexto vulgar, a perspectiva fenomenológica encontra-se sempre presente: "todos concordariam que não se pode ler um documento se você não o vê. Você tem que percebê-lo". Entretanto, no contexto filosófico, trata-se de "uma visão bastante radical de que o entendimento vem da percepção dos objetos pelos sentidos [...]. A maioria dos autores não adota essa posição, apesar de com ela concordar. Trata-se de uma questão de grau", isto é, de se adotar uma visão mais fenomenológica ou menos fenomenológica. Briet teria optado pela primeira.

Em relação ao grau de amplitude do conceito de documento de Briet, destacado por Tourney em sua crítica a Buckland, observamos certa contradição: o conceito parece realmente amplo quando inclui animais e seus gritos, como foi mencionado. Por outro lado, ele parece se contrair quando condiciona o "ser ou não ser" do documento à sua indexicalidade, isto é, à sua capacidade de indicar, *intencionalmente*, um fenômeno físico ou intelectual (perspectiva fenomenológica). A mesma contração aparece no entendimento de Buckland de que, para Briet, "objetos não são simplesmente documentos, mas se tornam documentos ao serem processados com fins informacionais" (Buckland, 1991). Finalmente, Francke (2005:63) afirma que, de acordo com Briet, "basicamente, aquilo que estava sendo documentado era documento".

Num olhar comparativo entre Otlet e Briet, diríamos que, para a autora francesa, mesmo a fotografia de uma estrela só será documento quando inserida num contexto de informação intencional, como, por exemplo, arquivo, biblioteca ou museu. Lembremos de sua afirmação de que "um antílope *catalogado* é um documento primário, e os outros documentos são secundários e derivados" (Briet, 1951:8, grifo nosso). Em outras palavras, de acordo com Briet, um documento tradicional, como um manuscrito, por exemplo, só seria documento após ter sido submetido a procedimentos técnicos de representação da informação nele contida. Já para Otlet, o manuscrito por si só seria um documento, uma vez que serve para "indicar ou reproduzir um pensamento" (1934:9, n. III,1).

Por tudo, inferimos que tanto Otlet quanto Briet contribuíram decisivamente para levar o conceito de documento para além das fronteiras dos textos escritos. A diferença estaria apenas no grau de amplitude desse conceito, o qual, no nosso entendimento, e bem ao contrário de Tourney, em Otlet, é bem mais amplo. Um argumento a mais a favor dessa opinião seria a seguinte afirmativa de Otlet, em publicação de 1907: "Documentos consistem no que quer que seja que represente ou expresse um objeto, fato, uma impressão, por meio de qualquer sinal (escrita, pintura, diagrama, símbolos)" (Otlet, apud Rayward, 1997:11).

No texto intitulado "Information as thing", Buckland identifica três usos principais da palavra informação: "informação-como-processo", "informação-como-conhecimento" e "informação-como-coisa". O primeiro está relacionado ao ato de informar, à comunicação do conhecimento a alguém; o segundo se refere ao conhecimento já comunicado, ou seja, àquilo que foi assimilado a partir da informação-como-processo. Nesse contexto, "a noção de informação como aquela que reduz a incerteza pode ser vista como um caso especial da informação-como-conhecimento" (Buckland, 1991). Finalmente, o terceiro uso da palavra informação, informação-como-coisa, denota uma qualidade atribuída a objetos, isto é, a documentos, pela sua capacidade de informar, "de partilhar conhecimento ou comunicar informação" (*Oxford English Dictionary*, apud Buckland, 1991).

Ao estabelecer um paralelo entre informação-como-coisa e informação-como-conhecimento, Buckland considera que:

A principal característica da informação-como-conhecimento é que ela é intangível: não se pode tocá-la ou medi-la de nenhuma forma direta. Conhecimento, crença e opinião são pessoais, subjetivos e conceituais. Assim, para comunicá-los, eles têm de ser expressos, descritos ou representados de um modo físico, como um sinal, texto ou comunicação. Qualquer uma dessas expressões, descrições ou representações seriam "informação-como-coisa" [*Oxford English Dictionary*, apud Buckland, 1991].

No entender de Buckland, informação-como-coisa seria a representação da informação-como-conhecimento, ou seja, a maneira de dar tangibilidade ao que é intangível. Assim, dados, textos, filmes, fotografias seriam o conhecimento representado de forma tangível, ou seja, seriam documentos. Sobre esse aspecto, o autor enfatiza: "O conhecimento […] pode ser representado da mesma forma que um evento pode ser filmado. Entretanto, a representação não é mais conhecimento do que o filme é o evento" (Buckland, 1991).

Está clara, portanto, a posição de Buckland quanto ao caráter físico da "informação-como-coisa", a única, no seu entender, com a qual os sistemas de informação, automatizados ou não, lidam. Assim, forma-se um quadro no qual o que é manipulado, operado, armazenado e recuperado por esses sistemas, sejam livros, peças de museu ou dados, é informação física (informação-como-coisa), que é transmitida ao usuário (informação-como-processo), que, por sua vez, assimila conhecimento (informação-como-conhecimento).

Buckland estabelece ainda uma relação entre informação-como-coisa e evidência. Um léxico da língua inglesa, citado pelo autor, define evidência como "uma manifestação da qual inferências podem ser tiradas; uma indicação, marca, sinal, símbolo, traço. […] Motivo de crença, testemunho ou fatos que provam ou não alguma conclusão. […] Informação apresentada numa questão judicial, seja na forma de testemunho pessoa, documento escrito ou objetos" (*Oxford English Dictionary*, apud Buckland, 1991). Com base nessa definição, Buckland considera que, à medida que "coisas" como livros, dados estatísticos, estatutos, fotografias e outros levam, apontam para alguma informação, "é razoável ver-se a informação-como-coisa como evidência". Para ele:

o termo "evidência" implica passividade. Evidência, como informação-como-
-coisa, não faz nada ativamente. Seres humanos fazem coisas com ela ou para
ela. Eles a examinam, a descrevem e a categorizam. Eles a entendem, confun-
dem, interpretam, sumarizam ou refutam. Eles podem mesmo tentar falsificá-la,
alterá-la, escondê-la ou destruí-la. A essência da evidência é precisamente que
a percepção dela pode levar a mudanças naquilo que as pessoas acreditam que
conhecem [Buckland, 1991].

É, pois, com base nessa noção de informação como evidência, isto é, como coisas por meio das quais nos tornamos informados, que passamos a apresentar o que Buckland identifica como quatro tipos de informação-
-como-coisa: dados, textos e documentos, objetos e, por último, eventos. Os dados, num sentido lato, são entendidos como informação processada para uso; já no sentido estrito, constituem registros armazenados em computador. Textos e documentos seriam não somente documentos textuais e em papel, mas também imagens e sons, tanto em meio convencional quanto eletrônico.

Os objetos referem-se a coisas que vão além de dados, textos e docu-
mentos. Aí se incluem peças museológicas, arquitetônicas e muitas outras, pois, segundo Buckland (1991):

> O quanto nós saberíamos sobre os dinossauros se nenhum fóssil tivesse sido en-
> contrado? [...] Por que centros de pesquisa reuniriam tantos tipos de objetos se
> eles não esperassem que estudantes e pesquisadores aprendessem a partir deles?
> [...] A resposta é, claro, que objetos que não são documentos no sentido normal
> de textos, mas podem ser fontes de informação, informação-como-coisa.

Na verdade, Buckland julga que não vamos muito longe se optarmos por manter uma visão restrita de documento. E então pergunta:

> se um mapa é um documento, por que um mapa tridimensional também não
> seria? Por que um globo terrestre não deveria ser considerado um documento se
> é [...] uma descrição física de alguma coisa? Se um globo terrestre [...] é um do-

cumento, […] por que não se considerar a maquete de uma locomotiva ou de um navio um documento? A locomotiva ou navio originais, ou mesmo uma réplica tamanho natural, seriam ainda mais informativos que a maquete [Buckland, 1991].

Com base em Washburn, o autor acrescenta: "Os remanescentes dos poucos manuscritos sobre os três navios que trouxeram os primeiros colonizadores para a Virginia não são mais representativos daquela experiência que os navios" (Washburn, apud Buckland, 1991).

Sobre o termo "texto", Buckland também tece interessantes considerações. Após reconhecer que a palavra texto em geral remete a materiais convencionais como cartas e livros, e outros não tão comuns como diagramas, mapas, fotografias e sons, o autor se põe a conjecturar sobre outras opções terminológicas possíveis:

> Talvez um termo melhor para textos no sentido geral de artefatos que representam algum significado fosse "discurso". […] Entretanto, dificilmente consideraríamos um antílope ou um navio um "discurso". […] Seu valor como informação ou evidência advém do que eles significam para si mesmos individualmente ou para a classe ou classes às quais pertencem. Nesse sentido, eles representam alguma coisa; e, se não são uma representação, podem ser vistos como representativos. Se um objeto não é representativo de alguma coisa, então não está claro sobre o quanto ele pode significar alguma coisa, isto é, o quanto pode ser informativo [Buckland, 1991].

Buckland está falando de uma visão bem ampla de informação-como-coisa, segundo a qual objetos podem ser divididos em artefatos que constituem um discurso, como, por exemplo, livros; artefatos que não têm essa intenção, como os navios; e objetos que de modo algum constituem artefatos, como antílopes. No entendimento do autor, nem o livro, nem o navio nem o antílope estão livres de se tornar evidência ou de passar algum tipo de informação. Da mesma forma, nenhum deles está livre de ter um uso diferente do previsto. Afinal, "um livro pode ser usado como escora para a porta. Letras iniciais iluminadas em manuscritos medievais tinham função meramente decorativa, no entanto se tornaram a principal fonte de informação sobre adereços da Idade Média" (Buckland:1991).

Finalmente, o quarto tipo de informação-como-coisa, os eventos, são vistos por Buckland em três circunstâncias: 1) objetos que evidenciam o evento: "manchas de sangue no tapete, [...] uma pegada na areia"; 2) representações do evento: "fotografias, notícias de jornal"; 3) recriação do evento: descrição de experimentos científicos que permitem sua reapresentação, sua replicação para os pares.

É fato que os dois últimos tipos de informação-como-coisa causam certa estranheza. O próprio Buckland reconhece que "incluir objetos e eventos [...] como espécies de informação é adotar um conceito mais amplo do que o comum". Mas o autor (Buckland, 1991) fundamenta seu ponto de vista:

> Alguns objetos informativos, tais como pessoas e edifícios históricos, simplesmente não se prestam para ser coletados, armazenados e recuperados. Mas a transferência física para uma coleção não é sempre necessária para o acesso contínuo. Referências a objetos nas locações em que se encontram criam, com efeito, uma "coleção virtual". Pode-se também criar uma descrição ou representação deles: um filme, uma fotografia, [...] uma descrição escrita. O que então se coleta é um documento descrevendo ou representando a pessoa, o edifício, ou outro objeto.

Em mensagem eletrônica de 31 de julho de 2009 Buckland explica:

> uma pessoa na rua pode ser considerada um documento de duas maneiras: 1) você pode fazer-lhe uma pergunta e obter uma resposta como num serviço de referência ou numa base de dados; 2) mesmo sem perguntar você pode aprender alguma coisa pela simples observação da sua aparência e do seu comportamento. Se a pessoa está correndo com uma expressão de terror, isto é evidência de que há um perigo eminente, ou que ela está zangada, e você deve fugir ou se esconder! Se a pessoa é um policial ou está usando um uniforme militar e sacudindo uma arma, você se comportaria de maneira diferente do que se ela parecesse um pai carregando um bebê. Você, então, para e admira o bebê. Por que a diferença? Porque você fez uma inferência do que você viu.

Buckland (1991) considera que adotar uma concepção restritiva de informação/documento, causaria duas dificuldades:

> Primeiro deixa sem resposta a questão de como chamar coisas tais como fósseis, pegadas e gritos de terror. Segundo, acrescenta a questão de quanto de processamento e de acumulação é necessário para que dados sejam considerados informação. [...] Assim, nós mantemos nossa visão mais simples de "informação-como-coisa" como equivalente à evidência física: qualquer coisa a partir da qual se pode aprender.

Finalmente, diante do nosso questionamento quanto à tangibilidade de um grito de terror, ele responde:

> Um ruído forte é físico. Peça a um amigo para gritar em seu ouvido, bem perto e bem alto, você sentirá dor. Isso é prova de fisicalidade. Por que evidência vista deve ser incluída e evidência ouvida não? De um modo mais geral, sigo Briet e talvez vá mais longe na direção da semiótica: se você pode perceber algo e acredita que significa alguma coisa, essa coisa pode ser considerada um documento. Percepção e sentido incluem: visão, audição, olfato (se você sente cheiro de fumaça em sua casa, você age imediatamente), paladar e tato. Tudo é físico. Você pode dizer que não é informação se não está no papel ou em texto. Tudo bem. Mas, na minha opinião, isso não satisfaz como abordagem teórica [Mensagem eletrônica, 10 de agosto de 2009].

Assim, julgamos oportuno mencionar mais uma vez uma citação de Buckland no que se refere à etimologia, já que a exploração do pensamento do autor ora empreendida, confere a essa citação nova contextualização e, consequentemente, a enriquece:

> considerar qualquer coisa informativa documento é consistente com as origens e uso inicial da palavra, a qual vem do verbo latino *docere*, ensinar ou informar, com o sufixo mento que denota meios. Assim, documento, originalmente, denota um meio de ensinar ou informar, seja uma lição, uma experiência ou um texto [Buckland, 1991].

Ao recorrer, mais uma vez, a um olhar comparativo, agora sobre o conceito de documento de Briet, Otlet e Buckland, chama a atenção o fato de que, enquanto os dois primeiros partem do documento para a informação, Buckland parte da informação para o documento. A partir de uma abordagem na qual são identificados os principais usos da palavra informação, Buckland chega ao que ele denomina informação-como-coisa. Esta se traduz no caráter físico e evidencial desse tipo de informação, ou seja, coisas/documentos como livros, textos, fotografias e mesmo pessoas, edifícios e eventos que evidenciam uma informação.

Parece-nos oportuno recorrer a uma representação gráfica para sintetizar as ideias de Buckland sobre seu entendimento de documento como informação-como-coisa.

Conceito de documento segundo Buckland

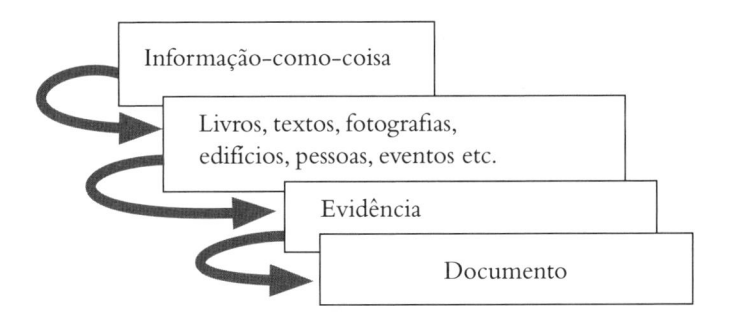

- Informação-como-coisa
- Livros, textos, fotografias, edifícios, pessoas, eventos etc.
- Evidência
- Documento

Outro autor que tem contribuído com as reflexões sobre o conceito de documento é o mexicano Miguel Ángel Rendón Rojas (1999), para quem, no âmbito da ciência da informação, o documento apresenta as seguintes propriedades:
- Trata-se de uma objetivação ou materialização do pensamento e em qualquer suporte.
- É instrumento de conservação da memória social pelo que tem uma função comunicativa social.
- Serve de orientação ao projeto social humano.
- Deve possuir uma sintaxe reconhecível, dotada de lógica.

- É instrumento de autoconhecimento humano.
- Só é documento quando tratado como tal, isto é, quando submetido a certas estruturas pelo cientista da informação.

Sobre esta última propriedade, Rendón Rojas (1999:35) afirma:

> a existência do documento se deve não só ao autor que objetiva a informação ideal, mas também ao cientista da informação que posteriormente trabalha com essa informação objetivada para colocá-la dentro de um sistema de informação documental. [...] A ação do cientista da informação dá novo sentido ao documento inicial porque o coloca dentro de um contexto específico que ele antes não tinha.

Em outro momento, Rendón Rojas (1999:35) enfatiza que "descartamos tomar o documento como 'suporte que contém informação' porque nesse caso explode o universo com o que o cientista da informação tem que trabalhar, já que tudo se converte em documento: estrelas, átomos, plantas, animais, seres humanos".

A partir daí, o mesmo Rendón Rojas faz uma interessante análise da relação objeto/documento, na qual distingue três níveis. No primeiro estaria o objeto por si mesmo (por exemplo, uma pistola, a carta de um escritor a outro); no segundo, o mesmo objeto se torna documento, mas para determinada área (por exemplo, um criminalista vê na pistola a evidência de um crime que está investigando; um pesquisador encontra na carta uma informação para sua pesquisa literária); no terceiro nível estaria o documento propriamente dito, isto é, aquele que, após ter sido elaborado por seu ator, passa ao cientista da informação, que só então irá trabalhá-lo (um sistema de informação sobre armas ou sobre correspondência de literatos).

Por essa análise de Rendón Rojas entendemos que o autor se aproxima de Briet ao mesmo tempo que se afasta de Otlet e de Buckland, quando atrela o status de documento à condição de o objeto ser tratado como tal ou ao fato de "ser criado direta e conscientemente para conduzir-nos ao mundo da informação" (Rendón Rojas, 1999:34).

Com Rendón Rojas finalizamos a apresentação da abordagem entitiva do conceito de documento a partir de autores com destacada atuação na área da ciência da informação. A próxima área a ser contemplada é a arquivologia. Antes, teceremos considerações sobre o termo documentação, presente tanto no título da obra de Otlet quanto na de Briet.

Breves reflexões sobre o termo documentação
Cumpre considerar também o termo documentação. De acordo com Rayward (1997:10), "Otlet cunhou a palavra 'documentação' para expressar uma abordagem mais ampla da organização das fontes do conhecimento do que aquela convencionalmente associada à 'bibliografia'". Quanto à data da cunhagem, enquanto Rayward fala em 1907, Lasso de la Vega menciona o ano de 1931. Isso porque Rayward se refere ao momento em que a palavra foi "formulada pela primeira vez"; já o autor espanhol informa o ano em que foi usado no plano internacional:

> No campo internacional, a palavra surge em virtude de proposta apresentada pelos fundadores do Instituto Internacional de Bibliografia, Paul Otlet e Henry La Fontaine, na X Conferência Internacional, celebrada em 1931, na qual se acordou substituir a palavra bibliografia por documentação [Lasso de la Vega, 1969:109].

Qual seria a razão dessa substituição? Ainda segundo Lasso de la Vega (1969:109), "o aparecimento das fotografias, radiografias, filmes, disco, desenhos técnicos e demais fontes de estudo semelhantes demonstraram que já não era correto considerar o livro e a revista como os únicos instrumentos para a transmissão das criações do espírito". Além disso, o surgimento de meios mecânicos (fotocópia, microfilme, microficha) para a reprodução e acesso aos documentos demonstrava a maior adequação do novo termo. Mas qual seria o conceito de documentação? Esperamos, por meio da resposta a essa pergunta, iluminar também o que se entendia por bibliografia.

Segundo Shera e Cleveland (1977:251), "em 1950, Shera (1951)[8] reviu as numerosas tentativas de definir documentação, começando com o pioneiro *Traité de documentation*, de Otlet, e achou todas carentes de especificidade, geralmente vagas e relativamente insatisfatórias". Apesar desse alerta, vejamos alguns entendimentos do termo documentação.

O Instituto Internacional de Bibliografia apresentava no cabeçalho dos seus papéis timbrados a seguinte definição: documentação é "reunião, classificação e distribuição de documentos de todos os tipos e em todos os campos da atividade humana" (Schultz e Garwig, apud Shera e Cleveland, 1977:251). Já para Otlet (apud Rayward, 1997:11), documentação significava "os meios de apresentar para uso todas as fontes escritas ou gráficas do nosso conhecimento". Observamos que os "meios" aos quais o autor se refere estão identificados na definição do instituto. As fontes seriam apresentadas por "meio" ou por "intermédio" da sua "reunião", "classificação" e "distribuição". Assim, o termo documentação "logo assumiu um significado amplo, sugerindo que se tratava de uma nova disciplina com a qual uma gama de novas técnicas era associada" (Rayward, 1997:11).

Esse caráter de "nova disciplina" está claro em Shera e Cleveland que, referindo-se ao já mencionado artigo de Shera, consideram que para esse autor a "documentação está preocupada com aparatos acadêmicos tais como bibliografias, índices, serviços de resumos, automatizados ou não", visando à disseminação do conhecimento "do acadêmico como produtor para o acadêmico como usuário". Assim, para ele, a "documentação não está preocupada com o fluxo da informação num nível popular, não especialista ou público". Isso estaria a cargo da bibliografia, à qual caberia "a canalização de todos os documentos gráficos a todos os usuários, para todos os propósitos, em todos os níveis, de maneira a otimizar a utilização social desses materiais como registros da experiência humana" (Shera e Cleveland, 1977:251).

---

[8] Os autores estão se referindo aqui ao texto publicado por Shera, em 1951, intitulado "Documentação, seu escopo e limitações".

Na mesma linha de Shera, Buckland também atribui um caráter mais abrangente à bibliografia e mais especializado à documentação. Segundo ele (1998:216), a "bibliografia estava preocupada com a descrição de documentos; a tarefa de dar acesso a estudiosos ao conteúdo dos documentos, especialmente a partes de documentos impressos e sem a limitação de coleções particulares, era documentação". Buckland julga ainda que a biblioteconomia estava voltada para a simples tarefa de "reunião e manutenção de coleções". Para ele, depois da década de 1950, a palavra documentação foi gradativamente substituída por terminologias como "ciência da informação, armazenamento e recuperação da informação e gestão da informação" (Buckland, 1998:216).

As diferenças entre biblioteconomia e bibliografia e documentação, segundo Meadows, "nunca foram bem-definidas". Apesar disso, ele afirma haver certo consenso sobre o fato de que os documentalistas, a seu ver, profissionais atuantes tanto na bibliografia quanto na documentação, "estavam preocupados não apenas com o manuseio físico dos documentos, mas também, e num grau muito maior que os bibliotecários, com a exploração da informação neles contida" (Meadows, apud Hjorland, 2000:28).

Hjorland chama a atenção para o fato de que, "embora o termo 'documentação' ainda esteja em uso, este, frequentemente, tem sido substituído pela palavra 'informação'". O autor comenta ainda que, nos últimos anos, "bem poucas instituições têm escolhido o termo 'documentação' como parte do seu nome" (Hjorland, 2000:28).

Constatamos então que, inicialmente associado à diversidade de documentos e ao seu processamento, o termo documentação logo evoluiu para designar uma nova disciplina. Esta se diferenciava da bibliografia e da biblioteconomia por tratar de todos os tipos de documentos, e não apenas de livros, e pelo público-alvo – estudiosos e especialistas de determinadas áreas do conhecimento.

Em relação ao Brasil, Pinheiro nos informa que, aqui, a discussão envolvendo o termo documentação não teve a dimensão alcançada no exterior. Entretanto, a mesma autora reconhece que:

o próprio nome do antigo Ibict (IBBD, Instituto Brasileiro de Bibliografia e Documentação) e o curso de especialização implantado pelo instituto em 1954, denominado então curso de Pesquisa Bibliográfica, sejam reflexo dessa fase hegemônica da documentação na Europa [Pinheiro, 2002:4].

Finalmente, a título de curiosidade, é oportuno registrar a diferença de acepção de documentação no âmbito da ciência da informação e da arquivologia. É fato que, para a primeira, de acordo com alguns teóricos, o termo encontra-se fortemente associado à sua própria origem como área do conhecimento. Já para a arquivologia, embora seus dicionários terminológicos não deixem de registrar documentação como disciplina ou técnica de tratamento de documentos, esta sempre foi entendida prioritariamente pelos profissionais da área como mero designativo de "conjunto de documentos" (Brasil, 2005:72; Camargo e Bellotto, 1996:26).

Voltemos à abordagem entitiva do termo documento agora a partir do olhar da arquivologia.

O olhar da arquivologia

Comecemos nossa abordagem arquivística sobre o conceito de documento a partir de uma consagrada autora da área, a espanhola Vicenta Cortés Alonso (1989:57), para quem "documento é o testemunho da atividade do homem, fixado em um suporte perdurável". Outra autora espanhola, igualmente conhecida, Antonia Heredia Herrera, diz:

> Documento, em um sentido muito amplo e genérico, é todo registro de informação independentemente de seu suporte físico. Abarca tudo o que pode transmitir o conhecimento humano: livros, revistas, fotografias, filmes, microfilmes, [...] mapas, [...] fitas gravadas, discos, partituras, [...] selos, medalhas, quadros [...] e, de maneira geral, tudo que tenha um caráter representativo nas três dimensões e que esteja submetido à intervenção de uma inteligência ordenadora [Heredia Herrera, 1991:121].

Destacamos nas palavras da autora o mesmo entendimento de Otlet e Buckland quanto à amplitude das formas.

Em outro momento, Heredia Herrera apresenta um conceito mais condensado de documento, que guarda grande semelhança com o de Cortés Alonso. Nele, "documento é o testemunho da atividade do homem, fixado num suporte perdurável que contém informação" (Heredia Herrera, 1991:122). E prossegue:

> é um objeto que conserva o vestígio da atividade humana; que serve para dar notícia de um fato, ficando essa notícia fixada no objeto. Apresenta-se, portanto, como um suporte material (pedra, pergaminho, papel, fita magnética, disco) em que um meio (escritura, pintura) fixa o conteúdo, a notícia (informação).

Vejamos agora o que nos diz Martín-Pozuelo Campillos. Após considerar, com base em Lopez Yepes e Nuria Amat, a função memorial do documento, Martín-Pozuelo Campillos define essa entidade como uma "ferramenta indispensável para transmitir conhecimentos, ideias e dar testemunho dos fatos". A mesma autora entende que "a definição de documento tem como ponto de partida sua característica fundamental: a acumulação de informação e a possibilidade de poder oferecê-la em um dado momento" (Martín-Pozuelo Campillos, 1996:91-92).

Na esteira das autoras espanholas, cabe considerar Rodríguez Bravo (2002:85), para quem documento "é um suporte portador de uma mensagem emitida com intenção comunicativa e potencialmente informativa para o receptor".

> Acreditamos que a vontade do emissor de transmitir uma mensagem é fundamental para que haja um documento, e toda mensagem é sempre potencialmente informativa. É certo que a informação só existe a partir da perspectiva do receptor, por isso falamos de informação potencial [...] quando abordamos o conceito de documento, que entendemos como aquele ente cuja função principal é comunicativa [Rodríguez Bravo, 2002:85].

Rodríguez Bravo prossegue suas reflexões sobre o que vem a ser documento a partir do pensamento de Jean Meyriat, para quem, embora os documentos escritos gozem de uma situação privilegiada em relação aos demais, não seriam os únicos com a missão de transmitir informação. Teriam também essa missão documentos museológicos, objetos arqueológicos e mesmo uma bicicleta, a qual "poderá conter no futuro informações para quem souber buscá-las, sobre os hábitos de entretenimento de finais do século XX, as técnicas empregadas para sua construção etc." (Bravo, 2002:86).

Num primeiro momento, reconhecemos nessas palavras a ideia de informação-como-coisa de Buckland. Entretanto, ainda com base em Meyriat, Rodríguez Bravo assume uma perspectiva mais delimitadora de documento ao atrelá-lo à função primeira de informar. Assim, no exemplo da bicicleta, a função primordial do objeto é servir de meio de transporte, logo, ele não se caracterizaria como documento. Com isso, Rodríguez Bravo (2002:87) aponta para:

> a necessidade de diferenciar objetos concebidos como transmissores de informação potencial (documentos) daqueles que não foram concebidos com essa finalidade, embora possam adquiri-la num determinado momento, mais concretamente no momento em que um usuário extraia deles uma informação. Estaríamos então diante de fontes ou recursos de informação, mas não de documento.

Rodríguez Bravo estabelece também uma diferença entre mensagem e informação, pela qual a primeira seria "a expressão tangível ou real de um sinal ou sequência de sinais", enquanto a segunda seria a recepção e assimilação desses sinais pelo destinatário. Assim, de acordo com ela,

> não pode haver informação sem mensagem, mas podem existir mensagens que não levem uma informação. Isso se deve ao fato de que o conceito de informação depende do receptor concreto que receba em cada caso a mensagem. Não obstante, toda mensagem ao menos potencialmente é informativa; basta localizar um ser humano no qual essa mensagem produza algum tipo de conhecimento [Rodríguez Bravo, 2002:91].

Finalmente, registremos algumas considerações de Rodríguez Bravo sobre a questão do suporte. Para a autora, em que pese aos questionamentos trazidos pela tecnologia digital, o suporte continua a ser "um elemento a se considerar na noção de documento" (Rodríguez Bravo, 2002:94). Assim, a partir do entendimento de documento como "a objetivação do conhecimento em um suporte", segundo Lopez Yepes, Rodríguez Bravo deduz que é preciso que a mensagem e seu conteúdo informativo "sejam retidos em um elemento material para que os sinais nele afixados possam ser conservados e transmitidos" (Rodríguez Bravo, 2002:94). Para o autor, então, a ideia de documento envolve a vontade de um emissor, a função de informar e um suporte sobre o qual afixar seu conteúdo, sendo este entendido como mensagem ou como informação em potencial até que alcance um receptor.

Já de acordo com a italiana Luciana Duranti, e com base na diplomática,[9] documento "tradicionalmente se refere à multiplicidade de fontes de evidência", é entendido como documento escrito,[10] que por sua vez é definido como "evidência produzida num suporte (papel, fita magnética, disco, placa etc.) por meio de um instrumento de escrita (caneta, lápis, máquina de escrever etc.) ou de um aparato para fixação de dados, imagens, e/ou vozes" (Duranti, 1998:41). A autora prossegue:

> O atributo "escrito" não é usado em diplomática como um ato isolado (desenhado, entalhado, tracejado ou inscrito), mas sim no sentido de referir-se ao propósito e ao resultado intelectual do ato de escrever; isto é, à expressão de ideias numa forma concreta (documental) e sintática (regida por regras de disposição).

Em outro momento, Duranti precisa o que é documento a partir da definição de documento arquivístico. Este último é "todo documento

---

[9] A diplomática será tema do próximo capítulo.
[10] Há que esclarecer, com base em Houaiss (2001:616, 1210, 1211), que o termo "escrito" (ou "escrita") equivale ao ato de escrever, que, por sua vez, significa representar por meio de caracteres, ou seja, quaisquer sinais gravados, sejam eles alfabeto, números, traços (desenhos, gravuras) ou bits. Com isso pretendemos dissociar o termo "escrito" (ou "escrita") do entendimento comum que o remete apenas à escrita alfabética.

criado por uma pessoa física ou jurídica no decorrer de atividades práticas como instrumento ou subproduto dessas atividades", e documento é "informação registrada" (Duranti, 1998:11). O conteúdo de um documento é expresso por meio da sua forma, a qual, por sua vez, reflete estruturas políticas, legais, administrativas e econômicas, bem como aspectos culturais e costumes que o permeiam. Essa forma pode ser física e intelectual. A primeira se traduz na aparência do documento, a segunda constitui sua articulação interna e o conteúdo propriamente dito. A relação entre forma física e intelectual se dá de tal maneira que "é impossível entender completamente a mensagem sem entender a aparência e a articulação que o autor escolheu para expressá-la" (Duranti, 1998:42-43). Assim, para Duranti, o documento tem de ser escrito, tem de estar afixado num suporte, deve apresentar uma forma determinada, ser fruto de uma vontade deliberada e ser dotado de uma sintaxe que permita sua compreensão.

Observamos nas autoras analisadas que, à exceção de Martín-Pozuelo Campillos, todas mencionam explicitamente a questão do suporte como base física do documento. Deve-se registrar, porém, que, no caso de Martín-Pozuelo Campillos, pode-se inferir que tal menção encontra-se implícita no termo ferramenta, uma vez que, de acordo com Houaiss (2001), ele denota apetrecho, instrumento, ou seja, objeto material.

Façamos então uma recapitulação sobre o conceito de documento segundo as autoras estudadas:
- Cortés Alonso: registro da atividade humana.
- Heredia Herrera: registro de informação em qualquer forma, ou seja, tudo o que pode transmitir conhecimento.
- Martín-Pozuelo Campillos: ferramenta de transmissão do conhecimento.
- Rodríguez Bravo: portador de mensagem, entendida como informação em potencial; dotado de função comunicativa.
- Duranti: informação registrada num suporte, dotada de forma e de sintaxe, a ser comunicada no tempo e no espaço.

Passemos agora à definição de documento a partir de alguns dicionários e glossários da área arquivística. Segundo esses instrumentos, documento é:
- "Unidade constituída pela informação (1) e seu suporte" (Camargo e Bellotto, 1996:28).
- "Unidade de registro de informações, qualquer que seja o suporte ou o formato"[11] (Brasil, 2005:73).
- "Uma unidade indivisível de informação constituída por uma mensagem fixada num suporte (registrada) com uma sintática estável. Um documento tem forma fixa e conteúdo estável" (Duranti e Preston, 2008:811).
- "1. Qualquer trabalho escrito ou impresso [...]. – 2. Informação ou dado fixado em um suporte. – 3. Informação ou dado fixado em um suporte o qual não faz parte do documento oficial [...]. – 4. Um trabalho escrito ou impresso de natureza legal ou oficial que pode ser usado como evidência ou prova" (Pearce-Moses, 2005).
- "Informação registrada ou objeto que pode ser tratado como uma unidade" (Arma[12] International, 2009).
- "Informação registrada independentemente do suporte e características" (International Council of Archives, 2010).

De acordo com o glossário elaborado pelo Departamento de Serviços, Tecnologia e Administração do governo de New South Wales, Austrália, documento significa qualquer registro de informação, e inclui:
- qualquer coisa sobre a qual há um escrito; ou
- qualquer coisa sobre a qual há marcas, figuras, símbolos ou perfurações com um significado para pessoa qualificada para interpretá-los; ou
- qualquer coisa da qual sons, imagens ou escritos podem ser reproduzidos com ou sem a ajuda de qualquer outra coisa, ou um mapa, planta, desenho ou fotografia (Evidence Act, apud New South Wales, 2009).

---

[11] A fonte em questão, o *Dicionário brasileiro de terminologia*, não contempla o verbete "forma".
[12] Association of the Records & Management Profession.

O mesmo glossário acrescenta às definições do termo documento a diferença entre documento e documento arquivístico:

> Alguns documentos são documentos arquivísticos porque participaram de uma transação de negócio, ou foram criados para documentar essa transação. Inversamente, alguns documentos não são documentos arquivísticos porque não funcionam como evidência de uma transação de negócio [New South Wales, 2009].

Observamos nos instrumentos ora apresentados a menção recorrente ao suporte como base física do documento ou como o material necessário ao registro da informação, exatamente como constatado em relação às autoras antes mencionadas. Isso sugere a necessidade de se proceder a uma análise comparativa do olhar da ciência da informação e da arquivologia sobre o conceito de documento.

Interpretações comparativas
No estudo conceitual da entidade documento, observamos que, no âmbito da ciência da informação, o assunto é vasta e profundamente explorado. Entre os autores aqui contemplados, detectamos entendimentos que variam desde uma concepção ampla de documento, como é o caso de Otlet e Buckland, até visões mais delimitadoras, como as de Briet e Rendón Rojas.

No caso de Otlet e Buckland, a amplitude conceitual apresenta gradações em que o segundo se sobrepõe ao primeiro. Assim, enquanto Otlet estende o conceito de documento para além de registros alfabéticos, como imagens e obras de arte, Buckland vai ainda mais longe, ao incluir objetos que abrangem inclusive pessoas e eventos, como um grito de terror. Outro diferencial em Buckland é sua visão simbiótica de informação – mais especificamente, o que ele entende por informação tangível – e documento, a ponto de criar o conceito de informação-como-coisa.

Quanto à Briet e Rendón Rojas, nosso entendimento sobre uma visão mais delimitadora de ambos em relação ao conceito de documento se fundamenta na exigência de um processamento técnico ao qual o objeto deve ser submetido para que possa ser considerado como tal.

No que diz respeito à arquivologia, constata-se certa escassez de fontes no que tange ao conceito de documento. À exceção de Rodríguez Bravo,[13] as demais autoras aqui incluídas apenas tangenciam a questão. Isso se mostra ainda mais contundente no âmbito dos estudos arquivísticos em língua inglesa. É o que deduzimos das palavras de Duranti e Yeo em mensagens eletrônicas respectivamente de 29 de janeiro e de 13 de julho de 2009. No caso de Duranti, ela declara que, "a não ser pelo meu primeiro artigo sobre diplomática, não há discussão sobre esse assunto". A constatação da autora é corroborada pela seguinte afirmação de Yeo: "Luciana Duranti está certa. Há muito pouco escrito sobre documentos a partir de uma perspectiva arquivística, ao menos na bibliografia de língua inglesa. [...] Espero escrever sobre esse assunto em breve". Essa lacuna talvez se justifique pelo fato de o objeto da arquivologia ser precisamente o documento arquivístico, e não o documento em si.

Outro aspecto a ser considerado diz respeito à fisicalidade, ou materialidade do documento. Cabe registrar que o tema, embora permeie o discurso dos autores da ciência da informação aqui estudados, é bem mais recorrente e mais explicitamente abordado na área arquivística. Aí, a ideia de um conteúdo fixado num suporte aparece na maior parte dos conceitos de documento, o que, há que ressaltar, não significa o atrelamento da entidade documental a determinado tipo de suporte, mas à necessidade de estabilidade e permanência desse mesmo conteúdo.

Assim, independentemente da ênfase dada, podemos identificar na materialidade um ponto de convergência entre a ciência da informação e a arquivologia no que diz respeito ao conceito de documento. Outro ponto convergencial entre as duas áreas seria a funcionalidade. Por meio da funcionalidade o documento detém as funções de ensino e aprendizagem, registro e comunicação da informação, testemunho de fatos e de ações, numa noção mais coerente com a etimologia e a semântica do termo documento.

O estudo conceitual pode ser sistematizado no quadro 1.

---

[13] Autora com atuação profissional preponderante na área de biblioteconomia e documentação, e não propriamente de arquivos.

QUADRO 1 Sistematização dos conceitos de documento a partir de
autores da ciência da informação (CI) e da arquivologia (ARQ)

AUTORES	ÁREA	ANO	DOCUMENTO
Otlet	CI	1934	"As coisas materiais em si (objetos) podem ser consideradas documentos quando se colocam como elementos de estudo ou provas de uma demonstração."
Briet	CI	1951	"Todo índice concreto ou simbólico, conservado ou registrado com a finalidade de representar, reconstruir ou demonstrar um fenômeno físico ou intelectual."
Buckland	CI	1991	Informação-como-coisa: livros, textos, fotografias, edifícios, pessoas, eventos apontam para alguma informação, logo constituem evidência física, documento, ou seja, "coisa a partir da qual se pode aprender".
Rendón Rojas	CI	1999	Objetivação do pensamento. Serve de orientação ao projeto social humano. Só é documento quando tratado como tal, isto é, quando submetido a certas estruturas pelo cientista da informação.
Cortés Alonso	ARQ	1989	"Testemunho da atividade do homem fixado num suporte."
Heredia Herrera	ARQ	1991	"Testemunho da atividade do homem fixado num suporte perdurável que contém informação."
Martín-Pozuelo Campillos	ARQ	1996	"Ferramenta indispensável para transmitir conhecimentos, ideias e dar testemunho dos fatos."
Rodríguez Bravo	ARQ	2002	"Suporte portador de uma mensagem emitida com intenção comunicativa e potencialmente informativa para o receptor."
Duranti	ARQ	1998	"Evidência produzida num suporte."
Duranti	ARQ	2002	"Informação registrada."

CONVERGÊNCIAS:

- Materialidade (conteúdo fixado num suporte).
- Funcionalidade (ensino, aprendizagem, registro e comunicação da informação, testemunho de fatos e ações).

Informação, o que é?

Na linguagem cotidiana, a palavra informação é imediatamente associada a notícia, acontecimento, conhecimento. Trata-se de um fenômeno básico da sociedade humana desde sempre. Entretanto, na sociedade contemporânea, ela assumiu tal dimensão que deu origem à chamada sociedade da informação, caracterizada pela tecnologia digital e pelas redes de computadores. Segundo Capurro e Hjorland (2007:149):

> É lugar-comum considerar-se a informação condição básica para o desenvolvimento econômico, juntamente com o capital, o trabalho e a matéria-prima; mas o que torna a informação especialmente significativa na atualidade é sua natureza digital. O impacto da tecnologia da informação sobre as ciências naturais e sociais, em particular, tornou essa noção corriqueira um conceito altamente controvertido.

De fato, a natureza digital da informação, além de modificar as relações pessoais e institucionais, altera a si mesma, à medida que lhe confere novo status: a onipresença superdimensionada e traduzida na expressão "em tempo real". Por conta dessa nova dimensão da informação, Capurro e Hjorland, com base em Braman, chegam a falar, a partir de um contexto de política informacional, em "natureza teleológica dos sistemas e serviços de informação", a qual precisa ser reconhecida (Capurro e Hjorland, 2007:151).

No novo cenário, o conceito de documento parece perder terreno. Ao se referirem aos sistemas de recuperação da informação, Capurro e Hjorland comentam o fato de alguns pesquisadores terem "fantasiado a eliminação do conceito de documento/texto, substituindo-o simplesmente por armazenamento ou recuperação de fatos ou informações" (Capurro e Hjorland, 2007:180).

Estamos, pois, diante de uma situação curiosamente inversa ao que foi sugerido no item "Documento, o que é?", quando nos indagamos sobre a capacidade de o conceito de documento abarcar os novos registros. A questão aqui é quanto à capacidade ilimitada do conceito informação abrigar tudo que é gerado pela tecnologia digital. É preciso recomeçar e mais uma vez buscar respostas a partir do conceito de informação, por meio das vertentes filológica e entitiva.

Abordagem filológica

Assim como Sagredo Fernández e Izquierdo Arroyo, Capurro e Hjorland também acham que o uso de uma palavra tem papel decisivo na relação entre sua origem e seu significado. Segundo eles:

> O estudo da história de uma palavra, da sua etimologia, não está relacionado, como a própria palavra etimologia à primeira vista sugere, com seu verdadeiro significado (do grego, *etymon*) que, aparentemente, pode ser a base de sua formação e de seu uso, mas com a inter-relação de seus diferentes usos (particularmente sua tradução em outros idiomas e contextos), inclusive suas metáforas e metonímias [Capurro e Hjorland, 2007:155].

Para fundamentar essa premissa, e com base no *Oxford English Dictionary*, de 1989, Capurro e Hjorland (2007:155, grifo nosso) apontam "dois contextos básicos nos quais o termo informação é *usado*: o ato de moldar a mente e o ato de comunicar conhecimento". Embora salientem a relação íntima óbvia entre esses dois atos, os autores querem saber "quando e como as palavras informação e moldagem se juntaram?" (Capurro e Hjorland, 2007:155).

Segundo eles, já no século II a.C. há registros do uso na língua latina dos termos *informatio* e *informo* com o sentido de "dar forma". Esse uso, porém, se apresenta em dois contextos, o tangível e o intangível. No caso do primeiro, um exemplo é encontrado na *Eneida*, de Virgílio (70-19 a.C.), mais precisamente nos versos que falam em "Vulcano e os cíclopes produzindo (*informatum*) flechas de raios para Zeus [...] ou um enorme escudo para Enéas" (Capurro e Hjorland, 2007:156). Outro exemplo seria ainda mais antigo e se apresenta no campo da biologia: "Varro (116-27 a.C.) que descreve como um feto está sendo informado (*informatur*) pela cabeça e coluna vertebral" (Frg. Gell. 3, 10, 7, apud Capurro e Hjorland, 2007:156).

No caso do contexto intangível, também denominado espiritual, um exemplo seria Tertuliano (160-220 d.C) chamando Moisés de "educador ou modelador de pessoas" (Capurro e Hjorland, 2007:156). Trata-se do que os autores chamam de contexto intangível pedagógico, também presente em santo Agostinho, quando afirma que "Cristo é a forma de Deus [...]. Seus feitos nos instruem e educam" (Epist. 12, apud Capurro e Hjorland, 2007:157).

Em relação ao grego, observa-se que palavras traduzidas para *informatio* ou *informo* também tinham o sentido de "dar forma" e eram usadas igualmente num contexto tangível e intangível. É o caso de *hypotyposis* (modelo), *prolepsis* (representação) e *eidos, idea, typos* e *morphe* (forma). Em relação a essas quatro últimas palavras, Capurro e Hjorland chamam a atenção para o fato de que, embora fossem usadas no grego mais erudito e correspondam a "conceitos-chave da ontologia e epistemologia gregas" (Capurro e Hjorland, 2007:156), suas raízes encontram-se na linguagem de uso corrente, especialmente em relação à cerâmica. Assim, a palavra forma (*eidos, idea; typo* e *morphe*) tanto podia designar o trabalho do artesão, "dando forma" a um vaso de argila, quanto a noção filosófica de Platão e Aristóteles de percepção da realidade por meio dos sentidos.

Observamos então que, do ponto de vista etimológico, tanto em relação ao latim quanto ao grego, as palavras informação e moldagem sempre estiveram juntas, ora designando um fazer material, de moldagem da matéria (contexto tangível), ora imaterial, de moldagem da mente (contexto intangível).

No léxico do português, segundo o *Dicionário Houaiss de língua portuguesa*, a palavra informação vem do latim *informatio*, "ação de formar, de fazer, fabricação; esboço, desenho, plano; ideia, concepção, formação; forma". Quanto a seu significado, seria "ato ou efeito de informar (-se), 1) comunicação ou recepção de um conhecimento ou juízo" (Houaiss, 2001:1615). Observa-se em Houaiss não só a mesma ideia de "dar forma" ou de "moldar" a mente por meio do conhecimento, presente no entendimento de Capurro e Hjorland, como também um sentido material, quando inclui a palavra "fabricação".

Capurro e Hjorland (2007:157) aprofundam a questão identificando em *informatio* e *informo* os sentidos ontológico, epistemológico e pedagógico. O primeiro diz respeito à materialidade do ente, ou seja, o ente dotado de "forma" para que possa ser percebido; o segundo se refere à compreensão desse ente dotado de "forma", ou seja, sua essência. Já o sentido pedagógico estaria embutido no epistemológico, mas no sentido de formação moral ou de moldar a personalidade. Mas, segundo esses autores, em determinado momento o sentido ontológico se perde, e o epistemológico a ele se sobrepõe. A ideia de "dar forma", no contexto do hileformismo escolástico, cai em desuso e é substituída pela de "comunicar alguma coisa a alguém" (Capurro e Hjorland, 2007:158). Do mesmo modo, o sentido pedagógico passa a assumir uma conotação de transmissão do conhecimento.

Mas que momento teria sido esse?

Capurro e Hjorland identificam na transição da Idade Média para a Idade Moderna o instante em que "o contexto de *in-formar* mudou da matéria para a mente" (Peters, apud Capurro e Hjorland, 2007:158). Para os autores, essa mudança encontra-se mais precisamente representada no nascimento da filosofia racionalista de René Descartes (séc. XVII), para quem as ideias é que "dão forma". São elas que "moldam" os pensamentos a partir de uma percepção sensível do mundo. Segundo Peters:

> A "doutrina de ideias", desenvolvida inicialmente por Descartes, foi central para a nascente filosofia moderna, tanto racionalista quanto empirista. [...] Descartes interpôs as ideias entre ambas. Uma ideia era algo presente para a mente, uma imagem, cópia ou representação com uma relação problemática com as coisas reais do mundo. Para os empiristas (como Locke), a corrente de ideias era a matéria bruta a partir da qual o conhecimento genuíno poderia ser construído; para os racionalistas (como Descartes), era um véu de ilusão a ser rompido pela lógica e a razão [Peters, apud Capurro e Hjorland, 2007:158].

Acrescentaríamos à "lógica e a razão" de Peters a dúvida metódica cartesiana por meio da qual se daria a avaliação das informações obtidas pelos sentidos.

É, pois, a partir de Descartes que se dá o desenvolvimento do racionalismo e do empirismo modernos, que tanto criticaram a filosofia aristotélico-escolástica. Entretanto, Capurro e Hjorland chamam a atenção para o fato de esta última estar presente, em certa medida, nas concepções dos racionalistas e empiristas. Nesse sentido, evocam Peters mais uma vez, o qual vê nos sentidos uma noção hilomórfica:

> um tipo de matéria [...] sobre a qual os objetos do mundo podem deixar suas formas ou marcas. O que é interessante aqui é que o local da informação está mudando do mundo amplo para a mente humana e os sentidos. Essa mudança exige que não haja ruptura com as noções escolásticas de mente ou natureza [Peters, apud Capurro e Hjorland, 2007:159].

Em sintonia com Peters, Capurro considera que:

> o corte entre a escolástica e a modernidade se dá menos em relação à noção de informação em si do que em relação ao seu alcance ou domínio específico, que, para a modernidade, é o conhecimento humano, e não algo que subjaz em todos os processos naturais cósmicos [Capurro, 2008:9].

Isso significa que agora a mente é informada ou modelada pelas sensações, e que o local de ação da informação é a consciência. A ideia de "dar forma" ou de "modelar" permanece na palavra informação, porém, não mais no sentido ontológico, material. Assim, "sob a tutela do empirismo, a informação gradualmente moveu-se da estrutura para a essência, da forma para a substância, da ordem intelectual para os impulsos sensoriais" (Peters, apud Capurro e Hjorland, 2007:158).

As premissas empíricas e epistemológicas que reformularam o conceito ontológico de informação a partir do século XVII têm cumprido sua vocação transformadora desde então. Segundo Capurro e Hjorland (2007:159) "tem sido extremamente interessante observar como o conceito de informação está intimamente ligado a visões sobre o conhecimento". A observação sugere que passemos da abordagem filológica de informação para a entitiva. Antes, porém, é interessante sistematizar a análise etimológica de Capurro e Hjorland, no quadro 2.

QUADRO 2 Etimologia e semântica da palavra informação

INFORMAÇÃO (etimologia)

Latim: *informatio*; *informo* = dar forma, modelar

Grego: *hypotyposis* (modelo); *prolepsis* (representação); *eidos, idea; typo* e *morphe* (forma) = modelar, representar, dar forma

INFORMAÇÃO (semântica)

Até o séc. XVII:
Sentido ontológico: ente percebido materialmente.
Sentido epistemológico: ente percebido na sua essência.
Sentido pedagógico: instrução; formação da personalidade.

A partir do séc. XVII:
Sentido epistemológico: "comunicar alguma coisa a alguém" (Capurro e Hojorland, 2003:158).

Abordagem entitiva

Exatamente como no caso do estudo do documento como entidade, o estudo entitivo de informação requer uma partição, e com o mesmo objetivo, isto é, identificar semelhanças e/ou diferenças no entendimento do que vem a ser informação no âmbito da ciência da informação e da arquivologia.

O olhar da ciência da informação
Comecemos pelo conceito de informação a partir da teoria da informação ou teoria matemática da comunicação, de Shannon e Weaver, de 1949. A escolha dessa obra para principiar essa abordagem justifica-se pela grande repercussão dos conceitos aí apresentados, os quais passaram a constar da maioria das formulações teóricas sobre informação, especialmente no âmbito da ciência da informação. Antes, porém, são necessários alguns esclarecimentos sobre a obra em questão.

Em 1948, Shannon escreveu o texto científico "Teoria matemática da comunicação", publicado no mesmo ano no *Bell System Technical Journal*, periódico da Bell Company, empresa na qual trabalhava. Em 1949, Warren Weaver publicou "Contribuições recentes à teoria matemática de comunicações", na revista *Scientific American*. Ainda em 1949 os dois artigos foram reunidos no livro *Teoria matemática da comunicação*, que contava com duas partes: a primeira com o artigo de Weaver e a segunda com o de Shannon. A estrutura do livro explica por que alguns autores, como é o nosso caso, mencionam Shannon e Weaver separadamente.

Com base na física, na engenharia e na matemática, Shannon aplica os conceitos de probabilidade, entropia, incerteza e redundância à comunicação, ou informação. Cumpre ressaltar que esse engenheiro da já mencionada Bell Company "estava preocupado com a solução de problemas de otimização do custo de transmissão de sinais" (Pinheiro, 1997:183), seu foco não era a questão do significado.

O sistema de comunicação concebido por Shannon é constituído de cinco partes: fonte de informação; transmissor, canal, receptor e destino. Nessas partes se inserem os elementos mensagem, sinal e ruído. O que Shannon queria com esse sistema era medir a quantidade de informação e seu grau de incerteza ao chegar a seu destino, ou verificar o grau de entropia desse sistema. Isso sem levar em conta a questão semântica, sobre a qual Weaver faz o seguinte alerta: "Nesta teoria, a palavra informação é utilizada com um sentido especial, que de maneira alguma deverá ser confundido com o de seu uso generalizado. Especificamente, informação não deve, por equívoco, ser compreendida como significado" (Shannon e Weaver 1975:9).

Mas que sentido especial da palavra informação seria esse? Weaver ainda esclarece que, no âmbito da teoria da comunicação:

> Informação é uma medida da liberdade de escolha que temos no ato de selecionar uma mensagem. Quanto maior for a liberdade de escolha, maior será a informação, e maior será a incerteza de que a mensagem realmente selecionada será uma determinada mensagem que singularizamos. Assim sendo, maior liberdade de escolha, maior incerteza e maior informação [Shannon e Weaver 1975:19].

Por esse conceito de informação, Capurro e Hjorland (2007:163) entendem que: "De modo estrito nenhuma informação poderia ser comunicada entre um emissor e um receptor, porque essa teoria não diz respeito à comunicação de uma mensagem significativa, mas, em vez disso, à reprodução de um processo de seleção". Assim, eles criticam o conceito de informação apresentado por Shannon a partir de um modelo de engenharia:

> De um ponto de vista teórico da informação, a informação pode ser definida e medida precisamente. Por exemplo, em fevereiro de 1999, Lawrence e Giles (1999) encontraram aproximadamente 15 terabytes de informação na internet. Contudo, isso não é o mesmo conceito de informação tal como o usado pelos especialistas em informação quando procuram, selecionam ou indexam fontes de informação. Essas atividades relacionam-se ao conteúdo e significado das mensagens, não apenas a seu armazenamento físico e transmissão [Capurro e Hjorland, 2000:189].

Na verdade, Capurro e Hjorland reconhecem o impacto da teoria de Shannon em várias áreas do conhecimento, entre as quais a documentação, a biblioteconomia e a ciência da informação. Para eles, a partir dessa teoria, "a palavra informação tornou-se extremamente influente em todas as áreas da sociedade e um modismo, tanto em inglês quanto em outros idiomas". Entretanto, os mesmos autores consideram que "a história desse impacto ou recepção ainda está por ser escrita", e que há uma tendência a se considerar essa teoria como "beco sem saída na CI" (Capurro e Hjorland 2007:188).

O pessimismo de Capurro e Hjorland em relação à teoria de Shannon assumiu em Weaver a forma de certo inconformismo. Isso porque a teoria se atém ao grau de incerteza inerente à quantidade de possíveis escolhas entre um conjunto de sinais, ou símbolos, e não à capacidade de esses mesmos sinais reduzirem a incerteza. Afinal, é Shannon quem diz:

> Evidentemente, a correção mais apropriada que deverá ser aplicada à quantidade de informação transmitida é a quantidade desta informação que está faltando no sinal recebido, ou, alternativamente, a incerteza sobre o que do sinal recebido corresponde ao que foi enviado. A partir da nossa argumentação anterior, relativa à entropia como uma medida de incerteza, parece-nos razoável utilizar a entropia condicional da mensagem, conhecendo o sinal recebido, como uma medida de "déficit" de informação [Shannon e Weaver, 1975:71].[14]

Sobre essa afirmação de Shannon, Capurro faz as seguintes considerações em mensagem eletrônica enviada em 5 de maio de 2009:

> Se entendo Shannon corretamente, ele está dizendo que informação *não* está relacionada à "redução de incerteza", mas exatamente o contrário: ela é a quantidade da falta de conhecimento do receptor de onde ocorrem os erros. Podemos chegar ao caso extremo e supor que o ruído é tão grande que os símbolos recebidos são inteiramente independentes dos símbolos transmitidos. [...] A quantidade de informação está assim *inversamente* relacionada à quantidade de certeza: quanto maior a quantidade de informação, maior a *falta* de conhecimento e, portanto, de incerteza.

O autor conclui sua mensagem dizendo que, no tocante à teoria de Shannon, "informação é sinônimo de incerteza, e não de sua redução."

Ora, no Brasil, o conceito segundo o qual "informação é uma redução de incerteza oferecida quando se obtém resposta a uma pergunta" tem

---

[14] A citação sofreu pequenas alterações na tradução do original em inglês.

sido atribuído a Shannon por alguns autores da ciência da informação e de áreas afins. Entretanto, uma leitura mais atenta do livro *Teoria matemática da comunicação*,[15] bem como as considerações de Capurro antes mencionadas, nos leva a constatar a existência de dois equívocos: o primeiro diz respeito ao próprio entendimento da teoria de Shannon por parte desses autores, atribuindo a ele exatamente o contrário do que disse; o segundo refere-se ao fato de que simplesmente esse conceito não se encontra no livro.

Na verdade, no que diz respeito ao estudo da teoria de Shannon, já em 1997, Pinheiro, com base em Braga, alertava: "o que aparece na literatura é 'vago' e 'confuso', e se deve a 'estudo' superficial e extrapolação puramente retórica da teoria da informação de Shannon, estritamente delimitada, mais do que à validade de seu escopo" (Braga, apud Pinheiro, 1997:8). Permanece pois a questão: quem é o autor do conceito tão recorrente nas publicações acadêmicas brasileiras? E Capurro responde, em mensagem eletrônica do dia 6 de maio de 2009:

> Acho que o autor da definição "informação é redução de incerteza" é simplesmente o *bom senso*! [...] Sei que esse é um equívoco bastante comum causado pelo entendimento mais generalizado sobre o que vem a ser informação. Seria curioso atribuir esse entendimento a Shannon!

É, pois, movido pelo inconformismo em relação à visão de Shannon sobre informação que Weaver (Shannon e Weaver, 1975:28) diz:

> Os conceitos de informação desenvolvidos nessa teoria parecem bizarros e frustrantes – frustrantes porque em nada se relacionam com o conceito de significado, e bizarro porque não transaciona com uma mensagem singularizada, muito ao contrário, trata do caráter estatístico do efeito total das mensagens; bizarro outra vez, por, nesses termos estatísticos, as duas palavras, *informação e incerteza*, encontrarem-se estreitamente associadas, de fato consorciadas.

---

[15] A leitura incluiu a utilização das tecnologias do scanner e do OCR.

O mesmo inconformismo levou Weaver a reinserir o conceito de informação de Shannon numa visão mais ampla, apresentando seus três níveis de problemas inerentes à comunicação. São eles:

NÍVEL A. Com que exatidão podem ser transmitidos os símbolos de comunicação? (Este é o problema técnico.)
NÍVEL B. Com que precisão os símbolos transmitidos transferem o significado desejado? (Este é o problema de semântica.)
NÍVEL C. Com que eficiência o significado recebido afeta o comportamento, a conduta do receptor em relação à finalidade desejada e prevista? (Este é o problema de eficiência.) [Weaver, 1975:4].

Para Weaver, num primeiro momento, a teoria de Shannon aplica-se somente ao Nível A. Entretanto, o mesmo autor considera que essa afirmação não se sustenta na medida em que "os Níveis B e C [...] poderão utilizar com precisão apenas aqueles sinais que se tornarão viáveis quando analisados ao Nível A" (Weaver, 1975:6).

A nosso ver, é exatamente aí que se dá a contribuição de Weaver à teoria de Shannon, ao fato de tentar retirá-la do confinamento técnico da engenharia e expandi-la para o escopo da semântica e da eficiência na sua assimilação. Registramos assim um caso de incompatibilidade de abordagens. Enquanto Shannon via a informação a partir de um contexto mecânico, de transmissão de sinais de um emissor para um receptor por meio de um aparato tecnológico, Weaver ressaltava conhecimentos sobre sintaxe, semântica e pragmática desnecessários à engenharia.

Assim como Capurro e Hjorland consideram que a história da repercussão da teoria de Shannon na ciência da informação ainda não foi escrita, julgamos que o papel de Weaver nessa mesma teoria também precisa ser mais bem-avaliado.

A informação é estudada por Zeman a partir de uma densa abordagem filosófica. Isso porque, segundo ele, a questão da qualidade, e não apenas da quantidade, está intimamente ligada à informação. Assim, com base nos princípios de processo, movimento, contradição e prática social próprios do materialismo dialético e do materialismo histórico, Zeman desenvolve sua noção de informação. Cabe esclarecer que o autor não abandona os princípios da teoria da informação como entropia, entropia negativa (ou negentropia) e medida de organização, tão caras a Shannon; apenas os coloca a serviço da abordagem filosófica. Para Zeman (1970:167):

> A informação é [...] a qualidade que a realidade material tem de ser organizada [...] e sua capacidade de organizar, de classificar em sistema, de criar [...]. É juntamente com o espaço, o tempo e o movimento, uma outra forma fundamental de existência da matéria.

Zeman com isso quer dizer que a matéria também se manifesta pela informação organizada no espaço e no tempo, e que essa organização está sempre em movimento. É interessante observar, na vinculação estabelecida por Zeman entre informação e organização, um olhar do autor para a etimologia da palavra informação, o "dar forma", agora visto também como ordenar. Segundo ele:

> É possível compreender a informação em geral como algo que é colocado em forma, em ordem. A informação significa a colocação de alguns elementos ou partes, materiais ou não materiais, em alguma forma, em algum sistema classificado; significa a classificação de alguma coisa [Zeman, 1970:156].

Zeman prossegue sua abordagem materialista dialética da informação estabelecendo um paralelo entre as concepções próprias dessa filosofia, como reflexo, tempo, espaço, movimento e devir, e os processos de aquisição, transmissão e conservação da informação. Um exemplo desse paralelo pode ser encontrado na seguinte declaração:

> O processo de aquisição da informação está ligado ao tempo. Em cada situação particular só é possível obter, durante certo tempo, uma quantidade máxima, limitada, de informação. É, pois, evidente que a conservação de certas informações representa uma economia de tempo, que não deverá mais ser gasto para adquirir a mesma informação [Zeman, 1970:160-161].

Vemos aqui uma alusão à questão do modo histórico de compreensão do sujeito de Hegel. Em outro momento, o autor considera que:

> A reenergização da informação depositada representa a transformação de uma informação potencial ("morta") em uma informação atual ("viva"). É assim que em um livro está contida a informação potencial que é atualizada pelo leitor. Na memória encontra-se a informação potencial que é atualizada, por meio de certos processos fisiológicos, na consciência [Zeman, 1970:160].

Nossa percepção é de que Zeman considera que entre a informação disponível e a assimilada há uma dialética, ou uma contradição, que alimenta o processo do conhecimento. Zeman conclui sua abordagem considerando o materialismo histórico um dos meios de se analisar a "relação entre trabalho social e informação social, isto é, o pensamento da sociedade, a consciência da sociedade" (Zeman, 1970). Nesse contexto o autor considera

> "absurdas" a repetição inútil de uma pesquisa científica em diferentes países e instituições, a falta de centralização, a produção desmedida de livros contendo coisas inúteis ou repetidas, os conflitos inúteis de pessoas decorrentes de mal-entendidos, de uma comunicação deficiente [...]. A evolução social está ligada, entre outros problemas, ao problema do tempo e da eliminação do que é inútil na informação e na organização. Muita desordem poderia ser também eliminada por meio de uma cooperação profunda entre os sábios dos diversos países e de diferentes ramos, pela criação de uma organização mundial planificada [Zeman, 1970:167].

Para Zeman, portanto, a informação organizada tem papel fundamental na geração de uma prática social menos entrópica ou mais plena de negentropia.

A característica da polissemia atribuída ao termo informação por Wersig e Neveling no clássico artigo de 1975 é confirmada 32 anos depois por Capurro e Hjorland. Segundo eles, "atualmente quase toda disciplina científica usa o conceito de informação dentro do seu próprio contexto e com relação a fenômenos específicos" (Capurro e Hjorland, 2007:160). Foi justamente esse quadro polissêmico que Wersig identificou por ocasião de uma análise semântica por ele empreendida e publicada, em 1971, pela Verlag, em Munique, Alemanha, no livro *Information Kommunication Dokumentation*. Em relação ao termo informação, a análise mostrou a existência de "pelo menos seis diferentes abordagens para o uso e o entendimento do termo em todo o campo de disciplinas" (Wersig e Neveling, 1975:129). Essas abordagens são então caracterizadas por Wersig e Neveling (1975:130) com base na "estrutura geral de relações entre os seres humanos e o mundo", e apresentadas com algumas variações de diferentes autores.

A primeira abordagem, denominada estrutural ou orientada para a matéria, evoca o hiloformismo aristotélico. Ela parte do princípio de que as estruturas do mundo, independentemente de serem percebidas ou não, são informação. A matéria (objetos físicos) existente no universo contém informação. Essa abordagem apresenta as seguintes variações:

- A informação está nos átomos e moléculas e em todas as suas possíveis combinações.
- A informação se dá quando mudanças perceptíveis ocorrem nos objetos físicos.
- A informação é uma característica de objetos físicos.

Em relação à penúltima variação, destacamos o fato de considerar a obrigatoriedade da percepção humana, ao contrário do que pressupõe a abordagem em questão.

A segunda abordagem, mais aceita no âmbito da teoria da decisão, é a do conhecimento, e considera que informação é o conhecimento adquirido a partir da percepção da estrutura do mundo. Os autores qualificam essa abordagem como "perigosa", porque dá margem para que se confunda conhecimento com informação. Nessa abordagem as variações são as seguintes:

- O "conhecimento" é dado objetivamente e pode ou não ser atualizado pelo indivíduo.
- O "conhecimento" tem que ser adquirido por pelo menos uma pessoa: "informação é conhecimento que se refere principalmente a ideias ou conceitos qualitativos".

- O "conhecimento" serve a um propósito específico: "informação é dado de valor em tomada de decisão".
- O "conhecimento" não só tem que ser adquirido como estar disponível em formas comunicáveis: "informação é conhecimento sendo comunicado" [Wersig e Neveling, 1975:129].

Consideramos que, à exceção da primeira variação, todas as demais parecem confirmar o temor dos autores sobre não se diferenciar conhecimento de informação.

A abordagem da mensagem é a terceira e obviamente se reporta a Shannon e Weaver ou à teoria matemática da comunicação. Aqui a informação é igualada à mensagem e apresenta as seguintes variações:
- A mensagem como um processo físico, isto é, ideias e conceitos que passam de uma mente a outra.
- A mensagem como um conjunto de símbolos a serem comunicados.
- A mensagem como um suporte que contém símbolos dotados de semântica.

A quarta abordagem é a orientada para o significado. Diferentemente da abordagem anterior, que, exceto pela última variação, não considera a questão semântica, esta só entende por informação a mensagem dotada de significado. Nesse caso os autores provocam linguistas e cientistas da computação sugerindo um debate sobre quem viria primeiro, a mensagem ou a informação.

A quinta abordagem é orientada para o efeito e o receptor. Nesse caso, considera-se que a informação só se dá quando provoca um efeito específico a partir de um processo igualmente específico ou não. Entre as variações dessa abordagem destacamos a última, segundo a qual "informação é redução de incerteza. Uma ação comunicativa contém [...] informação se, e somente se, por essa ação, a incerteza do receptor é removida ou reduzida" (Hormann, apud Wersig e Neveling, 1975:132).

A sexta e última abordagem, denominada abordagem do processo, entende a informação não como um dos componentes do processo de ser informado, mas como o próprio processo. Este pode se referir ao que ocorre na mente humana quando problema e dados úteis se juntam num resultado positivo, ou pode ser entendido como um conjunto de ações (geração, transmissão, armazenamento e indagação) voltadas para um determinado propósito.

Ao concluir a apresentação das abordagens do termo informação, Wersig e Neveling reconhecem a complexidade do tema, ao mesmo tempo que exortam os cientistas da informação a um esforço constante de esclarecimento.

Observamos em Wersig e Neveling um paralelo possível entre algumas de suas abordagens e o pensamento de Buckland, já apresentado. Assim, a abordagem estrutural, por exemplo, corresponderia à informação-como-coisa, uma vez que ambas consideram que a informação se encontra em objetos físicos, isto é, na matéria. As abordagens do conhecimento, do significado e do efeito evocam o conceito de informação-como-conhecimento, por tomarem a informação como o conhecimento adquirido, assimilado e como agente de redução de incertezas. Finalmente, a abordagem do processo contém a mesma ideia de Buckland de informação-como-processo, isto é, o caminho percorrido pela informação desde sua geração até o destino final, a mente humana.

Outro clássico da literatura no âmbito da ciência da informação é o texto de Belkin e Robertson, "Information science and the phenomenon of information", de 1976. Nele, os autores esclarecem de início que usarão o conceito de estrutura de maneira diferente daquele empregado por Wersig e Neveling. E explicam que:

> Wersig e Neveling usam o conceito de "estrutura" com particular referência às estruturas do mundo real (nosso ambiente). Eles também se referem à reflexão dessas estruturas em imagens individuais ou sociais. Nós, por outro lado, partimos da imagem [no sentido de Boulding: a concepção mental que temos do nosso ambiente e de nós mesmos nele], e consideramos as estruturas da imagem em si. Essas estruturas podem, ou não, representar reflexões das estruturas do mundo real [Belkin e Robertson, 1976:198].

Com essa explicação, Belkin e Robertson querem dizer que, enquanto Wersig e Neveling partem das estruturas externas e seu reflexo no indivíduo ou grupos de indivíduos, eles optaram por partir do indivíduo ou grupos de indivíduos para as estruturas externas. Em outras palavras, na concepção de Belkin e Robertson, as estruturas do mundo real não determinam as estruturas do mundo individual ou coletivo, tal como o fazem Wersig e Neveling. As considerações de Belkin e Robertson sobre o artigo de Wersig e Neveling nos levam à constatação de que estes últimos também adotam uma abordagem materialista dialética, uma vez que utilizam conceitos caros a essa filosofia, como estrutura e reflexo. Tal constatação foi confirmada pelo professor Capurro em mensagem eletrônica de 30 de maio de 2009, na qual declara:

> Wersig e Neveling falam de estrutura como se falava nos anos 1960. Penso que Wersig era (coloco entre aspas) "marxista" ou "materialista", misturando isso com cibernética. O conceito de *Widerspiegelung* ("reflexo") é fundamental (era fundamental) nessas teorias, e é quase certo que a palavra inglesa *reflection* é a tradução da palavra alemã *Widerspiegelung*, conceito-chave do materialismo dialético.

Isso não está claro no artigo de Wesig e Neveling. Ao que parece, Belkin e Robertson se valeram também do livro de Wersig, *Information Kommunication Dokumentation*, disponível apenas em alemão. Essa suposição foi encaminhada ao professor Capurro na seguinte mensagem eletrônica de 1º de junho de 2009: "Vejo que para entender melhor o que Belkin e Robertson falam sobre o artigo de Wersig e Neveling, seria fundamental a leitura do livro de Wersig, *Information, Kommunikation, Dokumentation*. Concorda?" Ao que o professor respondeu, na mesma data: "Sim, absolutamente correto. Esse primeiro livro de Wersig é a base de todos os seus estudos posteriores".

Está claro, portanto, que o livro de Wersig é uma variável importante para a melhor compreensão, pelos brasileiros, das considerações de Belkin e Robertson sobre os autores alemães.

Independentemente do fato de Wersig e Neveling não aprofundarem o conceito de estrutura em seu texto, Belkin e Robertson o exploram e delimitam. Ao se referirem à noção básica do termo informação, este é apresentado como "aquilo que é capaz de transformar estrutura", e esta é vista por eles como "estrutura mental" (Belkin e Robertson, 1976:198). A partir daí os autores iniciam sua análise propriamente dita do termo informação, recorrendo, para tanto, à metáfora do espectro,[16] da imagem, das possibilidades, das perspectivas ou, enfim, dos contextos a partir dos quais o termo é usado.

Os três primeiros espectros, hereditariedade, incerteza e percepção, estariam no nível infracognitivo. No caso da hereditariedade, esta se refere ao conceito de informação a partir do contexto genético, ou seja, são os genes que determinam a estrutura até então inexistente. Em relação ao espectro da incerteza, este, claro, remete à teoria de Shannon, ao fato de que, antes do recebimento da mensagem, o que existe é uma estrutura constituída por mensagens passíveis de serem selecionadas. Lembremos do conceito de informação de Shannon e Weaver (1975:19) apresentado anteriormente, no trecho que diz: "Quanto maior for a liberdade de escolha, maior será a informação, e maior será a incerteza de que a mensagem realmente selecionada será uma determinada mensagem que singularizamos". Assim, a estrutura de mensagens possíveis se modifica em estrutura de mensagens recebidas, sendo que esse recebimento dependerá do *grau de ruído ocorrido no momento da transmissão.*

Nesse momento julgamos oportuna a seguinte indagação: por que, no entender de Belkin e Robertson, a incerteza seria um espectro infracognitivo se seu reconhecimento por nós e em nós pressupõe a cognição? A pergunta foi enviada a Capurro, que a respondeu em mensagem eletrônica de 5 de junho de 2009:

> Sim, isso é curioso! Pensar que a incerteza seja de natureza não cognitiva só porque há algo que não se conhece, quando, na verdade, esse não conhecer pressu-

---

[16] Forma vernacular para o termo latino *spectrum*.

põe que há outras coisas que se conhece e por meio das quais surge a incerteza. Assim, por exemplo, a incerteza sobre se o trem sai às 15 ou às 16 horas pressupõe o conhecimento de que há trens que saem à tarde. Além disso, a incerteza, como todo conhecimento, está sempre matizada por um estado de ânimo ou de "humor", de tal maneira que não existe conhecimento puro. O conhecimento está sempre matizado pela emoção [...]. A incerteza é uma forma de conhecimento que se caracteriza justamente por "abrir um mundo", por conhecer o mundo, a partir de um ponto de vista que não está fixado em algo; ao contrário, esse ponto fixo e seguro (como diria Descartes) é o que falta. A filosofia cartesiana é essencialmente uma filosofia que luta contra a incerteza e, assim, se abre originalmente para um mundo sem fundamento, ao mesmo tempo que tenta mudar de "humor" tratando de ganhar segurança absoluta em algum fundamento.

Por essas considerações de Capurro, avaliamos que a questão da incerteza como espectro infracognitivo, tal como entendido por Belkin e Robertson, permanece aberta a reflexões mais profundas, que fogem ao escopo desta obra. Quanto ao espectro infracognitivo da percepção, este se refere à capacidade dos órgãos do sentido e de outros sistemas a eles associados de construir ou modificar a imagem de estrutura que o organismo tem de si mesmo e do ambiente que o envolve. Quanto mais complexo for o organismo, maior será sua capacidade de estruturação da imagem.

Passemos agora aos níveis cognitivos, a começar pelo individual, que engloba dois espectros: formação individual de conceito e comunicação inter-humana. A formação individual de conceito se refere ao processamento mental das mensagens estruturadas pelos órgãos dos sentidos e por sistemas associados a ponto de modificar a própria estrutura de imagem que se tem do mundo. No caso dos seres humanos, devem-se considerar também mensagens recebidas de outros seres humanos, as quais consistem em linguística, ou seja, em estruturas semióticas, que, por sua vez, segundo Belkin e Robertson, são identificadas como textos pela teoria da informação.

A comunicação inter-humana constitui outro espectro e se caracteriza por ser uma estrutura semiótica construída por um ser humano com a intenção de mudar a estrutura de imagem de outro ser humano ou grupo de seres humanos (relação emissor/receptor). Nesse caso, a estrutura semiótica relaciona-se tanto com a estrutura de imagem do próprio emissor quanto com a que ele tem em relação ao receptor.

O nível cognitivo social engloba as estruturas socioconceituais, ou seja, o conhecimento coletivo, aquele compartilhado por um mesmo grupo social. Esse conhecimento, ou estruturas de conhecimento, pode ser abertamente semiótico ou não. O conhecimento tácito seria um exemplo de estrutura semiótica não expressada abertamente, enquanto um livro seria o contrário, ainda ligado a uma estrutura conceitual social. Em comum aos dois tipos de estrutura estaria a intenção de se mudar a estrutura existente.

Finalmente, o conhecimento formalizado constitui um nível metacognitivo e é caracterizado por estruturas semióticas formalizadas em teorias e modelos. Embora essas estruturas possam modificar estruturas individuais ou sociais, e possam também ser modificadas por outras estruturas, elas sempre precisam da formalização para produzir modificações.

Uma vez apresentados os espectros da informação e as estruturas de imagem a eles correspondentes, Belkin e Robertson asseveram que a informação de interesse para a ciência da informação é justamente aquela que envolve as estruturas semióticas, a que abrange os níveis cognitivo individual, cognitivo social e metacognitivo. Com base nessa reivindicação, os autores estabelecem como objetivo da ciência da informação "facilitar a comunicação da informação entre os seres humanos". Em seguida, indicam um novo espectro para a informação, o qual caracterizam como "a estruturação deliberada (proposital) da mensagem pelo emissor com o objetivo de afetar a estrutura de imagem do receptor. Isso implica que o emissor conhece a estrutura do receptor" (Belkin e Robertson, 1976:200).

Apoiados nessas características, os autores apresentam o conceito de informação no âmbito da ciência da informação: "Informação […] é a estrutura de qualquer texto capaz de mudar a imagem de estrutura de um receptor", sendo "texto" entendido como "uma coleção de sinais propositalmente estruturados pelo emissor com a intenção de mudar a imagem de estrutura do receptor" (Belkin e Robertson, 1976:201). A partir daí identificam os seguintes elementos como fenômenos da ciência da informação: "I. O texto e sua estrutura (a informação); II. A imagem de estrutura do receptor e as mudanças nessa estrutura; III. A imagem de estrutura do emissor e a estrutura do texto". E finalizam afirmando que "não podemos estudar o fenômeno do texto e sua informação associada, a não ser em conjunto com o fenômeno que relaciona o texto ao emissor e ao receptor" (Belkin e Robertson, 1976:202).

Por tudo isso, registramos no artigo de Belkin e Robertson um forte embasamento filosófico, mais precisamente no materialismo dialético. Munidos dos princípios dessa filosofia, os autores fazem uma competente transposição dos conceitos de estrutura e reflexo para a ciência da informação que muito enriquecem os estatutos epistemológicos da área. Entretanto, insistimos na necessidade de uma análise mais profunda do texto em questão à luz da leitura de *Information, Kommunikation, Dokumentation*, de Wersig.

McGarry (1980:18) alerta para o fato de não haver "definição unânime de informação, e na melhor das hipóteses pouco mais se faz que descrever uma massa amorfa de diferentes atividades e fenômenos". Ele apresenta uma série de definições de diferentes autores das quais selecionamos aquelas que não são abordadas neste capítulo: "Informação é o nome dado ao conteúdo do que é trocado com o mundo exterior quando nos ajustamos a ele e nele fazemos sentir nosso ajustamento" (Wiener, apud McGarry, 1980:15).

> Informação, tanto no sentido em que é usada pelo biólogo como no sentido em que nós bibliotecários a usamos, é um fato. É o estímulo que recebemos através dos nossos sentidos. Pode tratar-se dum fato isolado ou de todo um conjunto de fatos; mas é sempre uma unidade; é uma unidade de pensamento [Shera, apud McGarry, 1980:6].
> O meio é a mensagem [McLuhan, apud McGarry, 1980:6].
> Informação é algo de que temos necessidade quando enfrentamos uma opção [Miller, apud McGarry, 1980:6].
> É o que se acrescenta a uma representação. Recebemos informação se o que conhecemos é alterado. Informação é o que logicamente justifica alteração ou reforço de uma representação ou de um estado de coisas. As representações podem

ser explícitas (como um mapa ou uma proposição) ou podem estar implícitas no estado de atividade dirigida do receptor [McKay, apud McGarry, 1980:6].
São fatos sobre qualquer assunto [Becker, apud McGarry, 1980:6].

Observamos nessas definições que a informação é vista como: condição para nossa adaptação ao mundo; insumo para a tomada de decisão; estímulo que se traduz em fato ou fatos; alteração do que já conhecemos. Em outras palavras, como sugere Wiener, a informação é condição de vida.

Nessa perspectiva de informação e vida, o próprio McGarry introduz uma abordagem interessante quando define informação "em termos dos seus efeitos sobre o mapa cognitivo ou mental do indivíduo". Ele explica a utilização do termo mapa como recurso metafórico para indicar que "cada um tem o seu esquema ou plano privado do mundo que o rodeia" (McGarry, 1980:17). Segundo a psicologia, esse esquema ou plano se desenvolveria dos cinco aos sete anos, a partir do contexto físico, religioso, social e cultural do indivíduo. Desde então, "cada vez que seu mapa cognitivo é alterado ou reforçado, pode-se dizer que ele 'aprendeu', o que indica uma relação íntima entre assimilação de informação e aprendizagem" (McGarry, 1980:17-18).

McGarry também aborda a questão da diferença entre dado e informação. Segundo ele, dado seria "a matéria-prima a partir da qual se podem estruturar informações [...] ou qualquer conjunto de símbolos a partir do qual outros símbolos podem ser produzidos" (McGarry, 1980:19). Apresenta-se assim a ideia de dado como fragmentos que precisam ser reunidos em algo mais concreto. Esse algo seria a informação, mais complexa e estruturada.

Estamos, portanto, diante de uma noção clara da diferença entre dado e informação. Entretanto, essa clarividência fica prejudicada quando McGarry, ainda em relação ao dado, afirma que este "tem também potencialidade de assimilação por uma estrutura prévia de compreensão num ser humano, aí se tornando conhecimento" (McGarry, 1980:19). Nossa questão aqui é: onde a informação entraria nesse processo?

A questão da informação é bastante aprofundada por McGarry, que a aborda também à luz de temas complexos, como linguagem e memória. Entretanto, em que pese ao alerta feito logo no início sobre a dificuldade de um consenso sobre o conceito de informação, o autor tranquiliza seus pares ao incentivá-los a não "se afligirem com definições universalmente válidas" (McGarry, 1980:18).

Em sua abordagem sobre informação e conhecimento, Brooks tomou por base a teoria dos três mundos de Popper, a qual, resumidamente, apresenta o seguinte esquema ontológico: Mundo 1, correspondente ao cosmo, ao universo, com suas radiações e matéria; Mundo 2, equivalente à condição mental dos seres humanos ou ao conhecimento subjetivo; Mundo 3, referente à materialização do pensamento humano, ao seu registro em artefatos como livros, esculturas, equipamentos tecnológicos ou não, ou seja, ao conhecimento objetivo.

Brooks concorda com a autonomia do Mundo 3 reivindicada por Popper: "Livros e todos os outros artefatos são também entidades físicas, pedaços do Mundo 1, moldados por seres humanos como armazéns do conhecimento que existem como coisas físicas, independentemente de quem os criou" (Brooks, 1980:127). Os questionamentos de alguns filósofos sobre essa autonomia são rebatidos por Popper, para quem, segundo Brooks:

> uma vez registrado, o conhecimento humano detém um grau de permanência, uma objetividade, uma acessibilidade que é negada ao conhecimento subjetivo dos indivíduos. Uma pessoa pode adquirir amplo conhecimento, profunda sabedoria e insights espirituais, mas tudo isso se perde quando ela morre, exceto aquilo que registrou em algum artefato [Brooks, 1980:128].

No entendimento de Brooks, portanto, e com base em Popper, conhecimento é o conhecimento objetivo, isto é, envolve ideias objetivadas em artefatos que permanecem e que constituem o Mundo 3.

Após registrar que Popper, infelizmente, ignora o conceito de informação, Brooks (1980:129) apresenta as noções de informação subjetiva e objetiva. A primeira seria a informação que cada um recebe. A segunda, a transmitida coletivamente. Assim, com base em exemplos dados pelo próprio Brooks, uma notícia transmitida pelo rádio é informação objetiva porque compartilhada por todos que a ouvem. Entretanto, se torna subjetiva no momento em que alcança cada ouvinte individualmente (Brooks, 1980:133).

Ele assevera ainda que, "nessa era do microchip, informação objetiva abunda" (Brooks, 1980:133). Máquinas são programadas para executar cada passo de uma determinada tarefa, e só fazem o que foi devidamente programado. Assim, a informação usada por máquinas "é simplesmente uma sequência de sinais com tempo determinado; não foi estruturada em conhecimento" e, portanto, "permanece informação objetiva" (Brooks, 1980:133).

Deduzimos então que, para Brooks, informação se diferencia de conhecimento pela estruturação deste último em artefatos que o objetivam e, por conseguinte, o imortalizam num lugar identificado por Popper como Mundo 3. De acordo com Brooks (1980:133):

> O reconhecimento da autonomia do Mundo 3 – o milagre, como diz Popper, do conhecimento humano – restaura, me parece, alguma dignidade perdida. Há alguma coisa especial sobre nós depois de tudo. Nosso Mundo 3 feito pelo homem é muito, muito precioso – uma linha de vida que pode nos salvar da extinção.

O entendimento de Brooks sobre conhecimento, portanto, parece bastante original, à medida que, para ele, não basta que o conhecimento esteja estruturado na mente (Mundo 2). É preciso imortalizá-lo em artefatos feitos pelo ser humano.

Farradane considera o conhecimento informações estruturadas na mente, mas se mostra preocupado com o mecanismo pelo qual o receptor percebe as lacunas cognitivas que o motivarão à busca de novos conhecimentos. Segundo ele, "conhecimento é definido como um registro memorável de um processo no cérebro, alguma coisa disponível apenas na mente" (Farradane, 1980:77), sendo que o processo de conscientização na mente ainda não foi explicado.

Quanto à informação, esta é definida por Farradane como "um representante físico do conhecimento (como, por exemplo, a linguagem), usado para fins comunicacionais. É neutra, pois não tem de ser nova para o receptor" (Farradane, 1980). E prossegue:

Sabemos bastante, na prática, sobre como lidar com o manuseio da informação no que se refere ao seu armazenamento e aos sistemas de recuperação, mas as conexões com o conhecimento são igualmente importantes para o desenvolvimento de uma ciência da informação, para o que a ciência da informação deve ser [Farradane, 1980:77].

Vejamos então como Farradane elabora sua concepção de informação e conhecimento. Para ele, os RECURSOS, que podem ser *externos* (verbais, visuais, escritos e outros), *internos*[17] (sentimentos, estímulos fisiológicos) ou da *memória* (conhecimento), levam o EMISSOR a fazer uma seleção de parte do conhecimento que já possui para traduzi-la, por meio de uma linguagem, em INFORMAÇÃO. Essa informação será afetada pelos limites da linguagem e pela própria limitação do seu uso pelo emissor. Antes de ser transmitida ao RECEPTOR, a informação será processada e assumirá formas variadas, como impressa, *abstracts*, índices, códigos ou automatizada. O receptor responderá a essa informação rejeitando-a, agregando-a ao seu conhecimento sem modificá-lo, preenchendo possíveis lacunas existentes ou promovendo uma mudança na estrutura do seu conhecimento. Outras reações possíveis do receptor seriam a compreensão parcial da informação dada ou a confirmação do conhecimento existente. No caso do receptor receber uma informação sem valor para ele, ela irá constituir simples percepções que integrarão a memória de curta duração. Quando, porém, a informação recebida é importante, passa a consistir num conceito que integrará a memória de longa duração. Com isso Farradane (1980:77) quer dizer que conhecimento é um "conjunto de conceitos estruturados no cérebro". Nesse processo, o receptor poderá descobrir uma lacuna no seu conhecimento, traduzi-la em linguagem, ou seja, em informação, na forma de pergunta, e encaminhá-la ao emissor, recomeçando assim todo o

---

[17] Sobre esse estímulo, Farradane (1980:79) reitera que "sabemos muito pouco sobre a natureza dos fatores internos ou como eles influenciam o pensamento, mas percebemos que podem ser agentes muito poderosos".

ciclo. Emissor e receptor, assim, constituem papéis permutáveis: um emissor é um receptor e vice-versa.

A questão sugerida por Farradane é: como se daria a descoberta, por uma pessoa, de uma lacuna em seu conhecimento? Que processos mentais estariam envolvidos na busca e recuperação de itens dentro de sua própria memória? O autor julga que a descoberta de respostas para essas perguntas ajudaria na construção de sistemas de recuperação da informação mais acurados que os métodos combinatórios hoje vigentes. Para ele, uma lacuna no conhecimento representa uma necessidade do usuário, e essa necessidade precisa ser mais bem-estudada pela ciência da informação. Observa-se no texto de Farradane uma forte presença de princípios da neurofisiologia e da psicologia – o que só fortalece a característica interdisciplinar da ciência da informação.

Passemos agora ao texto "*Measuring the impact of information: defining the concepts*", no qual Meadow e Yuan (1997:701) se propõem a definir *dado, informação* e *conhecimento*. Segundo eles:

> dado geralmente significa um conjunto de símbolos com pouco ou nenhum significado para o receptor. Informação é um conjunto de símbolos que tem um sentido ou significado para seu receptor. Conhecimento é a acumulação e integração da informação recebida e processada pelo receptor.

A essas definições os autores acrescentam o fato de que "outra visão da diferença entre dado e informação é que dado é informação em potencial" , e que "uma mensagem ou conjunto de dados pode potencialmente ser informação, mas esse potencial não é sempre alcançado" (Meadow e Yuan, 1997:701). Os autores prosseguem problematizando a questão. Para eles, na maioria dos casos, as visões sobre a diferença entre dado e informação convergem para a dependência do receptor e da integração da informação à sua estrutura de conhecimento. Assim, a mesma mensagem pode não alterar a estrutura de conhecimento do receptor e, nesse caso, ser considerada um dado, ou mudar, e então ser vista como informação. Nesse contexto, "um livro ou um relatório numa estante em uma biblioteca ou um documento numa base de dados não é informação para um potencial receptor até que seja transmitido e compreendido por ele" (Meadow e Yuan, 1997:701). Os autores ainda chamam a atenção para a existência de diferentes formas e níveis de compreensão de uma informação: "O recebimento de uma mensagem criptografada pareceria sem nenhum significado para o receptor sem a chave, mas, de fato, um conhecimento útil pode ser obtido simplesmente por se conhecer a origem e a destinação da mensagem" (Meadow e Yuan, 1997:701).

Em outro exemplo, a nosso ver interessante por ser bastante oportuno, os autores mencionam que:

> embora não seja sempre apropriado admiti-lo, textos científicos são julgados até certo ponto por suas citações, número de trabalhos citados, datas, autores, autores não incluídos e pelo estilo de escrita. Em outras palavras, nem sempre o julgamento é baseado no conteúdo [Meadow e Yuan, 1997:701].

Enfim, os autores não compartilham da ideia generalizada de que dado se diferencie de informação pela variável da semântica. Para eles "mesmo um dado pode ter seus aspectos semânticos e sintáticos", mas não para todo receptor (Meadow e Yuan, 1997:703). Como exemplo os autores citam os hieróglifos, os quais, para aqueles que entendem o idioma, são dotados de semântica e sintaxe, enquanto para os que não o entendem são símbolos indecifráveis.

É, pois, com base nesse entendimento do termo *dado* – informação em potencial que depende de quem o recebe – que Meadow e Yuan (1997:704) apresentam as seguintes definições do termo:

• um conjunto de símbolos nos quais símbolos individuais têm potencial de significado mas não podem ser significativos para um determinado receptor;
• um conjunto de símbolos nos quais os símbolos individuais são conhecidos mas a combinação deles não apresenta sentido: os símbolos semióticos são conhecidos, os sintáticos não;
• símbolos compreensíveis rejeitados pelo receptor que os considera sem nenhum interesse ou valor, porque redundantes ou desacreditados.

Os autores concluem que, "se os símbolos são compreendidos, são novos ou são significativos para o receptor, eles são chamados de informação" (Meadow e Yuan, 1997:704).

Vejamos agora como Meadow e Yuan (1997:704) formulam e contextualizam algumas definições de informação: "Informação 1: mensagens que existem mas não são necessariamente enviadas ou recebidas por um determinado receptor, tais como livros, não lidos, numa biblioteca, mesmo considerados significativas por alguém". Nesse contexto a informação é reconhecida por um observador, mas não pelo receptor, o que leva os autores a alertarem para o fato de que, "para muitos, não há diferença entre esse entendimento de informação e dado".

Em outro contexto, a informação é considerada a partir do seu envio e da sua não assimilação por alguém, ou seja, a informação chama a atenção do receptor mas não é por ele considerada. É o caso da seguinte definição "Informação 2: uma mensagem enviada a um destino ou recebida por um destinatário mas não avaliada ou compreendida" (Meadow e Yuan, 1997:705).

Há uma terceira definição: "Informação 3: uma mensagem compreendida pelo receptor e que muda a base de conhecimento dessa pessoa" (Meadow e Yuan, 1997:705). Nesse caso, o contexto é a tomada de decisão, a efetivação de uma escolha, ambas possibilitadas pela informação devidamente compreendida e assimilada, e que acaba por gerar mudança no status cognitivo de quem a recebe.

Essa definição leva a outra, cujo contexto, já registrado por Buckland, é a informação como processo, aqui entendido como processo de mudança. Trata-se da quarta definição: "Informação 4: [...] processo de converter mensagens, dados, signos ou sinais em conhecimento" (Meadow e Yuan, 1997:706).

E o que seria conhecimento para Meadow e Yuan? Os autores consideram que "geralmente o conhecimento é visto como a acumulação e a integração de uma informação recebida por uma determinada entidade", sendo o uso do termo entidade justificado por eles pelo fato de que "definições formais de informação permitem seu recebimento e processamento por animais e certas máquinas" (Meadow e Yuan, 1997:708-709). A afirmação nos causa estranhamento porque sugere, no nosso entendimento, que animais e máquinas acumulam conhecimento.

Eles ainda observam que "o conhecimento pode ser fragmentado" (Meadow e Yuan, 1997:709), isto é, pode se referir ao domínio de temas específicos, como, por exemplo, informática; pode estar subjacente a outros conhecimentos, como o do idioma nativo; e pode ser genético ou não, como no caso de animais aquáticos, que já nascem sabendo nadar, e de pássaros que têm de aprender a voar.

Em seguida, Meadow e Yuan esclarecem que não é ao conhecimento fragmentado que estão se referindo, mas ao que chamam de "conhecimento de base", "o total de conhecimento que uma pessoa ou outra entidade tem", seja essa entidade individual ou coletiva. E associam esse conceito ao de estrutura de imagem, de Belkin e Robertson, quando dizem que esses autores "definem informação como aquilo que muda a 'estrutura de imagem do receptor', onde estrutura de imagem é o que nós chamamos conhecimento" (Meadow e Yuan, 1997:709). Assim, o conhecimento de base, ou estrutura mental, do receptor se refere ao conhecimento total que este já detinha antes de receber a informação que irá modificá-lo. Trata-se, portanto, do conhecimento entendido como uma *totalidade* de informações assimiladas por uma pessoa ou entidade. E concluem:

> Não é possível segmentar o conhecimento de base de uma pessoa, bem como identificar que item da informação, que mensagem específica contribuiu para cada "pedaço" do conhecimento. Deveras, não há sentido em "pedaço de conhecimento". Conhecimento é um termo coletivo. Talvez nunca possamos dizer exatamente que impacto uma determinada mensagem tem sobre o conhecimento de base de uma pessoa [Meadow e Yuan, 1997:710].

Outro estudioso da ciência da informação, Andrew Madden, em sua tentativa de definir informação, propõe um modelo "baseado na ideia de que o significado em uma mensagem depende do contexto no qual a mensagem se originou (contexto autoral) e do contexto no qual é interpretada (contexto de leitura)" (Madden, 2000:343). Em ambos os casos, o contexto se refere a fatores geográficos, sociais, educacionais e profissionais que envolvem autor e leitor, sendo estes dois últimos identificados por Madden (2000:344) como um sistema que pode ser "um mecanismo, um organismo, uma comunidade ou uma organização".

Em relação ao contexto autoral, Madden identifica um fator a mais, o da intenção na transmissão da informação, a qual, no seu entendimento, pode ou não existir. Nesse ponto, ele esclarece que, quando a intenção existe, "quanto mais próximo o contexto do autor estiver do contexto do leitor, maior a chance de o trabalho do autor ser informativo" (Madden, 2000:345). Quanto à ausência de intenção informativa, esta ocorre quando o autor não atribui nenhum significado à mensagem, deixando-o a critério do contexto de leitura. Um exemplo seria o programa Eliza e outros programas de inteligência artificial. O contexto é, pois, o centro das considerações de Madden sobre o que vem a ser informação. É este que, a seu ver, atua tanto sobre a necessidade de informação quanto sobre sua interpretação.

Madden recorre à biologia para ilustrar suas ideias. Menciona o fato de que, segundo os zoólogos, há uma correlação entre animais dotados de marcas coloridas brilhantes com toxidade e ausência de sabor como alimento. Assim, os predadores desses animais já aprenderam a associá-los com experiências desagradáveis e não os atacam. Por outro lado, borboletas fêmeas associam esses mesmos dados de cor e brilho a machos que são bons parceiros. E Madden (2000:344) conclui: "tanto o predador quanto a borboleta fêmea tiram informação a partir das marcas, mas a mensagem das marcas depende do contexto no qual é lida".

É no interior desse "modelo contexto-dependente" que Madden apresenta sua definição de informação, a qual reproduzimos aqui a partir de dois momentos: um texto de 2000 e outro de 2004.

> estímulo originado de um sistema que afeta a interpretação, por outro sistema, da relação do segundo sistema com o primeiro, ou da relação que os dois sistemas compartilham em um dado ambiente [Madden, 2000:348].

No texto de 2004, Madden define informação como "um estímulo que expande ou corrige a visão de mundo do informado" (Madden, 2004:9), sendo "visão de mundo" "em geral considerada a percepção de uma pessoa sobre seu ambiente físico e social" (Checkland, apud Madden 2004:12).

Ao comparar os dois textos percebemos claramente a passagem de um conceito de informação mais complexo para outro mais simples. Ambos trazem os mesmos elementos: contexto, estímulo, sistema e visão de mundo. A diferença está na maneira como são apresentados. É o próprio Madden quem reconhece essa mudança em mensagem eletrônica enviada em 20 de abril de 2009:

> Honestamente, acho que a definição dada em 2000 era desnecessariamente complexa. Hoje em dia considero informação qualquer coisa que aprimore o modo pelo qual a pessoa (ou organismo) informada percebe o mundo. Poderia ser um estímulo sensorial (exemplo: o som de alguém se aproximando) ou uma comunicação deliberada (exemplo: uma mensagem eletrônica de um convidado dizendo que está chegando).

Consideremos agora o trinômio "dado", "informação" e "conhecimento" a partir de Rendón Rojas. Segundo o autor mexicano, dados são objetos sensíveis, ou seja, objetos que atuam diretamente sobre nossos sentidos. Quanto à informação, esta "não existe como um ente acabado e autônomo, mas é construída a partir do mundo material". Já o conhecimento "tem como fonte a própria informação [...] e surge a partir dela" (Rendón Rojas, 2005:53).

Formulada nesses termos, a questão parece muito simples. Entretanto, à medida que exploramos o pensamento de Rendón Rojas, percebemos que informação e conhecimento envolvem um processo de construção dentro e a partir do sujeito, que se configura bastante complexo e rico. Assim:

> Para que se obtenha informação é necessário realizar uma síntese, entendida a partir de uma perspectiva kantiana como união de dois extremos

opostos. Essa síntese se dá pela ação do sujeito que une elementos objetivos (dados ou estímulos sensoriais) e subjetivos (estruturas interpretativas do sujeito). Estas últimas servem para processar, organizar, estruturar e dar forma aos dados, o que permite extrair as qualidades secundárias presentes potencialmente nos símbolos, isto é, interpretá-los, unindo-os a seu referente e sentidos ideais. Dessa maneira compreende-se a etimologia da palavra informação [...], dar forma, isto é, estabelecer limites à matéria, dotá-la de estrutura e organização [Rendón Rojas, 2005:53].

Uma vez "moldada", a informação está apta a gerar conhecimento, o que, por sua vez, implica os seguintes passos:
- Análise: consiste na identificação dos elementos que constituem aquilo que se está conhecendo.
- Síntese: consiste em reunir os elementos que foram fragmentados durante o processo de identificação.
- Visão dialética: necessária para que se possa fazer conexão entre informação nova, outras informações e conhecimentos do próprio sujeito cognoscente.
- Inferências: podem ser indutivas, dedutivas, abdutivas e hermenêuticas.
- Aplicação: consiste em se aplicar o que de novo foi apreendido.
- Avaliação: consiste em se avaliar todo o processo de obtenção do novo.
- Assimilação: consiste em se assimilar o novo constructo.

Para o cumprimento desses passos, Rendón Rojas (2005) salienta que "é indispensável utilizar não só as capacidades intelectuais puras como também empregar a fantasia, a imaginação e a criatividade". Nesse sentido, a partir de Piaget, o autor considera que:

> o conhecimento é construído pelo sujeito com base na assimilação, integração e reorganização de estruturas que lhe permitem interpretar e interagir com o mundo [...]. Assim, conhecimento é criar e recriar sentidos, construir e reconstruir ideias, formar e re-formar juízos, produzir e re-produzir teorias, fundamen-

tar e re-fundamentar discursos, elaborar e re-elaborar visões de mundo [Rendón Rojas, 2005:54].

Rendón Rojas prossegue em seu esforço de diferenciar informação e conhecimento evocando a natureza de ambos. Assim, "enquanto a informação é um ente ideal objetivado, o conhecimento é um ente ideal subjetivado, ou seja, o conhecimento existe no sujeito e somente no sujeito, ao sair dele converte-se em informação" (Rendón Rojas, 2005:54-55). Dessa forma, ele julga que "se nega a possibilidade da existência do terceiro mundo popperiano, o mundo da ciência" (Rendón Rojas, 2005:55), uma vez que o conhecimento se encontra no sujeito e dele depende para evoluir e se atualizar. Os artefatos materializadores do pensamento humano a que se refere Popper seriam, no entender do autor mexicano, apenas substratos necessários à subsistência do conhecimento, mas não o conhecimento em si.

A partir daí, Rendón Rojas (2005:55) considera que "o profissional da informação, ao trabalhar com documentos, trabalha com informação objetivada, e não com conhecimentos". No seu entender, esse profissional até auxilia o usuário a obter conhecimento, mas o faz indiretamente, na medida em que o ajuda a acessar documentos do seu interesse. Ao recapitular suas ideias sobre informação e conhecimento, Rendón Rojas deixa-as ainda mais claras:

> No caso da informação, sua fonte são os dados, e a atividade requerida é sua estruturação e interpretação. Em relação ao conhecimento, sua origem está na informação, e posteriormente faz-se necessário realizar uma atividade complementar, que compreende a análise, a síntese, aplicar uma visão dialética ao que se apreende, tirar inferências do que se aprendeu, aplicar, avaliar e assimilar [Rendón Rojas, 2005:60].

Finalmente, Rendón Rojas apresenta seu "Ciclo informação-conhecimento", reproduzido no diagrama 3.

DIAGRAMA 3 Ciclo informação-conhecimento

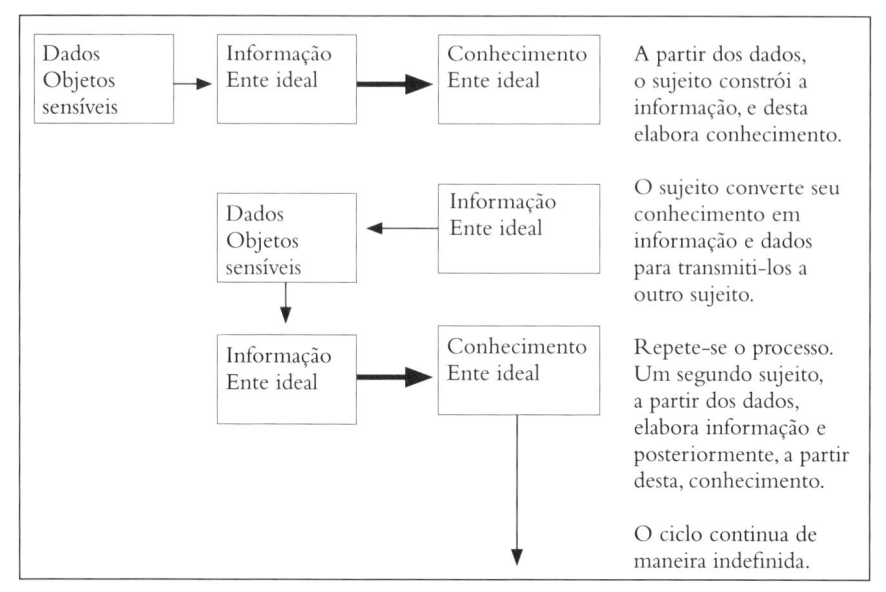

| Dados / Objetos sensíveis | → | Informação / Ente ideal | → | Conhecimento / Ente ideal | A partir dos dados, o sujeito constrói a informação, e desta elabora conhecimento. |

| | | Dados / Objetos sensíveis | ← | Informação / Ente ideal | O sujeito converte seu conhecimento em informação e dados para transmiti-los a outro sujeito. |

| | | ↓ | | | |
| | | Informação / Ente ideal | → | Conhecimento / Ente ideal | Repete-se o processo. Um segundo sujeito, a partir dos dados, elabora informação e posteriormente, a partir desta, conhecimento. |

O ciclo continua de maneira indefinida.

Fonte: Rendón Rojas, 2005:56.

É interessante examinar aqui, também, alguns conceitos de "dado", "informação" e "conhecimento" a partir do texto "Mapa do conhecimento da ciência da informação", desenvolvido entre os anos de 2003 e 2005, sob a coordenação de Chaim Zins, da Universidade de Haifa, em Israel.

As definições foram apresentadas por 57 pesquisadores de 16 países. Entre eles, há três brasileiros, dos quais selecionamos a professora Lena Vânia Ribeiro Pinheiro e o professor Aldo Barreto. Entre os estrangeiros, o escolhido foi o professor Capurro. Os critérios para a seleção foram, no caso dos brasileiros, o fato de representarem o Ibict e a reconhecida contribuição de ambos para o fortalecimento dos estatutos epistemológicos da ciência da informação no Brasil. Quanto ao professor Capurro, sua escolha se explica pelo rigor acadêmico com que apresenta a ciência da informação em âmbito internacional.

Segundo Pinheiro (apud Zins, 2007:485):

Dado é um objeto ou fato bruto percebido pelo sujeito, não construído nem elaborado na consciência, que não passa nem por processos de análise nem por avaliações para sua transferência como informação. Informação é um fenômeno gerado a partir do conhecimento e a ele integrado, que é analisado e interpretado para realizar o processo de transferência da mensagem (isto é, do conteúdo significativo) bem como as transformações cognitivas de pessoas e comunidades, num contexto histórico, cultural e social. Conhecimento é um processo cognitivo e social formado pela assimilação da informação pelo pensamento e para ação. Mensagem é o conteúdo significativo da informação.

Quanto ao professor Aldo Barreto, este entende que:

Dado é uma sequência de símbolos quantificados e/ou qualificados.[18] Informação é um conjunto de dados simbolicamente significantes com a competência de gerar conhecimento.[19] Conhecimento é a informação que foi apropriada pelo usuário. Quando a informação é adequadamente assimilada, produz conhecimento, modifica o estoque de informação mental do indivíduo e beneficia tanto o seu desenvolvimento quanto o da sociedade em que vive. Dessa forma, como agente mediador de produção de conhecimento, a informação se qualifica, em forma e substância, como estruturas significativas capazes de gerar conhecimento para o indivíduo e seu grupo [Pinheiro, apud Zins, 2007:485].

Em relação a Capurro, ele sugere, além dos conceitos de dado, informação e conhecimento, a distinção entre mensagem, informação e compreensão, a partir de forte embasamento nos estudos de Niklas Luhmann, teórico alemão do sistema social e da comunicação que viveu entre 1927 e 1997.

Capurro identifica dado como "uma abstração", à medida que "sugere que há alguma coisa lá que é meramente dada e que pode ser conhecida como tal". Ocorre que, no seu entender, essa pureza de intenções não existe: "os últimos cem anos de discussão filosófica e, claro, muitos cem anos antes, mostram que não há nada como 'o dado' ou 'fatos nus', mas

---

[18] Versão atualizada enviada pelo autor em mensagem eletrônica de 18 de junho de 2009.
[19] Versão atualizada enviada pelo autor em mensagem eletrônica de 18 de junho de 2009.

que toda experiência/conhecimento (humano) é tendenciosa" (Capurro, apud Zins, 2007:481).

Quanto à informação, ela seria:

> um conceito multifacetado [...]. O uso desse conceito na ciência da informação é à primeira vista controverso, mas se refere basicamente ao significado cotidiano (desde a modernidade): "o ato de comunicar conhecimento" (OED).[20] [...] sugeriria usar essa definição enquanto aponta para o fenômeno da mensagem, que considero o fenômeno básico na ciência da informação [Capurro, apud Zins, 2007:481].

Sobre os conceitos de mensagem, informação e compreensão, tomados assim em conjunto, Capurro, como foi dito, se fundamenta em Luhmann, mais precisamente no livro *Soziale Systeme*, de 1987. É, pois, com base nesse autor que Capurro (apud Zins, 2007:481) considera:

> "mensagem" como "oferta de significado", enquanto "informação" se refere à seleção dentro de um sistema e compreensão (se refere) à possibilidade do receptor integrar a seleção dentro do seu conhecimento anterior – constantemente aberto à revisão, isto é, à nova comunicação – de acordo com a intenção (s) do emissor.

Quanto ao conhecimento, este é entendido como:

> a seleção de significado de um sistema (psíquico/social) a partir do seu "mundo", com base na comunicação. O ato de comunicar conhecimento [...] é então entendido como o ato de fazer uma oferta de significado (= mensagem), conduzindo à compreensão (ou equívoco) com base na seleção de significado (= informação). Saber é então compreender com base na diferença entre "mensagem" (ou oferta de significado) e "informação" (ou seleção de significado) [Capurro, apud Zins, 2007:481].

---

[20] *Oxford English Dictionary*.

Em que pese à grande complexidade dos conceitos de Capurro, pensamos que, sempre a partir de Luhmann, para ele mensagem é uma oferta de significado a partir da qual, com base num sistema psicossocial, se dá uma escolha de significado que é a informação. A compreensão do significado escolhido é o conhecimento. A elaboração desse entendimento foi facilitada pela seguinte mensagem eletrônica enviada por Capurro em 15 de junho de 2009:

> Acho que a informação é uma "parte" do conceito de mensagem, se nós o entendermos no sentido que dei (seguindo as pistas de Luhmann). Isso significa que, com o objetivo de "obter" informação, [...] preciso de uma mensagem a qual é uma oferta de significado [...]. Como um receptor, tenho então várias opções de significado (por exemplo: se a mensagem de uma outra pessoa ou sistema é "está chovendo agora", posso escolher entre "não devo sair de casa" ou "devo levar uma capa de chuva). A opção que eu escolher é a informação [...] e está integrada em meu sistema.

Portanto, para Capurro, os conceitos de mensagem, informação e compreensão estão unidos um ao outro e constituem a comunicação por meio da qual o conhecimento do receptor é constantemente revisto. Nesse contexto, o autor destaca o fato de não existir um emissor puro; o que é emitido toma por base o que foi recebido anteriormente. Daí se conclui que um receptor é sempre um emissor em potencial, e vice-versa. Dito de outra maneira, a partir do conhecimento do receptor, uma nova mensagem pode surgir (o que faz do receptor também um emissor), da qual se escolherá um significado, a informação. Esta, uma vez compreendida, gerará novo conhecimento, numa cadeia contínua de comunicação.

Finalmente, Capurro diz que situar dado, informação e conhecimento tal como no âmbito da pesquisa internacional "Mapa do conhecimento..." "dá a impressão de uma hierarquia lógica: informação é a reunião de dados e conhecimento é a reunião de informação"; isso, na sua visão, "é um conto de fadas" (Capurro, apud Zins, 2007:481).

A abordagem entitiva do termo informação, no âmbito da ciência da informação, resulta em inferências que tanto demonstram a complexidade do tema quanto a necessidade de sua exploração contínua. Assim, em relação a Shannon, concordamos com Capurro e Hjorland quando afirmam que a repercussão de sua teoria sobre a ciência da informação ainda não foi devidamente estudada. Sua visão mecanicista de informação, associando-a a liberdade de escolhas possíveis e passíveis de incerteza quanto ao seu recebimento, e que não leva em conta a questão semântica, carece de reflexões mais profundas. No caso do Brasil, por exemplo, salientamos o fato de a deficiência desse estudo ter levado a um entendimento equivocado do pensamento do autor, como já registramos.

No que diz respeito a Zeman, Wersig, Neveling, Belkin e Robertson, destacamos forte embasamento desses autores no materialismo dialético, sendo em Zeman ainda mais forte o discurso do materialismo histórico. Nesse contexto, em relação aos quatro últimos autores, insistimos em que, no nosso entendimento, conceitos fundamentais, como estrutura e reflexo, presentes principalmente no artigo de Belkin e Robertson, têm sido abordados pelos autores brasileiros sem a devida contextualização filosófica no materialismo dialético. A questão se torna ainda mais problemática quando consideramos que os artigos aqui contemplados tomaram por base o livro de Wersig, de 1971, fundamentado na filosofia em questão e disponível apenas em alemão.

É interessante observar que alguns autores aqui estudados acrescentam à informação reflexões sobre o que vem a ser conhecimento e dado, ora contemplando-os como trinômio, ora omitindo um deles.

Brooks julga o conhecimento como ideias objetivadas em artefatos como livros e outros documentos (Mundo 3 de Popper). E ele inclui a noção de informação objetiva e subjetiva. A primeira seria aquela disponível coletivamente em sistemas automatizados, a segunda seria a informação assimilada individualmente.

O pensamento de Brooks nos remete ao de Rojas justamente pelas diferenças observadas no entendimento de ambos sobre o que vem a ser informação e pelo conceito de documento formulado por este último, examinado no item relativo ao olhar da ciência da informação sobre esse conceito. Observamos que, enquanto Brooks foi beber nas ideias de Popper, Rojas as rejeita totalmente. Segundo o autor mexicano, o conhecimento é subjetivo por excelência e só existe no indivíduo. Assim, os artefatos do Mundo 3, que em Popper correspondem a conhecimento, em Rojas equivalem a documentos nos quais residem apenas ideias objetivadas.

As reflexões de Brooks evocam ainda o conceito de informação-como-coisa, de Buckland, e, outra vez, mais pelas diferenças do que pelas semelhanças. O que Brooks entende por conhecimento, Buckland considera informação, mais especificamente, informação-como-coisa.

Quanto ao trinômio dado-informação-conhecimento, o primeiro não é contemplado por Brooks; já Rojas diz que dados são estímulos sensoriais que, pela ação do sujeito, recebem forma (informação), que, por sua vez, gera conhecimento. Já Farradane ignora o conceito de dado e entende a informação como geradora de conhecimento, o qual, por sua vez, seria composto de informações estruturadas.

Meadow e Yuan abordam dado-informação-conhecimento como um trinômio em que o dado é entendido como informação em potencial dependendo de quem o recebe. Quanto à informação, a despeito de algumas variações interessantes, como a de considerar que ela nem sempre é reconhecida pelo destinatário, ficando apenas no âmbito de quem a envia, os autores também a veem como geradora de conhecimento. Finalmente, o conhecimento é entendido como a totalidade de informações assimiladas por uma pessoa ou entidade.

Os autores brasileiros Pinheiro e Barreto veem o dado como subsídio para a informação, e esta como subsídio para o conhecimento, quando devidamente assimilada pelo usuário. Pinheiro acrescenta ao trinômio a questão da mensagem, identificando-a ao significado da informação.

Para Capurro, o dado, visto como algo puro, matéria bruta, não existe, à medida que não há experiência desprovida de intenção. A partir daí, o autor, com base nas ideias de Niklas Luhmann, trabalha com as noções de mensagem, informação e compreensão. No seu entendimento, mensagem é uma oferta de significado a partir da qual, com base num sistema psicossocial, se dá uma escolha de significado que é a informação. A compreensão do significado escolhido é o conhecimento. Assim, no entender de Capurro, a visão hierárquica de dado/informação/conhecimento constitui uma fantasia ou, em suas próprias palavras, um "conto de fadas".

Observamos então que a convergência de alguns autores na concepção de dado como matéria bruta, de informação como dados estruturados, e de conhecimento como informação assimilada é totalmente rompida por Capurro, ao negar a existência tanto do dado quanto da hierarquia lógica representada pelo trinômio dado-informação-conhecimento.

Apesar das inúmeras possibilidades de entendimento do termo informação no âmbito de vária áreas do conhecimento, é fato que a ciência da informação tem dado uma expressiva e consistente contribuição para a questão. Os autores aqui abordados demonstram de maneira incontestável essa realidade. Mas, e em relação à nossa área de interesse mais específico, a arquivologia, o que seus estudiosos têm a dizer?

O olhar da arquivologia
Em nossas primeiras incursões pela literatura arquivística, em busca do conceito de informação, deparamos com uma contundente declaração de Fonseca, segundo a qual "a informação não tem sido considerada objeto privilegiado da arquivologia, aparecendo, na literatura clássica da área, como uma consequência do documento de arquivo, que, por sua vez, é visto como um elemento do arquivo" (Fonseca, 1998:33).

De fato, no âmbito arquivístico, o tema informação, quando abordado, é-o sempre no contexto de conceitos próprios da área, como arquivos ou documento arquivístico. Vejamos alguns exemplos.

Segundo Camargo, informação é "todo e qualquer elemento referencial contido num documento". Assim, "se a informação, nesse sentido, é parte integrante do documento, este, por sua vez, é parte de um coletivo muito especial a que denominamos arquivo" (Camargo, 1994:34).

Também Duranti, ao definir informação, o faz partir de uma cadeia hierárquica que começa com o conceito de documento arquivístico, passa pelo conceito de documento e chega ao de informação. Trata-se da mesma citação mencionada no item relativo ao conceito de documento no âmbito da arquivologia, agora reapresentada de maneira mais completa, pela qual *documento arquivístico* é "todo documento criado por uma pessoa física ou jurídica no decorrer de atividades práticas como instrumento ou subproduto dessas atividades"; *documento* é "informação registrada", sendo que o termo *registrada* "significa afixada num suporte de maneira concreta e regida por regras de disposição"; e *informação* é entendida como "um conjunto de dados a serem comunicados no tempo e/ou no espaço" (Duranti, 2002:11).

Outro autor que também apresenta o conceito de informação a partir da órbita arquivística é Trevor Livelton, para quem, embora nos últimos 40 anos o termo tenha crescido em status, ele perdeu em clareza e precisão a ponto de ter sido classificado como "um subterfúgio para qualquer propósito" (Livelton, 1996:62).

Diante dessa realidade, Livelton (1996:62) considera que "uma retirada estratégica para uma definição clássica pode ser útil". A partir daí, apresenta o que classifica de "definição concisa" de Samuel Johnson, para quem informação é "inteligência dada". Sobre essa expressão, Livelton considera que "inteligência se refere a mensagem, a alguma coisa que faz sentido", e que é dotada de "uma forma intelectual capaz de ser compartilhada por outros". Quanto ao "dada", esta se refere à "inteligência transmitida ou comunicada – não necessariamente com intenção, mas, compartilhada". O autor acrescenta que "conversas telefônicas e fragmentos desenterrados em escavações arqueológicas fornecem informação" (Livelton, 1996:62). E prossegue:

> Entretanto, quando "inteligência dada" é registrada, encontramos uma mensagem estabelecida de uma forma mais ou menos permanente. A intenção consciente de transmitir uma mensagem está evidenciada no ato de registrar, embora não necessariamente haja uma intenção de superar o tempo.

A partir daí, Livelton mostra claramente o viés arquivístico de sua reflexão sobre o conceito de informação quando, com base na diplomática, se reporta ao conceito de documento como informação registrada, e declara encontrar nele as raízes do conceito de documento arquivístico.

Rodríguez Bravo inicia sua abordagem do conceito de informação referindo-se justamente à dificuldade de formulação. Toma por base as reflexões de alguns autores, como por exemplo García Marco, para quem – segundo o entendimento de Rodríguez Bravo –, em que pese à importância do conceito de informação para a sociedade e para a ciência, este "permanece impenetrável aos nossos esforços de conhecimento". Por que isso? Porque a informação "é a matéria-prima do conhecimento", e este constitui uma "forma de processamento da informação, uma informação da informação, uma informação de segunda ordem. Por ser algo anterior ao conhecimento, é difícil pensar sobre ela" (García Marco, apud Rodríguez Bravo, 2002:43).

Em seguida, Rodríguez Bravo reproduz o pensamento de Pérez Gutiérrez, para quem "o excesso de protagonismo é o culpado pela confusão conceitual do termo informação". Tal protagonismo encontra-se no fato de que o termo informação é utilizado

> alegremente, para denotar coisas distintas que pouco têm a ver entre si, ou seja, a linguagem corrente o dotou de um amplo conteúdo semântico, [...] abarca desde fatos compatíveis com o conhecimento ou o significado da mensagem, até aspectos relativos à importância ou à verdade do mesmo. A consequência dessa situação é a ambiguidade do termo, bem como a pobreza e a confusão conceitual [Rodríguez Bravo, 2002:43].

Assim, nas palavras do próprio Pérez Gutiérrez (apud Rodríguez Bravo, 2002:43-44): "Definitivamente, entrou-se numa situação de contaminação conceitual pela qual tudo e nada parece identificável a informação e na qual todos falamos dela, mas poucos sabem ao que se referem quando usam o termo". Rodríguez Bravo conclui sobre a dificuldade de se conceituar o termo informação a partir do pensamento de Fernandéz-Molina (apud Rodríguez Bravo, 2002:44): "encontrar um conceito adequado de informação é difícil porque, em princípio, informação designa tanto o processo de comunicar fatos, notícias, quanto aquilo que é comunicado".

Rodríguez Bravo enceta sua análise do conceito de informação a partir de autores da área da ciência da informação (grande parte dos quais já foi contemplada neste capítulo, o que torna sua apresentação desnecessária), sem apresentar um conceito de sua autoria. Contudo, ela declara compartilhar a concepção material de informação de Buckland (informação-como-coisa), isto é, informação registrada num suporte e, portanto, materializada em um objeto identificado como documento.

Já nos dicionários e glossários da área arquivística, informação é:

> Todo e qualquer elemento referencial contido num documento [Camargo e Bellotto, 1996:44].
> Elemento referencial, noção, ideia ou mensagem contidos num documento [Brasil, 2005:73].
> Conjunto de dados organizado para transmitir uma unidade complexa dotada de significado [InterPares 3 Project, 2009].
> Coleção de dados, ideias, pensamentos ou memórias.
> Dados aos quais se adiciona valor por meio de análise, interpretação, ou compilação com significado [Arma International, 2009].

As três últimas definições sugerem que também se apresente o entendimento do termo "dado" no âmbito da arquivologia. Segundo Pearce-Moses (2005), dados são: "fatos, ideias ou pedaços discretos de informação, especialmente na forma originalmente coletada ou não analisada". O autor ainda acrescenta ao verbete a seguinte nota:

> O dado é sempre usado para se referir à informação na sua forma mais atomizada, como números ou fatos que não foram sintetizados ou interpretados, tais como as primeiras leituras de um instrumento de medição, ou foram obtidos de um levantamento inicial. Nesse sentido, dado é usado como base para a informação [Pearce-Moses, 2005].

Em relação ao glossário da Arma International (2009), dados são "símbolos ou caracteres que representam fatos brutos ou figuras e constituem a base da informação".

Finalmente, segundo o glossário do projeto InterPares 3 Project (2009), dado é "a menor unidade de informação dotada de significado". Assim, em uma carta, por exemplo, a data seria um dado, a assinatura um outro dado e assim sucessivamente.

Verificamos nessas definições de dado que, no âmbito arquivístico, à exceção do InterPares 3 Project, o termo é definido da mesma maneira pela maioria dos autores da ciência da informação aqui abordados, ou seja, como matéria-prima da informação.

Ainda sobre o conceito de informação, registramos que os autores da área arquivística ora contemplados estabelecem uma forte associação entre informação e documento, por meio de uma vinculação, implícita ou explícita, deste último à questão do suporte. Vejamos mais alguns exemplos.

Segundo Silva e colaboradores (1999:25):

> A informação parece, pois, uma espécie de "substância", suscetível de ser movimentada, transferida, manipulada e "consumida", muitas vezes com vista à satisfação de uma necessidade psicológica. Assim sendo, essa substância deverá ter existência material e, consequentemente, terá que ser depositada sobre algo manuseável, ou seja, um suporte físico. Nesta acepção, e porque é sinônimo de dados do conhecimento registrado (registro da atividade humana), tem sido designada por *informação documental*.

Já Rousseau e Couture (1998:61) declaram: "É evidente que a introdução da informação documental, isto é, da que se encontra registrada num suporte com a ajuda de um código preestabelecido, criou uma verdadeira revolução na maneira de ver e de utilizar a informação".

Finalmente, e nos mesmos moldes do que foi feito em relação ao olhar da ciência da informação e da arquivologia sobre o conceito de documento, cabe realizar uma análise comparativa das duas áreas em relação ao conceito de informação.

Interpretações comparativas
As primeiras inferências sobre o estudo ora empreendido sugerem que, tal como foi detectado em relação ao conceito de documento, no que tange à informação, a ciência da informação registra análises profundas por parte de numerosos autores da área. Já a arquivologia descortina um ce-

nário ainda mais árido que aquele do conceito de documento: a escassez de fontes sobre o assunto é ainda mais acentuada. O professor Eastwood reforça nossa constatação em mensagem eletrônica de 1º de abril de 2010, na qual declara: "Não estou surpreso com o fato de você ter encontrado dificuldade em identificar alguém em nosso campo que tenha explorado os conceitos de documento e informação profundamente".

Mais uma vez está no objeto de estudo da ciência da informação e da arquivologia – informação e documento arquivístico – a razão para esse desequilíbrio. Em meio a essa realidade, a questão da materialidade aparece como um ponto de convergência entre a ciência da informação e a arquivologia também no que se refere ao conceito de informação. Por essa materialidade deve-se entender a vinculação entre informação, documento e suporte estabelecida em ambas as áreas. No caso da ciência da informação, observamos em todos os autores, em maior ou menor proporção, de maneira mais clara ou mais indireta, desde o uso de expressões como "estruturas semióticas", "informação organizada", "conhecimento formalizado", "objetivação do pensamento", até a menção literal a livros e artefatos, e mesmo a cunhagem, por Buckland, do termo informação-como-coisa. Quanto à arquivologia, a questão é mais recorrente e se apresenta de maneira mais explícita justamente pelo fato de a área ter no documento arquivístico, isto é, no registro das atividades de uma pessoa física ou jurídica, seu objeto de estudo.

Ainda sobre os aspectos comuns à ciência da informação e à arquivologia, no que diz respeito ao conceito de informação, a questão da funcionalidade aparece mais uma vez. Afinal, dados, ideias ou elemento referencial devidamente registrados, ou organizados, ou estruturados, ou ainda modelados, têm por função comunicar conhecimento, testemunhar ações, o que evoca imediatamente a abordagem etimológica e semântica da entidade *informação*.

O estudo conceitual aqui empreendido sugere uma sistematização dos conceitos de informação, dado, mensagem e conhecimento por meio dos quadros 3 e 4.

QUADRO 3 Sistematização dos conceitos de informação a partir de autores da ciência da informação (CI) e da arquivologia (ARQ)

AUTORES	ÁREA	ANO	INFORMAÇÃO
Shannon	CI	1948	Visão mecanicista de informação; informação no mero sentido de transmissão de sinais e, portanto, igualada à mensagem.
Weaver	CI	1949	Visão da informação a partir de um contexto semântico.
Zeman	CI	1970	"A classificação de alguma coisa".
Wersig e Neveling	CI	1975	Informação envolve relações entre estruturas (matéria, mente humana e sinais).
Belkin e Robertson	CI	1976	"Estrutura de qualquer texto* capaz de mudar a imagem de estrutura de um receptor". *Sinais estruturados.
McGarry	CI	1980	Aquilo que altera "o mapa cognitivo ou mental do indivíduo".
Brooks	CI	1980	Parte da estrutura do conhecimento.
Farradane	CI	1980	"Um representante físico* do conhecimento". *Linguagem.
Meadow e Yuan	CI	1997	"Conjunto de símbolos com significado para o receptor".
Madden	CI	2004	"Um estímulo que expande ou corrige a visão de mundo* do informado". *Percepção sobre o ambiente físico e social.
Rendón Rojas	CI	2004	Ente ideal objetivado (documento).
Pinheiro	CI	2007	"Fenômeno gerado a partir do conhecimento" que uma vez analisado e interpretado gera novo conhecimento.
Barreto	CI	2009	"Conjunto de dados capazes de gerar conhecimento".
Capurro	CI	2007	Escolha do significado de uma mensagem.
Camargo	ARQ	1994	Informação é "todo e qualquer elemento referencial contido num documento".
Duranti	ARQ	2002	"Um conjunto de dados a serem comunicados no tempo e no espaço".
Livelton	ARQ	1996	"Inteligência dada", ou seja, uma mensagem dotada de sentido que seja comunicada.
Rodríguez Bravo	ARQ	2002	Informação = documento

CONVERGÊNCIAS (à exceção de Shennon).

• Materialidade (conteúdo fixado num suporte).
• Funcionalidade (ensino, aprendizagem, registro e comunicação da informação, testemunho de fatos e ações).

QUADRO 4 Sistematização dos conceitos de dado, mensagem e conhecimento a partir de autores da ciência da informação (CI) e da arquivologia (ARQ).

AUTORES	ÁREA	ANO	DADO	MENSAGEM	CONHECIMENTO
McGarry	CI	1980	Dado é a "matéria-prima a partir da qual se pode estruturar informações".		
Brooks	CI	1980			Informação estruturada em artefatos (livros, artigos, esculturas etc.).
Farradane	CI	1980			Informações estruturadas na mente.
Meadow e Yuan	CI	1997	"Conjunto de símbolos com pouco ou nenhum significado para o receptor".		"Acumulação e integração da informação recebida e processada pelo receptor".
Rendón Rojas	CI	2004	Objeto que atua sobre nossos sentidos; fonte de informação.		Ente ideal subjetivado (existe apenas no sujeito).
Pinheiro	CI	2007	Objeto percebido pelo sujeito.	"Conteúdo significativo da informação".	"Assimilação da informação pelo pensamento e para a ação".
Barreto	CI	2009	"Sequência de símbolos quantificados e/ou qualificados".		"Informação que foi apropriada pelo usuário".
Capurro	CI	2007	Abstração que sugere que algo se dá a conhecer.	"Oferta de significado".	"Seleção de significado de um sistema (psíquico/social) a partir do seu 'mundo' com base na comunicação".
Duranti	ARQ	2002	"Menor fato dotado de significado".		

CONVERGÊNCIAS: na medida em que nem todos os autores contemplados conceituam os termos em questão, a convergência possível se apresenta da seguinte forma:
• Dado: matéria-prima da informação (McGarry e Redón Rojas).
• Mensagem: conteúdo semântico (Pinheiro e Capurro).
• Conhecimento: informação assimilada pelo sujeito (Farradane, Meadow e Yuan, Rendón Rojas, Pinheiro, Barreto).

A convergência conceitual possível

A análise dos conceitos de documento e informação a partir da ciência da informação e da arquivologia impõe uma recapitulação de maneira a reunir os pontos convergentes encontrados e demonstrados separadamente nos subitens "Interpretações comparativas", relativas aos itens intitulados "Abordagem filológica" e "Abordagem entitiva", sem, no entanto, deixar de apontar as divergências.

Em geral, os termos informação e documento são usados de maneira um tanto imprecisa, ora sugerindo sinonímia, ora parecendo se referir a entidades totalmente distintas e até irreconciliáveis. Este capítulo traz à tona características comuns a essas entidades no âmbito da ciência da informação e da arquivologia. Trata-se das características da materialidade e da funcionalidade presentes tanto nos conceitos de documento quanto nos de informação aqui apresentados.

Pela materialidade, o pensamento é objetivado tanto na forma como se apresenta (livros, cartas, ofícios, artefatos) quanto na inscrição dos caracteres ou sinais gráficos (alfabeto, número, traço) em qualquer tipo de suporte. Pela funcionalidade, esse pensamento objetivado desempenha as funções de ensinar e aprender, registrar atividades, testemunhar ações. Assim, pensamento objetivado significa *pensamento dotado de forma*, ou *moldado de alguma maneira*, o que evoca *informatio* e *hipotyposis*, ou seja, as vertentes etimológicas latina e grega de informação.

Os signos devidamente *moldados* tornam-se instrumentos de ensino/aprendizagem, de prova/testemunho, de comunicação, o que insinua *docere* e *endeigma*, as vertentes etimológicas latina e grega da palavra "documento", bem como as vertentes semânticas de "documento" e "informação". A partir daí, pode-se dizer que os sentidos ontológico, epistemológico e pedagógico mencionados por Capurro e Hjorland no item relativo à abordagem filológica do termo informação se mantêm ainda hoje. Isso porque identificamos nessa *forma*, ou nessa *moldagem* do pensamento, um sentido ontológico: signos afixados num suporte; um sentido epistemológico: comunicação desses signos a alguém; e um sentido pedagógico: transmissão de conhecimento.

Mas será que tudo é convergência no que diz respeito aos conceitos de documento e informação ora estudados?

Tomemos a questão da intangibilidade abordada por Capurro e Hjorland e por Buckland. Embora esses autores não mencionem claramente a informação oral, no nosso entendimento, esta pode estar embutida em seus discursos. Assim, no caso de Capurro e Hjorland, a oralidade poderia estar presente no sentido epistemológico que a palavra informação assume a partir do século XVII: "comunicar alguma coisa a alguém" (2003:158). Já em Buckland, a informação oral poderia ser encontrada nos conceitos de informação-como-processo e informação-como-conhecimento, embora o autor só classifique como intangível a última.

Na verdade, no âmbito deste livro, a questão da intangibilidade é abordada apenas pelos três autores acima citados. Os demais vinculam, de maneira direta ou subjacente, a informação a seu registro em algum tipo de suporte, ou seja, ao documento. O próprio Buckland, ao criar a classificação "informação-como-coisa", estabelece essa vinculação. Entretanto, sua visão fortemente fenomenológica, que inclui pessoas, gritos e experimentos nessa categoria de informação, demonstra a complexidade da questão.

Apesar da complexidade, insistimos em ressaltar os pontos convergentes dos conceitos de documento e informação à luz da ciência da informação e da arquivologia, sem o receio de incorrer numa visão reducionista do problema. Identificamos, pois, na materialidade e na funcionalidade os lugares de encontro da ciência da informação com a arquivologia no que diz respeito aos conceitos de documento e informação. É aí que as vertentes etimológica e semântica de ambos os termos se harmonizam por inteiro.

Uma vez cumprida a primeira parte do contexto conceitual hierárquico que nos propomos a explorar, cabe analisar os conceitos de documento arquivístico e, em seguida, de documento arquivístico digital, a partir da arquivologia e da diplomática. Para tanto, apresento primeiramente um panorama histórico dessas duas áreas do conhecimento.

2

Diplomática a arquivologia: trajetórias que se cruzam

Os marcos teóricos da arquivologia e as relações históricas entre esta área do conhecimento e a diplomática foram recentemente abordadas por Fonseca (2005) e Tognolli (2009), respectivamente, o que torna nossa tarefa mais difícil. Entretanto, para não esmorecer, tomamos por base as palavras de Larrosa argumentando que aqui não se "pretende transmitir um conteúdo de verdade", ou "enfrentar um saber contra outro saber. O que se busca é expressar uma força que se combine com outras forças, com outras experiências" (Larrosa, 2005:21).

Diplomática: das chancelarias medievais às estações de trabalho

A diplomática como área do conhecimento autônoma nasceu no século XVII, no âmbito das chamadas "guerras diplomáticas" (*bella diplomática*),[21] "controvérsias judiciais sobre reivindicações políticas e religiosas com base em documentos de origem duvidosa" (Duranti, 2009a:1). Na verdade, as controvérsias eram anteriores às "guerras diplomáticas". Nos séculos XIV e XV, por exemplo, Francesco Petrarca e Lorenzo Valla, respectivamente, se utilizaram da crítica diplomática para contestar a autenticidade de

---

[21] Na expressão latina *bella diplomatica*, a palavra *bella* é plural de *bellum*, que significa "bélico", "guerra".

documentos dos séculos I e IV (Duranti, 1998). Entretanto, foi a partir do século XVII, mais precisamente na Alemanha, no período que se seguiu à Paz de Westfalia (1648), que as controvérsias judiciais se acirraram em decorrência de disputas de territórios e títulos cuja posse se fundamentava em documentos antigos (Galende Diaz e García Ruiperez, 2003). Os debates travados em torno da autenticidade desses documentos geraram as "guerras diplomáticas", em cujo contexto se deu o embate entre os beneditinos da Congregação de Saint-Mour, na França, e os monges bollandistas.

Em 1643, os bollandistas, jesuítas ligados a uma sociedade científica fundada na Antuérpia por Jean Bolland, iniciaram a publicação das *Acta Santorum* (Atos dos santos), análise dos testemunhos sobre a vida dos santos, com o intuito de separar fatos reais de lendas (Duranti, 1998, 2009a).

O segundo volume das *Acta Santorum*, lançado em 1675, trazia uma introdução do jesuíta Daniel van Papenbroeck na qual, após apresentar os princípios gerais para a análise da autenticidade de documentos medievais, ele os aplicava aos documentos dos reinos francos e declarava falso um diploma emitido pelo rei Dagoberto I (634-639). Com isso, o monge colocava sob suspeita a autenticidade de todos os diplomas da dinastia merovíngia (séculos V a VIII), muitos dos quais estavam guardados no mosteiro beneditino de Saint-Denis e fundamentavam grande parte dos direitos patrimoniais dessa ordem beneditina francesa (Duranti, 1998, 2009a).

A resposta a Papenbroeck demorou seis anos, veio em 1681, por meio do monge beneditino Jean Mabillon. O religioso pertencia à Congregação de Sain-Mour e havia sido chamado do Monastério de Saint-Denis para a Abadia de Saint-Germain-des-Prés com a incumbência de estudar a vida dos santos beneditinos. Sua obra em resposta a Papenbroeck foi o tratado em seis partes intitulado *De re diplomática Libri VI* (Duranti, 1998).

Nas duas primeiras partes do tratado, Mabillon, a partir do estudo de elementos como suporte, tinta, escrita, selos, abreviações e outros, desenvolveu regras gerais aplicáveis aos diplomas medievais (privilégios, escrituras, alvarás). Nas quatro partes restantes, o monge se encarregou de demonstrar como essas regras deveriam ser aplicadas; a parte seis era constituída de cópias de cerca de 200 documentos com os argumentos sobre sua autenticidade (MacNeil, 2000).

Na obra de Mabillon identifica-se um objeto de estudo, o diploma medieval; um objetivo, a verificação da autenticidade dos diplomas; e uma metodologia, a análise comparativa. Estava criado, pois, um método de crítica documental que passou a ser aceito em toda a Europa (Duranti, 2009a).

A "nova ciência"[22] foi definida pelo próprio Mabillon como "o estabelecimento de termos e regras corretos e acurados por meio dos quais instrumentos autênticos podem ser distinguidos dos espúrios, e os corretos e genuínos dos incorretos e suspeitos" (Cheney, apud Macneil, 2000:20).

Há que ressaltar que o trabalho de Mabillon marcou também o nascimento da paleografia, uma vez que a obra apresentava um estudo sistemático das escritas antigas. Entretanto, esse tipo de estudo só veio a denominar-se paleografia em 1708, quando outro monge beneditino, dom Bernardo de Monffauçon, usou o termo pela primeira vez (Duranti, 1998).

No que diz respeito aos documentos que analisou, Mabillon privilegiou seu caráter jurídico em detrimento dos demais, como, por exemplo, o histórico e o literário (Galende Díaz e García Ruiperez, 2003). Com isso o monge adotava uma acepção de documento segundo a qual somente os documentos de conotação jurídica eram de interesse para a análise diplomática. Afinal, o objetivo primeiro dessa análise era "determinar a autenticidade dos documentos para fins legais" (MacNeil, 2000:29). Tal acepção atinge seu auge no século XVIII, quando os princípios e métodos da diplomática passaram a constar do currículo de grande parte das faculdades de direito da Europa (MacNeil, 2000:29).

Entretanto, foi ainda no século XVIII que o entendimento sobre a exclusividade do interesse da diplomática por documentos de caráter jurídico começou a mudar. Legipont, por exemplo, além do interesse jurídico,

---

[22] Observamos entre os autores estudados uma variação no entendimento da diplomática, ora como disciplina, ora como ciência. Entretanto, diferentemente do item subsequente a este, que trata do histórico da arquivologia, não encontramos na bibliografia pesquisada textos que esclarecessem a questão. Sobre a diferença entre disciplina e ciência, Pinheiro (1997:241) esclarece que, "segundo Japiassu, disciplina é sinônimo de ciência, sendo mais empregada, no entanto, para designar o 'ensino de uma ciência', ao passo que o termo ciência designa mais uma atividade de pesquisa".

considerava também o interesse histórico dos documentos, destacando sua importância tanto para a garantia de direitos quanto para a preservação da memória. Outros, como Heumann, Gatterer e Schonemann, foram mais longe ao afirmar que "por documento deveria entender-se qualquer testemunho escrito, incluídos os de titularidade particular, os quais consideravam objeto da diplomática" (MacNeil, 2000:11).

É justamente nesse contexto que se insere o texto de René Tassin e Charles Toustan, também beneditinos da Congregação Saint-Mour, intitulado *Nouveau traité de diplomacie*, publicado entre 1750 e 1765, em Paris. Esses autores, considerados os sucessores de Mabillon, "sustentam que todos os testemunhos escritos e conservados nos arquivos são documentos diplomáticos" (MacNeil, 2000:12). Enquanto Mabillon comparou documentos de caráter jurídico provenientes de diferentes chancelarias dos reinos francos, Tassin e Toustan compararam documentos de todos os tipos e oriundos de instituições localizadas em diferentes regiões geográficas, isto é, fora dos domínios territoriais franceses. Com isso, os dois últimos demonstraram que a diplomática também se aplicava a documentos não jurídicos, gerados em diferentes contextos culturais e, portanto, com características documentais específicas (Duranti, 1998, 2009a). Por conseguinte, Mabillon criou a diplomática geral, enquanto Tassin e Toustan deram origem à diplomática especial (Duranti, 2009a).

Mas em que consistem de fato esses dois ramos da diplomática? De forma resumida, pode-se dizer que a diplomática geral é a teoria, enquanto a diplomática especial é a aplicação dessa teoria, ou, nas palavras de Duranti (1998:31):

> a diplomática geral é um corpo de conceitos. A aplicação desses conceitos a infinitos casos individuais constitui a função da crítica diplomática, isto é, a diplomática especial. A teoria (diplomática geral) e a crítica (diplomática especial) influenciam uma à outra. A última analisa situações específicas, usa a primeira; a primeira guia e controla e é nutrida pela última.

O século XIX registra o aperfeiçoamento dos princípios e métodos da diplomática, tanto geral quanto especial. Nesse processo, em que pese à importância da criação da École des Chartes, em Paris, em 1821, a maior contribuição veio da Alemanha e da Áustria, regiões onde o fervor dos estudos históricos valorizou ainda mais o documento. Era o auge da Escola Austríaco-Alemã, na qual se destacaram o historiador Theodor von Sickel e o jurista Julius Ficker (Duranti, 1998; Galende Diaz e García Ruiperez, 2003).

Ao comparar documentos emitidos pelas chancelarias, mas considerados falsos por apresentarem uma forma diferente da convencional, Sickel percebeu que eles eram verdadeiros, apenas haviam sido elaborados fora do âmbito das chancelarias, ou seja, pelos próprios interessados. Com isso, Sickel conseguiu distinguir o autor do documento daquele que o havia redigido (Rabikauskas, 1988; Nascimento, 2009), no caso, o próprio destinatário.

Ficker formalizou as ideias de Sickel ao criar os conceitos de ação (*actio*) e documentação (*conscriptio*). Com eles, Ficker estabeleceu duas fases distintas na criação do documento, que identificamos como: o momento da motivação (*actio*), sempre com base em algum direito; e o momento da criação propriamente dita do documento (*conscriptio*). No entender de Rabikauskas, isso corresponderia, respectivamente, ao documento *in fieri*, isto é, que virá a ser, e o documento *in facto esse*, isto é, acabado. De acordo ainda com Boüard (apud Duranti, 1998:109) seria "o momento em que os fatos sobre os quais documentos são escritos acontecem e o momento em que os documentos são escritos".

Bellotto (2005:58) nos ajuda a entender melhor a questão ao explicar que

> a *actio* pode ser mais profundamente considerada a ação ou atuação da parte ou das partes interessadas na criação, modificação ou extinção de determinada situação jurídica. A *conscriptio* pode ser vista como a passagem para o escrito, sob condições juridicamente válidas, dessa atuação das partes (a própria etimologia da palavra explica isso: de *conscribo*, "consignar por escrito").

Sickel e Ficker inovaram ao acrescentar à crítica diplomática o processo de criação dos documentos, ou seja, a gênese documental, entendida por Duranti (1998:108) como "os procedimentos que, dentro de um sistema jurídico, são seguidos pelas pessoas com o objetivo de cumprir atos que resultam em documentos".

No fim do século XIX, sob forte influência da filologia clássica e da historiografia positivista, a diplomática se firmou como disciplina autônoma justamente porque, ao se tornar uma ciência auxiliar da história, refinou seus métodos de análise documental. Assim, o diplomacista passou a ser visto como aquele que tinha por objetivo

> a construção de um canteiro de obras de material histórico rigorosamente editado, datado e criticado. [Aquele que] implementou um tipo de crítica negativa, se é que se pode chamar assim, revelando falsificações, separando o joio do trigo, [...] a palha (formulário) do grão (fatos incontestáveis); ou, para usar uma outra metáfora [...], destruindo a crosta externa da composição, debaixo da qual o minério da informação permanecerá preso se não for alcançado pela intervenção especializada do diplomacista [Guyotjeannin, 1996:416].

Nesse contexto de evolução como disciplina, a diplomática se abriu em vários ramos:

> cronologia (isto é, sistema de datação de documentos), sigilografia (isto é, estudo dos selos), formas documentais, status de transmissão dos documentos, vários tipos de cópias, procedimentos de criação de documentos, procedimentos de chancelarias específicas e a crítica de falsificações que sempre foi seu propósito original [MacNeil, 2006:203].

No século XIX, a diplomática passou a constar do conteúdo programático de todas as escolas de arquivologia da Europa. Apesar desse progresso, a ideia de que só os documentos medievais de caráter jurídico eram de interesse da diplomática prevaleceu até meados do século XX. Duranti (1998:29) explica o motivo:

> a história, e particularmente a história da administração e do direito, assim como a paleografia e a arquivologia, como disciplinas científicas que usam fontes pri-

márias, originaram-se da diplomática, e, no seu processo de se tornar ciências autônomas, usaram princípios e metodologias da diplomática e da paleografia, adaptando-os a seus propósitos e incorporando-os a seus métodos. Como consequência, [...] a diplomática [...] restringiu sua área de pesquisa aos limites cronológicos do período medieval, da mesma forma como a paleografia, pelo seu objeto de estudo, ficou confinada dentro dos mesmos limites.

Entretanto, a partir da segunda metade do século XX, estudiosos como Bartoloni (1953), Tessier (1952) e Bautier (1961), entre outros, em consonância com as recomendações de Dumas já em 1930, enfatizaram a necessidade de se expandirem os limites da diplomática para além dos muros medievais (Galende Díaz e García Ruiperez, 2003). Para Tessier (apud Bautier, 1961:13-14):

> O objeto da diplomática é a descrição e a explicação da forma dos atos escritos. Ela se aplica tanto às nossas leis, decretos, atos notariais, documentos comerciais quanto às tábuas da Babilônia, aos papiros greco-romanos e às cartas medievais. [...] Pode-se conceber uma diplomática dos séculos XIX e XX mesmo dos documentos impressos ou datilografados.

Nessa mesma linha, Bautier, na histórica palestra de abertura do curso de diplomática na École des Chartes, em 1961, declarou: "Não vejo, com efeito, nenhuma razão para que a diplomática descarte de seu campo de estudo, como tradicionalmente tem feito, todos os outros documentos estritamente administrativos" (Bautier, 1961:208). E prossegue:

> Se admitirmos que a diplomática se interessa por todos os atos e papéis administrativos em qualquer época, não é mais sobre seu aspecto ou seu conteúdo jurídico que convém insistir, mas sobre seu único e verdadeiro caráter comum, o fato de que em todos os casos são documentos de arquivo [Bautier, 1961:208-209].

Está claro, portanto, que para Bautier o objeto da diplomática são os documentos arquivísticos em geral, independentemente de apresentarem ou não uma conotação jurídica. Para ele, o fato de Mabillon não ter definido em sua obra o que ele entendia por "diploma" levou seus sucessores a um entendimento equivocado do termo, restringindo-o a documentos medievais de caráter jurídico. A concepção de Bautier aparece de maneira contundente em textos mais recentes de outros autores. Para Williams (2005:7), por exemplo, o próprio título da obra de Mabillon, *De re diplomática*, literalmente, "Sobre a coisa diplomática", sugere uma amplitude do objeto ali tratado, onde "Sobre a coisa" pode ser entendido como todo e qualquer tipo de documento. Tal consideração de Williams parece se basear em Boyle, para quem:

> Dada a riqueza de escritos remanescentes de todas as épocas, de atividades e jurisdições, dos documentos escritos mais antigos aos relatórios atuais, parece muito mais realístico [...] descrever a diplomática como o estudo acadêmico de toda e qualquer fonte documental escrita, jurídica e não jurídica. Isso pelo menos tem o mérito de manter a abrangência do "qualquer coisa" de Mabillon [Boyle, apud Williams, 1996:8].

O fato é que Bautier (1961:201-202) traz à luz uma vinculação latente entre a diplomática e a arquivologia, que, a seu ver, já havia se tornado clara a partir do século XVIII, com a publicação do *Nouveau traité de diplomatique*. Segundo ele, com essa obra, "os mauristas proclamaram que a diplomática estendia seu império sobre os arquivos, sendo cinco capítulos da seção I a eles consagrados". Além disso, a parte da obra dedicada aos diferentes documentos de interesse da diplomática não deixam nenhuma dúvida sobre o fato de que, "por essa época, não se hesitava em identificar o objeto da diplomática com os documentos contidos nos arquivos".

Ainda de acordo com Bautier, "a diplomática e a arquivologia são, ambas, ciências dos documentos de arquivos, sendo legítimo perguntar qual deveria ser a esfera de interesse de cada uma". E ele próprio responde: "A arquivologia não se interessa por um documento isolado, mas por agrupamentos de documentos [...]. Ao contrário, a diplomática se atém ao documento de arquivo por si só: primeiro à sua forma e depois à sua gênese" (Bautier, 1961:210). Nisso residiria a grande contribuição da diplomática: o fato de tratar individualmente os documentos de arquivo.

As vozes em favor de um entendimento mais amplo sobre o objeto da diplomática e sobre sua adequação aos estudos dos documentos arquivísticos, inclusive os contemporâneos, se intensificaram nas décadas seguintes.

Na visão de Brooke (1970:1, 7, 9), a diplomática "é uma ciência da forma por definição – o estudo das formas dos documentos, de todas as épocas, incluindo a presente, de todo continente e de todos os tipos". Ele sugere então "abolir distinções artificiais entre 'medieval' e 'moderno', e deixar de lado argumentos atuais quanto aos méritos de um estudo e conhecimento medieval e moderno". Brooke considera ainda que "a ausência de literatura sobre diplomática moderna é sempre exagerada".

Em que pese ao entusiástico chamamento de Brooke, foi somente a partir do final da década de 1980 que a comunidade arquivística demonstrou real interesse pela questão. MacNeil (2000:87) associa esse interesse ao momento em que "a arquivologia ampliava seu campo para incluir o controle de documentos arquivísticos ativos e semiativos". Nesse contexto, destaca-se a palestra proferida por Francis Blouin durante a Segunda Conferência sobre Arquivos, promovida pelo Conselho Internacional de Arquivos, em 1989. Na ocasião Blouin recomendou que

> o desenvolvimento da disciplina diplomática moderna seja promovido por meio da pesquisa em tipologia de documentos arquivísticos contemporâneos e em procedimentos de criação de documentos arquivísticos de instituições contemporâneas [Koucky, apud MacNeil, 2000:87].

A recomendação da Conferência repercutiu destacadamente em países como Holanda e Itália. O primeiro desenvolveu pesquisas sobre tipologia de documentos datados do século XIX em diante. Já na Itália, Paola Carucci dedicou-se à adaptação dos princípios e conceitos da diplomática tradicional à criação dos documentos da moderna burocracia italiana (MacNeil, 2000).

Na América do Norte, a resposta veio do Canadá, especificamente da School of Library, Archives and Informacion Science (Slais), da University of British Columbia (UBC), em Vancouver. Ali, a professora italiana Luciana Duranti publicou, entre os anos de 1989 e 1992, uma série de seis artigos com forte repercussão na comunidade arquivística tanto pela consistência científica quanto pela novidade que traziam ao demonstrar a viabilidade da aplicação dos fundamentos diplomáticos aos documentos arquivísticos contemporâneos, inclusive os digitais. Na verdade, Duranti retomou o que Carucci havia iniciado na obra *Il documento contemporaneo*, de 1987, ou seja, a junção dos princípios e conceitos da diplomática aos da arquivologia. Segundo MacNeil (2006:205), nos seis artigos mencionados, "Duranti refinou, reinterpretou e estendeu conceitos clássicos e introduziu novos para dar conta da variedade e complexidade dos ambientes burocráticos de gestão de documentos".

Portanto, o século XX pode ser identificado como o momento em que a diplomática dá a sua virada de uma disciplina confinada nas chancelarias medievais para uma área do conhecimento que, associada à arquivologia, se adequa perfeitamente ao mundo atual. Além das já mencionadas diplomática geral e especial, hoje é possível falar também de diplomática clássica e diplomática moderna, como veremos a seguir.

De acordo com Duranti (2009a), a diplomática moderna não significa uma evolução da diplomática clássica, mas uma existência em paralelo e com objetos de estudo de épocas diferentes. Segundo a autora:

> A diplomática clássica usa os conceitos e métodos desenvolvidos por diplomacistas que viveram entre os séculos XVII e XVIII, e estuda alvarás, instrumentos e escrituras medievais; a diplomática moderna adaptou, elaborou e desenvolveu o corpo de conceitos e a metodologia da diplomática clássica com o objetivo de estudar documentos modernos e contemporâneos de todos os tipos [Duranti, 2009a].

A distinção entre a diplomática clássica e a moderna se faz ainda por meio dos conceitos de documento arquivístico e de diplomática. Assim, segundo Duranti (2009a:2), no que diz respeito à diplomática clássica, um documento arquivístico é um documento (isto é, informação afixada num suporte) que constitui "a evidência escrita de um fato de natureza jurídica, compilado de acordo com determinadas formas, as quais visam dotá-lo plenamente de fé e crédito". Por essa razão, a diplomática clássica estuda apenas documentos feitos para ter consequências legais, e por isso exigem formas documentais específicas, e é definida como o conhecimento de regras formais que se aplicam a documentos arquivísticos legais.

Já para a diplomática moderna,

um documento arquivístico é um documento criado (isto é, produzido ou recebido e retido para ação ou referência) no curso de uma atividade como instrumento e subproduto dessa atividade. Por essa razão a diplomática moderna se interessa por todos os documentos produzidos no curso de todo tipo de negócios [Duranti, 2009a:2].

No que se refere à abordagem e ao objetivo da diplomática clássica e moderna, devem-se observar aspectos bem característicos de uma e de outra. Assim, embora ambas visem a avaliar a credibilidade dos documentos, a diplomática clássica faz isso de maneira retrospectiva, isto é, a partir de documentos antigos; a moderna leva em conta documentos atuais, tanto os já criados como os ainda por se criar, o que significa a adoção de uma abordagem retrospectiva e prospectiva ao mesmo tempo (Duranti, 2009a).

Os primeiros diplomacistas partiam do documento criado para entender o mundo que o criou. De acordo com Duranti (2009a:7), esses estudiosos "acreditavam firmemente na possibilidade de se descobrir uma verdade consistente sobre a natureza de um documento arquivístico e do ato que o produziu por meio do uso de um método científico de análise de seus vários componentes". Já a diplomática moderna vai além e se antecipa à criação do documento, porque essa vertente tem procurado definir as características essenciais da forma de determinados documentos, especialmente os gerados em sistemas automatizados, antes mesmo da sua criação. A despeito das nítidas diferenças entre diplomática clássica e moderna, deve-se insistir no fato de que, como foi mencionado, ambas constituem vertentes de uma mesma ciência, uma complementa a outra. Assim, no dizer de Duranti (2009a:8),

> a diplomática moderna não substitui a diplomática clássica, mas adapta e elabora o mesmo corpo de conhecimento para torná-lo aplicável aos documentos arquivísticos modernos. [...] Enquanto os diplomacistas clássicos, como pessoas do nosso tempo, precisam adquirir um entendimento dos documentos arquivísticos contemporâneos pela aceitação da diplomática moderna, os diplomacistas modernos não poderiam jamais dominar os profundos conceitos da diplomática sem aprender primeiro a diplomática clássica.

Mas o que teria levado ao surgimento dessas duas vertentes da diplomática? Afinal, observamos em ambas o mesmo objeto de estudo, o documento arquivístico. O que muda? Muda o entendimento sobre o escopo desse objeto proclamado por Bautier já na década de 1960 e reiterado desde aquela época pelos demais estudiosos aqui mencionados. A partir de então, o objeto da diplomática não se restringe mais aos documentos arquivísticos jurídicos ou de consequências legais, mas a todos os documentos gerados no curso das atividades de uma pessoa física ou jurídica.

O que explica essa mudança de escopo? A razão tem suas raízes no próprio desenvolvimento social observado já a partir do século XVI e no consequente aumento da quantidade e da complexidade dos documentos que passaram a ser criados. Pouco a pouco a realidade medieval bilateral de um documento para um ato jurídico mudou para um contexto multilateral. Nesse contexto, vários documentos correspondem a um ato jurídico que, por sua vez, se subdivide em outros atos, jurídicos e não jurídicos, relacionados. Essa nova realidade caracteriza o modelo burocrático de organização social implantado no século XIX e ainda vigente nas sociedades contemporâneas. Sua representação se dá por meio do conceito de relação orgânica, o qual é desconhecido da diplomática clássica, mas constitui elemento essencial na diplomática moderna (Duranti, 1998, 2009a; MacNeil, 2000). Esse conceito representa os "vínculos que os documentos arquivísticos guardam entre si e expressam as funções e atividades da pessoa ou organização que os produziu" (Câmara Técnica de Documentos Eletrônicos, 2010), o que é típico do contexto burocrático multilateral já mencionado.

Por essa breve história da diplomática observamos os seguintes aspectos: a estreita relação entre sua origem e a questão da autenticidade dos documentos arquivísticos; seu nascimento oficial a partir do século XVII, com Mabillon; sua estruturação como disciplina nos séculos XVIII e XIX; e sua virada epistemológica a partir do século XX, quando amplia o escopo do seu objeto de estudo dos documentos arquivísticos medievais de caráter eminentemente jurídico (diplomática clássica) para os modernos e contemporâneos de todos os tipos (diplomática moderna).

Cabe então apresentar um conceito mais atual de diplomática. Para tanto, recorremos, mais uma vez, a Duranti (1998:45):

> diplomática é a disciplina que estuda a gênese, as formas e a transmissão de documentos arquivísticos, bem como sua relação com os fatos neles representados e com seu produtor, com o objetivo de identificar, avaliar e comunicar sua verdadeira natureza.

Finalmente, deve-se acrescentar que, nessa virada epistemológica, a diplomática se une, ou melhor, se *re*úne, à arquivologia. Afinal, ambas têm o mesmo objeto de estudo: o documento arquivístico. O fato sugere que nos voltemos também para um breve relato da história dessa área do conhecimento.

Arquivologia: do hibridismo diplomacista à ciência autônoma

O nascimento da arquivologia como disciplina autônoma, no século XIX, não deve ser confundido com a existência de arquivos e de práticas arquivísticas, estes já identificados nas civilizações pré-clássicas. Segundo Vivas Moreno (2004:82): "É por todos sabido que os arquivos têm uma existência remota, justamente aquela em que surgem as primeiras organizações sociais, constatando-se uma estreita vinculação entre os primeiros arquivos e as origens da escrita". De acordo com os autores portugueses Silva, Ribeiro, Ramos e Leal (1999:47), "Nas cidades-Estado da Síria e da Mesopotâmia, foram descobertos alguns dos primeiros arquivos da história da humanidade". Entre eles, destaca-se o da cidade síria de Ebla, na qual se deu

> um dos maiores achados de tabuinhas em escrita cuneiforme, e, sem dúvida, aquele que melhor evidenciou uma estrutura orgânica de documentação. A sua produção cobre o mandato de três soberanos, num período estimado de quarenta e cinco anos, remontando cronologicamente ao século XXIV a.C. [...] Quanto ao depósito principal, constatou-se também que havia uma criteriosa seleção, e que a ordenação das tabuinhas obedecia a um plano sistemático, de acordo com a diversidade funcional dos documentos. Havia, pois, uma estrutura que evidencia já princípios arquivísticos muito concretos [Silva et al., 1999:49-50].

Segundo Heredia Herrera (1991:28), "contrasta logo à primeira vista a remota existência dos arquivos – e inclusive das pessoas que se ocupam de sua custódia – com o tardio nascimento de uma disciplina" que os tem como objeto: a arquivologia.

Do lado europeu, segundo Silva e colaboradores (1999:58, 61), na Grécia Antiga, "atribui-se a Éfialtes (c. 460 a.C.) a criação dos primeiros arquivos do Estado ateniense". Já em relação à civilização romana, "deve--se a Valerius Publicola, cônsul em 509 a.C., a criação do primeiro arquivo da Roma Antiga", localizado "no templo de Saturno (*aerarium Saturni*), num dos extremos do Fórum". Aí se encontravam as *tabulae publicae*, documentos públicos escritos em tábuas de bronze. Essas *tabulae* deram origem ao termo *tabularium*, e mais tarde a *archivum*.

Do lado oriental, à época do Império Romano do Oriente, o Código de Justiniano (séc. VI) continha orientações quanto à criação e preservação dos arquivos, os quais eram definidos como o *lócus publicus in quo instrumenta deponuntur* (isto é, o lugar público onde feitos são depositados), *quatenus incorrupta maneant* (isto é, de maneira que permaneçam incorruptos), *fidem faciant* (isto é, forneçam evidência confiável), e *perpetua rei memória sit* (isto é, e sejam memória contínua daquilo que atestam) [Duranti, 1996b:243].

Os autores divergem quanto à situação dos arquivos e das práticas arquivísticas nos primeiros cinco séculos após a queda do Império Romano do Ocidente, ou mais precisamente no período compreendido entre os séculos V e X. Assim, segundo Duchein (1992:15):

> Apenas uma vaga tradição de manutenção de documentos sobreviveu [...] nos novos reinos nascidos das ruínas do Império Romano. Esses arquivos foram por sua vez aniquilados mais tarde, de maneira que apenas poucos documentos anteriores ao século X sobreviveram na Europa. Até o Império carolíngio, que se propôs a ser um restabelecimento cristão do Império Romano, desapareceu sem deixar qualquer número significativo de arquivos, pelo seu colapso econômico e político no século X.

Na mesma linha de Duchein, Vivas Moreno (2004:83) considera que

> a queda do Império Romano supôs um grave retrocesso no devir arquivístico, motivado em grande medida pela desvalorização crescente do documento escrito e pela substituição do seu caráter probatório pela palavra e pela demonstração testemunhal. Ao mesmo tempo, produziu-se [...] um quase completo desaparecimento da complexidade administrativa que se havia desenvolvido em Roma, um paulatino desmantelamento da rede de arquivos do Império e um desmoronamento da ideia de arquivo público, dado que do Estado como *res publica* se passou à consideração do Estado como propriedade pessoal de quem exerce o governo.

Já para Silva e colaboradores (2004:83):

Tem sido um lugar-comum dizer que durante a idade Média europeia a tradição arquivística quase se perdeu. Isso não passa de uma falsa ideia, ou pelo menos deve ser encarada com algum relativismo. Conhecem-se testemunhos do funcionamento de algumas importantes chancelarias – da cúria, da corte merovíngia etc. –, e os mosteiros continuaram a manter os seus *scriptoria,* pelo menos entre as comunidades mais ativas.

Silva e colaboradores parecem deixar clara a diferença entre a perda da tradição arquivística e o desaparecimento de documentos, este último registrado por eles no período em questão, quando reconhecem que "a instabilidade política e social que então se instalou, as evidentes dificuldades institucionais daí decorrentes e a fraca resistência dos suportes [...] levaram à perda quase total dos arquivos da época".

Na mesma linha dos autores portugueses, Heredia Herrera destaca a atuação da Igreja no que diz respeito à proteção dos documentos no período pós-Império Romano. Segundo a autora:

A Igreja [...] vai desempenhar um papel fundamental porque o caráter estável e fixo dos mosteiros foi circunstância importantíssima na conservação dos documentos, diante do perigo que, para a manutenção dos testemunhos escritos, teve o caráter ambulante das Cortés reais e senhoriais [Heredia Herrera, 1991:106].

Em relação ao período compreendido entre os séculos XI e XV, este é visto como um tempo de gradual reestruturação política do continente europeu. Foi o momento de formação dos Estados nacionais e, consequentemente, da revitalização dos arquivos. Assim, reconhece-se que nos séculos XI e XII reis, senhores de terra, Igreja e cidades adotaram métodos independentes de tratamento documental, enquanto entre os séculos XIII e XV "administrações locais e nacionais começaram a emergir das práticas feudais, e, com essas administrações, depósitos arquivísticos começaram a funcionar" (Duchein, 1992:15). Nesse contexto, "o Archivo de la Corona de Aragon (1318) e o arquivo do Estado português na Torre do Tombo do castelo de São Jorge (anterior a 1325)" constituem exemplos de "recriação dos arquivos centrais da administração". O mesmo se pode dizer do arquivo público de Gênova, criado em 1466. Em relação aos arquivos locais, registra-se o cartório da Câmara, na cidade do Porto, criado em 1319 (Silva et al., 1999:76-77).

Outro fato interessante registrado a partir do século XIV diz respeito ao tipo de documento que também passou a ser armazenado nos arquivos; não eram mais apenas os de natureza jurídica, como contratos e testamentos, mas também cartas, recibos e outros documentos financeiros. Sobre essa mudança, Silva e colaboradores (1999:77) ponderam:

> O surgimento de novas tipologias documentais nos arquivos denota uma evolução no conceito de administração, a qual passa a conservar os seus documentos para muito além da estrita perspectiva jurídica e patrimonial, [...] começando a estar presentes também documentos de caráter financeiro e até historiográfico.

Os mesmos autores ressaltam que a variedade na tipologia documental levou ao aumento do volume de documentos. Como consequência, verifica-se a primeira grande "nomeação de arquivistas oficiais nas Cortés europeias", a elaboração de inventários e a criação de regulamentos definindo "com bastante clareza a razão da existência do arquivo, o modo como devem ser tratados os documentos e as condições em que serão feitas cópias ou certificados dos mesmos" (Silva et al., 1999).

Em que pese tais avanços, no que diz respeito à disciplina arquivística, o período compreendido entre a Antiguidade e a Baixa Idade Média é caracterizado por Vivas Moreno (2004:83) como aquele em que "não existe teoria arquivística específica", de tal modo que "a doutrina se traduz em empirismo, a metodologia em costume, os procedimentos operativos em tradição, e a finalidade em utilidade organizativa para a administração".

A sedimentação do regime absolutista na Europa a partir do século XVI acirrou os processos de centralização dos arquivos e de desenvolvimento das técnicas arquivísticas que vinham ocorrendo desde o século XIII. Segundo Vivas Moreno (2004:84), o absolutismo levou ao surgimento dos arquivos de Estado, então autênticos "mecanismos de poder das monarquias absolutas", nos quais "se concentrou toda a documentação gerada pelas coroas e mantida dispersa até então". De acordo com Duchein (1992), nesse período, que o autor identifica como o das "monarquias administrativas", de crescente multiplicação e complexidade, ocorreram o aumento da produção de documentos e o aperfeiçoamento das técnicas arquivísticas. Já Silva e colaboradores alertam (1999:80-81):

> Ao contrário do que se poderá pensar, o século XVI não é arquivisticamente um período de ruptura. [...] O conceito de arquivo e as práticas organizativas pouco evoluíram. [...] Os depósitos de documentos aumentaram consideravelmente a partir do século XVI (em número, extensão e em diversidade de acervos), mas o caráter prático da profissão manteve-se inalterável, e o conceito de serviço foi sempre relativamente fechado.

Para Duranti, o fortalecimento do Estado e seus respectivos arquivos levaram à emissão, pelos soberanos, de leis e instruções voltadas para o tratamento dos documentos arquivísticos. Estes eram usados tanto "pelas autoridades como fontes de evidência de seus direitos e privilégios" quanto "pelos pesquisadores como fontes de evidência filológica, histórica e jurídica" (Duranti, 1996a:2).

Os séculos XVI e XVII registram o aparecimento de uma série de tratados sobre arquivos, como: *Von der Registratur und jren Gebäwen und Regimenten*, de Jacob von Rammingen, em 1571; *De archivis líber singularis*, de Baldassare Bonifácio, em 1632; *Comentarius de archivis antiquorum*, de Alberto Barisone, entre 1619 e 1636; e *De iure archivi et cancellariae*, de Fritsch, em 1664 (Vivas Moreno, 2004). Entretanto, cabe ressaltar que, embora esses tratados signifiquem uma mudança da exclusividade do *lócus* arquivístico da esfera eminentemente administrativa para a cultural (Duranti, 1996a), eles estão longe de apresentar articulações teóricas ou metodológicas. Sobre a obra de Baldassare Bonifácio, por exemplo, dizem Silva e colaboradores (1999:94):

É uma desilusão a leitura do muito conhecido tratado de Baldassare Bonifácio. Embora avance com observações curiosas sobre a terminologia e a história dos arquivos, o autor mantém-se numa postura estritamente erudita, na tradição do humanismo renascentista. É uma obra laudatória. […] Confunde arquivo e biblioteca, e, por sua vez, limita-se a algumas banalidades quando aborda os temas cruciais sobre a utilidade dos arquivos e a ordenação dos documentos.

Na verdade, os tratados em questão podem ser vistos apenas como sinais anunciadores da arquivologia, a qual, no entender de Duranti, apresenta seus primeiros fundamentos teóricos no último volume da obra *De re diplomática*, de Mabillon (1681). Para a autora, "a partir desse momento, até o final do século XIX, os conhecimentos diplomático e arquivístico compartilharam um corpo comum de teoria do qual derivaram metodologias e práticas distintas, mas complementares" (Duranti, 1996a:3).

Na mesma linha de Duranti, Heredia Herrera também reconhece na diplomática a origem da arquivologia. Entretanto, ao acrescentar nessa origem a paleografia e a biblioteconomia, considera que o fato ocasionará na arquivologia "uma dependência negativa que retardará sua própria delimitação, a ponto de, em seus primórdios, se nutrir da linguagem e da metodologia daquelas disciplinas" (Heredia Herrera, 1991:29).

A introdução da diplomática nas faculdades de direito, no século XVIII, contribuiu para o estabelecimento de uma relação entre os conceitos jurídicos e a criação de documentos. Da mesma forma, sua introdução nas faculdades de história, no século XIX, promoveu a valorização de questões relativas à preservação e ao uso dos documentos arquivísticos. Observam-se nos temas mencionados – criação, preservação e uso de documentos – questões bastante caras à arquivologia (Duranti, 1996a). Nessa época, do século XVIII até a primeira metade do século XIX, a doutrina arquivística é vista "como um híbrido de teoria diplomática sobre componentes, formas, criação, transmissão e eficácia dos documentos arquivísticos com metodologia e práticas arquivísticas sobre arranjo, descrição, uso, armazenamento e segurança" (Duranti, 1996a:3).

A parte arquivística desse "híbrido" tem explicações culturais e políticas. As primeiras referem-se à influência do Iluminismo na concepção enciclopédica do conhecimento, que levava ao arranjo dos documentos por assunto. Exatamente por isso Silva e colaboradores (1999:96) entendem que "o Iluminismo deu veste cultural à arquivística, mas foi também germe de consideráveis desvios". Já as razões políticas remetem às novas dinastias de algumas regiões da Europa, como Áustria, Milão e Toscana, que, no desejo de implantar mudanças administrativas, promoveram o arranjo e a descrição dos documentos necessários ao conhecimento das administrações antigas. Com isso, separaram fisicamente, isto é, colocaram em prédios diferentes, os documentos que consideravam ainda úteis aos governos daqueles que entenderam como de interesse puramente cultural (Duranti, 1996a).

No final do século XVIII, começaram a surgir cursos de formação de arquivistas em universidades. O primeiro deles aconteceu na Universidade de Bolonha, em 1770, e abrangia conhecimentos de cronologia, diplomática e práticas de arranjo e descrição. No século seguinte, em 1811, foi criada, em Nápoles a primeira escola de arquivologia de fato. Entretanto, o conteúdo programático ainda envolvia uma parte constituída pelas chamadas disciplinas filológicas, como, por exemplo, diplomática, cronologia e sigilografia, abrangendo princípios e métodos arquivísticos propriamente ditos. Outras escolas pioneiras de arquivologia foram a de Munique e a da França, ambas criadas em 1821 (Duranti, 1996a).

Pouco depois da introdução do primeiro curso para a formação de arquivistas na Universidade de Bolonha, a Revolução Francesa atingiu fortemente o processo de estruturação da arquivologia como área do conhecimento (Duranti, 1996a). A criação do Arquivo Nacional da França, em 1789, foi uma das primeiras medidas do governo revolucionário. Sua posterior consolidação como arquivo central do Estado, pelo decreto de 24 de junho de 1794, significou, no entender de Posner (1948:5-6), o estabelecimento da estrutura de uma "administração arquivística pública nacional"; o reconhecimento, por parte do Estado, de sua responsabilidade com a "herança documental do passado"; e a liberação do acesso público aos arquivos. Sobre essa medida o autor destaca no decreto o art. 37, segundo o qual: "Todo cidadão tem direito de solicitar em todos os depósitos, cópias dos documentos ali contidos".

Embora Posner veja no art. 37 "não tanto o desejo de criar oportunidades para a pesquisa", mas de atender "às necessidades das pessoas que haviam adquirido alguma propriedade nacional", ele acredita que "pela primeira vez os arquivos foram legalmente abertos e franqueados ao uso público".

Da mesma forma, segundo Duchein (1992:17), até o decreto de 1794,

> os arquivos tinham permanecido cuidadosamente fechados ou quando muito abertos a poucos pesquisadores privilegiados, com propósitos geralmente oficiais. Depois da Revolução Francesa, a noção de que a pesquisa em arquivo era um direito cívico foi cada vez mais reconhecida.

Entretanto, no que diz respeito ao real alcance da liberação do acesso público aos arquivos na França revolucionária, Fonseca (2005:40-41) nos alerta para o fato de que a medida

> não significou, no período imediatamente posterior à Revolução, ao longo de todo século XIX e até meados do século XX, uma mudança substantiva em relação ao acesso extensivo aos documentos recolhidos às instituições arquivísticas, tampouco significou um maior controle da sociedade civil sobre a administração pública. Consolidava-se uma visão positivista da história e tornava-se um conceito generalizado a ideia de que os arquivos constituíam a base da pesquisa histórica, de modo que os Estados tinham a obrigação de mantê-los acessíveis.

O resultado mais imediato da abertura dos arquivos franceses foi o fato de que eles passaram a ter uma forte conotação histórica, sendo vistos como verdadeiros tesouros nacionais à disposição dos historiadores (Duranti, 1996a).

O fim do período revolucionário francês marcou o início de um novo período na história da França: a era napoleônica (1799-1815). Com sua política expansionista, Napoleão conquistou grande parte da Europa, ampliando muito a extensão do território francês. A nova realidade política repercutiu nos arquivos. Segundo Fonseca (2005:41), "a partir de 1808 foram promulgadas leis tornando obrigatória a transferência para Paris dos arquivos dos países dominados e dos territórios anexados ou ocupados, o que levou a uma concentração arquivística sem precedentes".

Essas leis, associadas ao já grande número de documentos oriundos de instituições extintas pelo governo revolucionário e concentrados no Arquivo Nacional da França, bem como o aumento e a diversificação de usuários, terão forte repercussão no processo de formulação teórica da área. Identifica-se no final do século XVIII o nascimento do conceito de arquivo histórico em detrimento da ideia que vigorara até então, de que os arquivos públicos estavam a serviço da administração. O século seguinte reforça a percepção histórica dos arquivos à medida que inaugura o reinado do historicismo, o qual, segundo Silva e colaboradores (1999:114),

> é o período em que os arquivos se tornam autênticos laboratórios do saber histórico, e a atividade dos arquivistas se converte numa verdadeira disciplina auxiliar da história, com a designação de arquivologia. Tal como a paleografia e a diplomática, aquela limita-se a um estatuto de evidente submissão.

Segundo Rumschöttel (2001:145), no final do século XVIII e início do XIX, os arquivos mudam, de "arsenais de direitos e reivindicações legais, para depósitos de fontes para a pesquisa histórica". Isso significou "uma crescente mudança de gravitação da missão legal para a histórica, de um instrumento de governo para um lugar de pesquisa".

A partir da Revolução Francesa e até o início do século XX, a arquivologia se perde um pouco no processo de autonomização em relação à paleografia, à diplomática e à história. Sob a influência dos historiadores, os documentos eram organizados em grandes temas, de tal maneira que "o documento de arquivo era considerado por seu valor intrínseco, independentemente do seu contexto" (Duchein, 1986:15).

Foi justamente para corrigir essa prática descontextualizadora de organização dos arquivos que se emitiram as chamadas "Instruções para a ordenação e classificação dos arquivos departamentais e comunais". Essas instruções foram formuladas pelo arquivista e historiador francês Natalys de Wailly e promulgadas por meio da circular nº 14, de 24 de abril de 1841, do Ministério do Interior da França. Por elas, ficou estabelecido o chamado "princípio do respeito aos fundos", ou "princípio da proveniência", que mudou para sempre a história da arquivologia. Segundo esse princípio, a organização dos arquivos deveria seguir as seguintes orientações:

> 1) Reunir os diferentes documentos por fundos, isto é, reunir todos os documentos provenientes de um organismo, estabelecimento, família ou indivíduo, e dispor os diferentes fundos em uma determinada ordem; 2) classificar os documentos em cada fundo, por assunto, atribuindo a cada um uma classe particular; 3) ordenar os assuntos, conforme o caso, segundo uma ordem cronológica, topográfica ou simplesmente alfabética. [...] Em relação ao respeito aos fundos, importa entender bem que este consiste em reunir todos os documentos que pertenceram a um mesmo estabelecimento, organismo ou família, e que os documentos que apenas se refiram a eles não devem ser confundidos com os fundos desse estabelecimento, organismo ou dessa família [Wailly, apud Silva et al., 1999:107].

Vivas Moreno (2004:86) resume assim o princípio em questão:

> De forma simplista, mas com consequências formidáveis, o princípio afirma, por um lado, que os documentos provenientes de uma procedência devem estar reunidos e sem misturar-se com os de outra procedência, e, por outro, que tais documentos devem se manter ordenados naturalmente, isto é, respeitando a funcionalidade e a organização institucional.

As críticas que se seguiram à formulação de Wailly foram respondidas por ele:

> A classificação geral por fundos é a única verdadeiramente capaz de assegurar o pronto cumprimento de uma ordem regular e uniforme [...]. Se, em lugar desse método, fundamentado, por assim dizer, na natureza das coisas, se propõe

uma ordenação teórica [...], os arquivos cairão em desordem difícil de remediar [...]. Em qualquer outro tipo de classificação que não seja por fundos, corre-se o grande risco de não se saber onde encontrar um documento [Desjadirns apud Duchein, 1986:16].

O princípio do respeito aos fundos é considerado por Duchein (1982:16) "uma reviravolta na história da arquivística". O autor ainda destaca o que esse princípio se antecipa ao estruturalismo de Saussure. Entretanto, autores como Heredia Herrera, Lodoline, Duranti e Brennecke consideram que a emissão de leis voltadas para a proteção do contexto dos documentos, ou sua simples aplicação prática, data de anos anteriores às instruções de Wailly. Para Brenneke, por exemplo, o princípio da proveniência já havia sido defendido por Philip Ernst Spiers em *Von Archiven*, de 1777 (Silva et al., 1999).

Em relação ao princípio da ordem original, há entendimentos diferentes sobre sua origem. Para os autores portugueses, ele tem raízes na necessidade de aperfeiçoar o princípio da proveniência, uma vez que, na prática, "o fundo era considerado uma entidade indivisível, mas sua organização interna ficava sujeita a critérios alheios à respectiva organicidade". Em 1867, Franceso Bonaini proclamou "o respeito pela ordem original, com base na história de cada instituição", sendo sua aplicação regulamentada entre os anos de 1874 e 1875 (Silva et al., 1999:108). Já para Duchein, o princípio da ordem original, que reconhece como um "princípio corolário", ou seja, decorrente do princípio da proveniência, "foi identificado como *Strukturprinzip* pelos arquivistas alemães do Arquivo Real da Prússia por volta de 1880" (Duchein, 1992:19). Mas em que consistiria afinal o princípio da ordem original? Segundo Bellotto (2005:131), significava "respeitar a ordem estrita em que os documentos vieram da repartição de origem".[23]

---

[23] Nesse momento julgamos importante esclarecer que a questão sobre a existência ou não de dois princípios básicos para a arquivologia, ou seja, o do respeito aos fundos e o da ordem original, não se insere no escopo deste livro. Entretanto, reconhecemos que o tema, tratado com alguma frequência na literatura arquivística internacional, necessita de aprofundamento por parte dos autores brasileiros.

Segundo Duchein (1992:19), "pode-se dizer verdadeiramente que a moderna ciência arquivística [...] começou com esses dois princípios básicos da proveniência e da ordem original". Da mesma maneira, Duranti (1996a:4) entende que "esses dois princípios, proclamados formalmente como normas jurídicas se tornaram o *cor* histórico da ciência arquivística". Contudo, Duranti vê na formalização dos dois princípios como "normas jurídicas" uma conotação de desenvolvimento da área de fora para dentro e em estreita conexão com as funções do Estado, as quais incluem os arquivos. Afinal, os princípios se referem diretamente ao órgão produtor de documentos, às suas funções e atividades, bem como aos funcionários e cidadãos que com eles interagem. Assim, segundo Duranti (1996a:5): "Especificamente na Alemanha, Itália e França, mas em geral em toda a Europa, o conceito de Estado constitui o elemento catalisador que permitiu a evolução da ciência arquivística num sistema orgânico e unitário".

Jardim (1999:46) é mais enfático ao considerar que, "se os arquivos configuram uma escrita do Estado, a arquivologia é um saber de Estado. [...] Resultado do Estado europeu do século XIX, a literatura da área aponta-nos para uma arquivologia com forte caráter de saber do e para o Estado".

Ainda para Duranti, o cenário tende a mudar a partir do final do século XIX e início do XX, quando

> começou a surgir a ideia de que a ciência arquivística tinha que buscar seu propósito ou foco dentro do seu próprio horizonte, e não do lado de fora, e operar como um sistema autossuficiente, completamente livre de influências políticas, jurídicas ou de concepções culturais [Duranti, 1996a:5].

Os primeiros sinais dessa mudança são percebidos ainda na primeira metade do século XIX, mais precisamente na correspondência entre o arquivista italiano Francesco Bonaini e o diplomacista e historiador prussiano Johan Friedrich Bohmer, em 1849 e 1850, na qual se faz a primeira menção de que se tem notícia sobre a existência de um corpo de ideias arquivísticas. Segundo Duranti (1993:9), a correspondência "refere-se claramente à 'ciência dos arquivos', e apresenta-a como um corpo de conhecimento autônomo. Discorre sobre ideias do que seja um material arquivístico, como trabalhá-lo, e discute a aplicação dessas ideias à prática arquivística".

Outro fato interessante são as primeiras ponderações sobre as diferenças entre o material arquivístico e o bibliográfico, bem como as técnicas de gestão aplicadas a cada um, que aparecem na correspondência de Bonaini com o bibliotecário do Museu Britânico, Antonio Panizzi. Essa correspondência, datada de 1867, ao mesmo tempo que fazia "a primeira conexão entre a ciência arquivística e bibliográfica, proclamou claramente a separação de ambas e certamente teve influência no desenvolvimento separado que se seguiu a partir daí" (Duranti, 1993:10).

Entretanto, o que se acredita ser o marco da virada das práticas arquivísticas para uma área do conhecimento propriamente dita é a obra conhecida como *Manual dos arquivistas holandeses*. Em 1895, a Associação dos Arquivistas Holandeses, a primeira do mundo, criada em 1891, instituiu uma comissão a fim de elaborar diretrizes para arranjo e descrição dos documentos dos arquivos daquele país. A comissão era integrada por Samuel Muller, Johan Feith e Robert Fruin, que por sete anos redigiram, discutiram e revisaram as diretrizes em encontros pessoais e, o que era mais frequente, por escrito (Horsman et al., 2003).

Em 1898, o livro é finalmente concluído e publicado pela Associação sob o título *Handleiding voor het ordenen en Beschrijven van Archieven*, ou, em tradução literal, "Manual para organizar e descrever arquivos". Alguns anos mais tarde, em 1907, Muller faria o seguinte comentário sobre o trabalho realizado:

> a edição do livro, para a qual cada um de nós [...] trouxe novos elementos em animadas discussões, gradualmente e sem esforço, avançou; de maneira quase imperceptível o livro cresceu e adquiriu forma. Consequentemente, o trabalho árido foi para nós uma atividade estimulante, sem o menor desconforto, uma tarefa que nos deixou a todos com as mais fraternas lembranças [Horsman et al., 2003:256].

O *Manual dos arquivistas holandeses* alcançaria grande repercussão internacional. Entretanto, cumpre registrar o alerta de Horsman e colaboradores (2003:249, 255) quanto ao equívoco de se pensar que ele "saiu do nada", ignorando-se os estudos teóricos anteriores empreendidos por Gratama e pelo próprio Muller, os quais foram em grande parte incorporados à obra.

A primeira tradução do *Manual dos arquivistas holandeses* foi para o alemão, em 1905, e apresentava algumas alterações feitas pelos próprios autores. Em seguida vieram as edições em italiano, feita no ano de 1908, a partir da versão alemã, e em francês, datada de 1910, vertida diretamente do holandês, mas incorporando as alterações em alemão.

Em 1920, uma nova edição do *Manual* foi publicada na Holanda. Entretanto, durante o processo de revisão dessa edição, Feith já havia falecido, e Muller e Fruin foram incapazes de conciliar seus diferentes pontos de vista, de tal maneira que a associação decidiu simplesmente que se reimprimisse a versão original. As únicas alterações feitas foram correções de alguns erros da primeira edição e o acréscimo de um índice. Isso significa que as emendas apresentadas à versão alemã não foram incorporadas à segunda edição holandesa (Horsman et al., 2003). Em 1940, foi a vez da publicação do *Manual* em inglês. A versão foi feita a partir da segunda edição de 1920, portanto, sem as alterações da versão alemã. Quanto à publicação em português, esta foi promovida no Brasil pelo Arquivo Nacional, em edições de 1960 e 1973, a partir da versão inglesa, também sem as emendas da tradução alemã (Horsman et al., 2003). O *Manual dos arquivistas holandeses* foi ainda traduzido para outros idiomas, como chinês e russo, o que só faz reforçar o caráter científico da obra, que desfruta de grande prestígio no meio arquivístico. Segundo Fonseca (2005:32):

> a maioria dos autores considera a publicação do manual escrito em 1898 pelos arquivistas holandeses S. Muller, J. A. Feith e R. Fruin o marco inaugural do que se poderia identificar como uma disciplina arquivística, como um campo autônomo de conhecimento.

Já Duranti (1996a:5) entende que:

> o trabalho dos três arquivistas holandeses deve ser considerado o primeiro tratado arquivístico científico. Sua aplicabilidade universal foi claramente percebida por arquivistas contemporâneos e futuros, como demonstrado pelas traduções feitas por mais de sessenta anos desde sua primeira edição.

Finalmente, para Terry Cook (apud Horsman et al., 2003:269) o *Manual dos arquivistas holandeses* é "muito importante precisamente porque codificou pela primeira vez a teoria arquivística europeia e enunciou uma metodologia para tratamento dos arquivos que influenciou enormemente nossa teoria e prática coletiva".

No mesmo patamar do *Manual dos arquivistas holandeses*, Duranti situa o livro de Hilary Jenkinson, *Um manual de administração de arquivos*, publicado em 1922. A obra foi considerada por Casanova "o mais completo texto geral sobre o assunto" (Casanova, apud Duranti, 1996a:5). Pouco tempo depois, em 1928, o próprio Casanova publicou seu *Manual de arquivística*, no qual, segundo Duranti (1996a), o termo arquivística é usado pela primeira vez para se referir exclusivamente à área nascente.

De acordo com Duranti, à publicação desses manuais seguiu-se a produção de muitos textos, bem como a proliferação de cursos e escolas de arquivologia:

> Por volta de 1940, todas as ideias teóricas sobre materiais e funções arquivísticas que constituem o fundamento da ciência arquivística já se encontravam formulados e repetidamente articulados. Os conceitos de (1) arquivos como *universitas rerum,* isto é, um todo indivisível e inter-relacionado de ações do seu criador; (2) documentos arquivísticos como meios, resíduos e evidências naturais, imparciais, autênticos, interdependentes e únicos das atividades do seu criador; (3) a relação orgânica como o elo original e necessário entre os documentos arquivísticos, determinado pelas funções, competências e atividades que os geram; e (4) o trabalho arquivístico essencialmente centrado no respeito e na preservação dos fatos evidenciados pelos documentos, da integridade física e intelectual dos

próprios documentos, da sua proveniência e ordem, da sua capacidade de servir como evidência e garantir responsabilidade administrativa, legal e histórica, e do seu caráter de fontes para todo uso, interesse e pesquisa, eram em geral conhecidos e universalmente compartilhados [Duranti, 1996a:6].

Os anos de 1953 e 1956 registram a publicação de mais dois manuais importantes: *Archivkunde*, de Adolf Brenneke, publicado após sua morte, e *Arquivos modernos*, de Theodore Shellenberg. Para Tognolli (2010:22) "é através dos manuais que a arquivística firmar-se-á como disciplina, libertando-se da posição meramente auxiliar a que tinha sido submetida pelo historicismo do século XIX".

Observamos entre alguns autores mencionados que, enquanto Duchein e Duranti usam o termo "ciência arquivística" para se referir à arquivologia, Fonseca e Tognolli preferem a designação "disciplina". O fato pode revelar certa resistência em se qualificar a arquivologia como ciência. Consideremos, pois, a questão.

"No final do século XIX, a arquivologia era consistentemente considerada uma *ciência autônoma*, embora isso não significasse que o conceito não encontrasse alguma resistência" (Duranti, 1993:10). Como exemplo, a autora cita o sentimento de frustração demonstrado em 1917 pelo professor da escola de arquivologia de Milão, Giovanni Vittani (apud Duranti, 1993:10), ao dizer que "alguns eruditos ainda são de opinião de que algumas áreas do conhecimento, em especial a história, compreendem a ciência arquivística, exatamente como no caso de um todo maior contendo um menor". Em seguida, afirma Duranti (1993:10):

> Dizer que a arquivologia é uma ciência é o mesmo que dizer que ela compreende uma teoria e uma metodologia. Se *teoria* é definida como o conhecimento derivado da análise de ideias fundamentais, a *teoria arquivística* é a análise das ideias arquivísticas sobre a natureza do material com o qual trabalha. Análise envolve examinar o significado de cada ideia, determinando o que ela é e a que se refere. Essa análise de ideias sobre em que consiste o material arquivístico fornece ideias subsidiárias sobre como tratar esse material. Estas últimas podem ser

distinguidas das primeiras chamando-as de metodologia. O termo *ciência* é útil porque geralmente é dividido em aspectos puro e aplicado. O lado puro compreende ideias metodológicas e teóricas, enquanto o aplicado engloba os muitos usos feitos dessas ideias em situações reais. Arquivistas geralmente chamam essas aplicações de prática. Assim é que teoria, metodologia e prática constituem juntas a ciência dos arquivos pura e aplicada.

Duranti reconhece a arquivologia como ciência na medida em que é dotada de teoria e metodologia, sendo ainda composta por um lado puro e um aplicado. Ocorre, porém, que a mesma autora também vê a área como uma disciplina. No seu entendimento (Duranti, 1993:11), sempre que um estudioso dos arquivos analisa uma dada realidade à luz dos fundamentos teóricos e metodológicos da arquivologia, ele adquire e dissemina conhecimento arquivístico, e, justamente por isso, "a arquivologia é tanto uma disciplina quanto uma ciência". Em outras palavras, a disciplina arquivística é uma forma de estudo, com metodologia própria, que se utiliza da ciência arquivística para construir conhecimento. A mesma autora recapitula assim a questão:

A ciência arquivística é um corpo de conhecimento sobre a natureza e as características dos arquivos e do trabalho arquivístico sistematicamente organizado em teoria, metodologia e prática. A teoria arquivística é o conjunto de ideias que os arquivistas detêm sobre *o que* é um material arquivístico; a metodologia arquivística é o conjunto de ideias que os arquivistas detêm sobre *como* tratá-lo; e a prática arquivística é a aplicação das ideias teóricas e metodológicas à realidade, a situações concretas. A ciência arquivística constitui o fundamento da disciplina arquivística, a qual engloba as regras de procedimento que disciplinam a pesquisa acadêmica e o conhecimento daí adquirido [Duranti, 1996a:1, grifos no original].

Ainda para Duranti (1993:11), ciência e disciplina arquivísticas consistem "num corpo específico de uma profissão", no caso a profissão de arquivista. Essa profissão é altamente dinâmica, uma vez que o profissional de arquivos lida com materiais que são, na verdade, fruto de diferentes governos e culturas:

A prática arquivística é sempre confrontada com problemas que não podem ser resolvidos por meio da teoria, metodologia e prática da ciência ou disciplina, simplesmente porque esses problemas não têm nem uma natureza científica nem acadêmica, mas pertencem à categoria da ética, da administração e da política.

A autora reflete também sobre a possibilidade de um entendimento da arquivologia como arte ou como metadisciplina, o que demonstra a complexidade e o caráter inesgotável do tema. Em que pese tal realidade, Angelika Meene-Haritz (1998:9) não hesita em declarar de maneira contundente que "a questão não é mais se há uma ciência arquivística ou não, mas se nós precisamos dela — e, sim, nós precisamos. Se tal ciência já não existisse, teríamos de havê-la criado".

De volta à retrospectiva histórica da arquivologia, Fonseca (2005:43-44) entende como uma "ruptura que se estabelece ao se inaugurarem as práticas denominadas *records management* ou gestão de documentos", nos Estados Unidos, a partir do fim da década de 1940. Em primeiro lugar, cabe indagar por que "ruptura"?

Antes de responder essa pergunta, é preciso esclarecer que o tema da gestão de documentos foi brilhantemente estudado por Fonseca (2005) e Indolfo (2008), de maneira que sua abordagem nesse momento soaria repetitiva. Preferimos considerar a questão a partir de um ângulo não explorado pelas autoras, o dos diferentes desdobramentos profissionais que o conceito assume nos Estados Unidos e na Europa.

Apresentemos primeiramente um conceito de gestão de documentos.

Segundo o *Dicionário brasileiro de terminologia arquivística* (Brasil, 2005:100), gestão de documentos é o "conjunto de procedimentos e operações técnicas referentes à produção, tramitação, uso, avaliação e arquivamento de documentos em fase corrente e intermediária, visando a sua eliminação ou recolhimento". Pode-se deduzir daí que a atuação do arquivista se dá já na gênese dos documentos, desde o momento da sua criação. Entretanto, Llansón Sanjuan (1993:28) nos alerta para o fato de que, "nos países de tradição anglo-saxônica, a gestão de documentos [...] constitui uma profissão diferente da do arquivista, com treinamento e formação específicos, associações profissionais independentes e certificação própria".

Encontramos aí um dos aspectos da ruptura de que nos fala Fonseca. O novo conceito teria levado a uma cisão profissional, com os arquivistas de um lado e os chamados gestores de documentos (*records managers*) de outro. Os primeiros seriam responsáveis pelos documentos de valor permanente depositados nas instituições arquivísticas (*archives*). Já os segundos atuariam junto aos órgãos produtores de documentos e, portanto, na fase corrente e intermediária (*records*).

Duranti (1989) julga essa dicotomia uma realidade tipicamente americana e bem diferente da europeia, mais precisamente dos países românicos.[24] No texto "A odisseia dos gestores de documentos", ela apresenta um histórico da profissão, desde as civilizações antigas até os dias atuais. Por suas reflexões, apreende-se que, fora do mundo anglo-saxão, arquivistas e gestores de documentos sempre tiveram a mesma função e, consequentemente, a mesma identidade.

Na Antiguidade, como se viu, os arquivos visavam atender exclusivamente à administração, logo, as pessoas deles encarregadas, então denominadas zeladores de documentos (*records keepers*), podem ser vistas como os gestores da época. Nesse contexto, a não diferenciação entre documentos correntes e permanentes na Grécia Antiga, por exemplo, segundo Duranti (1989:36) era:

> muito natural[,] se considerarmos que o escritório de documentos era responsável por todos os documentos produzidos pelos cidadãos: todos os documentos eram guardados porque ninguém podia assumir a responsabilidade de decidir se o criador de cada documento não ia mais precisar dele. Assim, todos os documentos eram provavelmente considerados correntes de forma permanente.

A Idade Média é apontada por Duranti como o período de maior desenvolvimento das mais criativas funções da gestão de documentos, "o controle da criação de documentos e a determinação das formas docu-

---

[24] Países europeus que falam línguas derivadas do latim como, por exemplo, França, Itália, Portugal e Espanha.

mentais". A autora esclarece que tal desenvolvimento não se deveu "propriamente à intervenção dos gestores de documentos, mas aos tabeliães". É dessa época, por exemplo, a forma padrão de criação de documentos com três partes: "introdutória (*protocolo*), central (*texto*) e conclusiva (*escatocolo*)" (Duranti, 1989:42).

A criação do Arquivo Nacional da França, em 1789, e seu posterior reconhecimento como instituição de interesse público, determinou para sempre a separação entre os comumente chamados arquivos administrativos dos arquivos históricos. Isso porque, após esse reconhecimento, os documentos anteriores à Revolução Francesa foram concentrados no Arquivo Nacional e nos arquivos regionais e abertos ao público. Já os documentos correntes, criados pela nova administração, foram mantidos nos seus respectivos escritórios e considerados secretos. O fato, segundo Duranti (1989:50), "determinou uma distinção material e teórica entre arquivos administrativos e históricos, a qual se faz ainda presente nos países românicos e corresponde à distinção alemã entre *registratur* e *archiv*, e à distinção anglo-saxônica entre *records* e *archives*. Os arquivos históricos ficaram a cargo de estudiosos com boa formação humanista. Entretanto, eles receberam a mesma denominação daqueles que atuavam nos arquivos das administrações: arquivistas.

A nova concepção dos arquivos pós-Revolução Francesa, as vertentes administrativa e histórica, foi difundida na Europa sob o domínio de Napoleão. O fato, associado à característica centralizadora da burocracia napoleônica e à crença da época de que o conhecimento humano podia ser classificado, levou à padronização de práticas arquivísticas como, por exemplo, a adoção de planos de classificação nos arquivos administrativos. De acordo com Duranti (1989:52), "no final do século XIX e início do XX, os métodos de gestão de documentos estavam estabelecidos num número de códigos de procedimentos e, algumas vezes, de legislação específica para documentos das administrações governamentais".

Enquanto isso, os arquivos históricos, tendo à frente os *scholars*, seguiam sua vocação de disponibilizar fontes para a pesquisa.

Esta, pois, é a realidade arquivística europeia no que diz respeito ao tema gestão de documentos: da existência de uma vertente única de arquivos voltados para a administração, a partir da Revolução Francesa, passa-se à implantação de duas vertentes arquivísticas, a administrativa e a histórica. O fato determina o aparecimento de perfis profissionais diferentes, sendo um mais burocrático e o outro mais acadêmico. Entretanto, prevalece a percepção clara de um fluxo contínuo de documentos e de uma mesma profissão, a de arquivista.

Segundo Duranti (1993:13), "a ciência arquivística se desenvolveu na Europa incluindo a gestão de documentos". A autora relembra que os tratados arquivísticos dos séculos XVI e XVII "estão cheios de orientações quanto à criação, arranjo e descrição de documentos correntes (Duranti, 1998:32)". E considera ainda que:

> essencial para a compreensão do contexto dos documentos é o conhecimento sobre como os documentos são produzidos, usados, mantidos, recuperados e eliminados por seu produtor. [...]. Entretanto, esse estudo não foi e não é chamado de gestão de documentos no continente europeu porque seus conceitos, métodos e práticas eram e ainda são, na Europa, parte integrante da ciência arquivística.

Essa realidade tende a se replicar nos países da América Latina, os quais sofreram influência arquivística dos países românicos. Entretanto, na América do Norte a situação é diferente. Duranti (1989:53) explica a razão:

> Porque a América do Norte começou a organizar sua estrutura burocrática depois da Revolução Francesa, e o espírito pioneiro favoreceu o desenvolvimento de práticas independentes, o Novo Mundo não sofreu o peso das velhas tradições e hábitos que haviam sido incorporados nas máquinas burocráticas das nações europeias. Além disso, a população da América do Norte era basicamente de origem anglo-saxônica e herdou a concepção jurídica fundamental de delegação de poder, a qual era o oposto da ideia de uma administração centralizada e uniforme, que controlava de maneira policialesca todos os aspectos da vida individual. E temos de lembrar que a Inglaterra permaneceu intocada pela Revolução Francesa e pelo Império Napoleônico, e seus sistemas de gestão

de documentos eram um desenvolvimento natural daqueles dos séculos XVI e XVII, os quais [...] eram muito mais flexíveis e abertos a inovações do que os da Europa continental no século XIX.

Livre, pois, da herança burocrática dos países românicos, a América do Norte, mais precisamente os Estados Unidos, foi criando seus próprios mecanismos de controle documental. Com o aumento exponencial do volume de documentos principalmente a partir da II Guerra Mundial, os americanos tiveram que mudar sua maneira pragmática de lidar com a questão e adotar uma abordagem mais consistente. Criaram assim a versão americana do arquivista responsável pelos arquivos administrativos ou, para ser mais preciso do ponto de vista terminológico, pelos arquivos correntes e intermediários, isto é, criaram a figura do gestor de documentos (*records manager*).

Por tudo isso, identificamos na gestão de documentos um marco importante na história da arquivologia. Embora, como mostrado por Duranti, o conceito em questão tenha se revelado uma novidade apenas no Novo Mundo, ele marcou definitivamente a diferença de atuação do profissional de arquivos nas distintas fases dos documentos arquivísticos, corrente, intermediária e permanente ou histórica, independentemente da denominação que o profissional tenha em cada país, arquivista ou gestor de documentos.

Na segunda metade do século XX, registra-se um novo marco na história da arquivologia. Nesse momento, a área apresenta-se bastante estruturada e é definida por Duranti e MacNeil (1996:47) como "um corpo de conceitos e métodos voltados para o estudo de documentos arquivísticos no que se refere a suas relações documentais e funcionais e à maneira pela qual são controlados e comunicados". Nesse período de reconhecida autonomia como área do conhecimento a arquivologia redescobre a diplomática e a ela se reassocia, para melhor gerir os documentos arquivísticos da moderna burocracia, em especial os digitais. É exatamente essa reassociação, ocorrida a partir da década de 1980, que consideramos um novo marco na trajetória da área.

Cabe registrar que a segunda metade do século XX acusa também o nascimento da chamada arquivística pós-moderna, a qual é vista por muitos como paradigmática em relação aos estatutos epistemológicos arquivísticos. O tema foi abordado de maneira competente por Fonseca (2005) e Tognolli (2010), por isso não será retomado neste livro.

No nosso entendimento, a reassociação da diplomática com a arquivologia constitui importante marco na trajetória de ambas as áreas. É fato, porém, que tal reassociação tem gerado alguns equívocos quanto a suas reais dimensões, os quais merecem alguma atenção.

Diplomática, arquivologia ou diplomática arquivística contemporânea?

A diplomática e a arquivologia se entrelaçam quanto à história e ao objeto de estudo. Enquanto a segunda é uma extensão da primeira (MacNeil, 2000), ambas têm no documento arquivístico seu foco principal. Entretanto, há nesse foco uma nuance fundamental: a diplomática vê os documentos arquivísticos como entidades individuais, enquanto a arquivologia os vê como agregações (Duranti e MacNeil, 1996). É esse componente orgânico dos arquivos que a arquivologia oferece à diplomática quando ambas se reassociam a partir do século XX. Nessa reassociação dá-se o complemento perfeito no qual a diplomática cuida da gênese, dos elementos de forma e do status de transmissão (minuta, original e cópia) do documento; e a arquivologia trata de contextualizá-lo, classificá-lo, temporalizá-lo, descrevê-lo e preservá-lo.

Esse movimento interdisciplinar ganhou força no Canadá inglês, onde, como foi registrado, a professora Duranti publicou uma série de artigos sobre o tema. A esses artigos sucederam-se projetos de pesquisa coordenados por ela, nos quais princípios e métodos das duas áreas do conhecimento são aplicados aos documentos digitais. A iniciativa deu origem à denominação "diplomática arquivística contemporânea", que tem sido adotada por vários autores. Porém, a própria mentora desses estudos e projetos não aprova a denominação. A razão para isso foi explicada pela própria Duranti em mensagem eletrônica enviada em 11 de setembro de 2009, quando esclareceu que diplomática arquivística contemporânea significa simplesmente que fazemos uso do conhecimento arquivístico para enriquecer o corpo de conhecimento da diplomática e fazê-lo crescer. [...] Não estou feliz com esse termo porque toda disciplina usa as ideias originárias de outras disciplinas para crescer, mas essas ideias são trazidas para alimentar seus conceitos e objetivos próprios. Na verdade estou voltando para o termo diplomática. *A disciplina deve ser chamada simplesmente de diplomática* [grifos nossos].

Na mesma mensagem, Duranti esclarece que, "no máximo, podemos separar a diplomática clássica da contemporânea e, dentro dessa última, identificar (como diplomática especial) a diplomática digital, mas, é só isso".

Pela explicação de Duranti, entende-se seu cuidado em esclarecer que a recente reassociação da diplomática com a arquivologia não significa o estabelecimento de uma relação transdisciplinar,[25] pela qual duas áreas se associam e geram uma terceira. Ao contrário, resulta no fortalecimento dos laços interdisciplinares dessas duas áreas do conhecimento.

Assim, iremos aqui deixar de lado a denominação "diplomática arquivística contemporânea", usada por nós em estudos anteriores, e passaremos a adotar simplesmente os termos arquivologia e diplomática para nos referir às duas áreas.

A reassociação da arquivologia com a diplomática do fim do século XX adentrou o século XXI e segue gerando muitos frutos teóricos, metodológicos e práticos no âmbito dos documentos arquivísticos digitais. É o que se verá mais claramente no capítulo 4 deste livro, que trata exclusivamente dos documentos gerados em computador.

---

[25] Segundo Japiassu (1976, apud Pinheiro), e com base em Piaget, a transdisciplinaridade seria uma etapa posterior e até superior à interdisciplinaridade, ou seja, "não se contentaria em atingir interações ou reciprocidade entre pesquisas especializadas, mas situaria essas ligações no interior de um sistema total, sem fronteiras estabelecidas entre as disciplinas".

3

Documento arquivístico, o que é?

Passemos agora à difícil e inesgotável tarefa de analisar o conceito de documento arquivístico a partir de obras e autores consagrados, que vão desde o *Manual dos arquivistas holandeses*, no século XIX, aos estudiosos contemporâneos. O percurso exigiu que se tomassem atalhos, optando-se por uma abordagem seletiva e não exaustiva do tema. O critério de seleção foi o grau de contribuição dos autores e seus escritos para a consolidação do conceito de documento arquivístico. Portanto, há que registrar a possível ocorrência de omissões involuntárias.

As implicações inerentes ao ato de conceituar já foram devidamente registradas no capítulo 1, relativo às variações conceituais dos termos documento e informação no âmbito da ciência da informação e da arquivologia. Sobre tais implicações, cabe reapresentar as palavras de Yeo (2007:317, 319), para quem "definições podem não oferecer verdades irrefutáveis, [...] mas são úteis para demonstrar como conceitos são percebidos e compreendidos pela comunidade profissional na qual são empregados".

Como Yeo, Heredia Herrera (2007:19) considera que

> Nós arquivistas, à força de buscar dimensão científica, temos que defender o rigor terminológico sobre o qual sustentar nossa disciplina, e isso não impede a riqueza e diversidade de um vocabulário, desde que fundamentado, e que, no entanto, permita a unidade dos conceitos.

A mesma autora, após exaltar a importância de uma precisão terminológica que "nos leve a um uso adequado que impeça a confusão ou o equívoco", alerta para o fato de que essa precisão "não há de supor imobilismo".

É, pois, nesse contexto de busca de harmonia entre o rigor terminológico e o dinamismo próprio do conhecimento científico, que se desenvolve este capítulo.

Antes, porém, de dar voz aos autores aqui analisados, deve-se esclarecer o uso preferencial que fazemos aqui, e em especial neste capítulo, do termo "documento arquivístico" em detrimento do consagrado "documento de arquivo".

O uso do termo "documento de arquivo" é comum no cenário arquivístico dos países de língua latina, entre os quais o Brasil. Já o termo documento arquivístico (*archival document* ou *record*) é próprio dos países de língua inglesa. Tal realidade por si só já justificaria a opção por documento de arquivo. Ocorre, porém, que, no nosso entendimento, o adjetivo "arquivístico" identifica mais adequadamente a entidade em questão, à medida que lhe atribui uma qualidade: a entidade é *arquivística*. E por que o é? Por sua própria natureza, ou melhor, porque é produzida ou recebida no decorrer das atividades de uma pessoa física ou jurídica. Já o termo "documento de arquivo" possui mais uma conotação de lugar: o documento *está no arquivo*. E por quê? Porque ali foi colocado.

Em apoio à nossa argumentação, registramos as ponderações de Heredia Herrera (2007) segundo as quais um documento de arquivo não precisa estar num arquivo para existir. Já o arquivo como instituição de guarda de documentos arquivísticos não existe sem eles. Outro apoio vem de Duranti, que em "Archives as a place" aborda a questão dos arquivos como um lugar (*place*) que conferia autenticidade ao documento ali depositado justamente pela sua natureza arquivística. Finalmente, recorremos a Jenkinson (1947:4) para quem "arquivos são documentos com uma qualificação".

Em que pese todas essas considerações, cumpre registrar que não defendemos a supressão de "documento de arquivo" em favor de "documento arquivístico". No nosso entendimento, ambos estão corretos; apenas consideramos o segundo mais preciso na identificação do objeto da arquivologia. Trata-se, pois, apenas de um novo olhar, e nisso somos estimulados pelas já mencionadas palavras de Yeo e Heredia Herrera a propósito do dinamismo dos conceitos.

Enfim, cabe registrar a utilização do termo "arquivo" ou "arquivos" por parte de alguns autores no ato de conceituar o objeto da arquivologia. A questão implica a necessidade de reflexões terminológicas que serão abordadas adiante, a partir das considerações de Lodolini.

O que dizem os clássicos

A literatura arquivística, em nível internacional, do fim do século XIX ao início da segunda metade do século XX, é marcada por obras consideradas verdadeiros clássicos da área. Encontram-se nessa categoria o *Manual dos arquivistas holandeses* (1898); *Um manual de administração de arquivos*, de Hilary Jenkinson (1922); *Arquivística*, de Eugênio Casanova (1928); escritos de Giorgio Cencetti como *Sobre o arquivo como conjunto de coisas* (1937); *Arquivo*, de Adolf Brenneke[26] (1953) e, finalmente, *Arquivos modernos*, de Schellenberg (1956).

O Manual dos arquivistas holandeses

O *Manual dos arquivistas holandeses* é considerado um divisor de águas na trajetória da arquivologia como área do conhecimento autônoma. Segundo a Associação dos Arquivistas Holandeses (1973:13):

> Arquivo é o conjunto de documentos escritos, desenhos e material impresso recebidos ou produzidos oficialmente por determinado órgão administrativo ou por um de seus funcionários, à medida que tais documentos se destinavam a permanecer na custódia desse órgão ou funcionário.

---

[26] Na verdade, a obra consiste numa série de palestras proferidas por Brenneke e reunidas por Wolfgang Leesch (Schellenberg, 1956).

Uma vez apresentado o conceito, o qual constitui a primeira das 100 seções que integram o *Manual*, a Associação dos Arquivistas Holandeses (1973:14) julga necessário "lançar alguma luz sobre certos pontos" para melhor esclarecer o enunciado. Segue-se então a apresentação de nove tópicos para comentário, dos quais destacamos três.

O primeiro comentário coincide com o primeiro "ponto" levantado pelos holandeses, denominado "O conjunto", e se refere à acepção dos arquivos como conjunto de documentos. Por essa acepção entendemos que os autores expressam claramente a ideia de organicidade. Entretanto, chama a atenção o fato de esta ideia ter sido tratada no *Manual* separadamente do conceito de arquivo, chegando a integrar uma seção à parte (seção 2). Ali, a Associação (1973:18) reitera sua visão do arquivo como "um todo orgânico, um organismo vivo que cresce, se forma e sofre transformações". O estranhamento quanto à separação foi registrado por Horsman e colaboradores (2003:261), para quem:

> a regra do todo orgânico não é muito feliz como uma seção separada, dado que é uma consequência lógica da definição anterior. [...] Muller assentiu muito relutantemente à proposta de Fruin de uma seção 2. Mais tarde, parece que Fruin, como suas notas de aula para a Escola de Arquivos dos anos de 1920 demonstram, lamentou o fato: "Esta seção é na verdade supérflua", ele disse.

Ainda sobre a acepção de conjunto dos arquivos, destacamos a seguinte ressalva do *Manual*: "Caso, porém, um único papel do arquivo se tenha preservado, este documento constitui o arquivo e é, por si mesmo, um todo" (1973:14). Por essa ressalva entendemos que, assim como a Associação apresentou seu conceito a partir de um termo que expressa claramente a ideia de conjunto, isto é, "arquivo", também poderia tê-lo feito com base em uma só unidade desse conjunto, ou seja, o "documento arquivístico". Outro aspecto é que a observação dos holandeses pode iluminar arquivistas responsáveis por arquivos privados pessoais quanto ao dilema de se atribuir ou não a categoria arquivístico a acervos com pouco volume documental.

O segundo aspecto a comentar corresponde ao segundo "ponto" do *Manual holandês*, intitulado "Documentos escritos, desenhos e matéria impressa", e se refere às formas com que os documentos arquivísticos podem se apresentar. Essas formas são especificadas no conceito, o que, consequentemente, as restringe àquelas existentes na época da publicação da obra em questão. É bem verdade que a edição americana do *Manual*, de 1940, corrigiu a restrição com uma nota segundo a qual fotografias e outras formas documentais teriam sido incluídas no *Manual*, caso ele tivesse sido escrito naquele ano (Horsman et al., 2003). Entretanto, a edição holandesa apresenta-se restritiva no tocante à forma documental, chegando mesmo a reiterar que seu conceito "refere-se apenas aos documentos escritos, desenhos e matéria impressa. Outros objetos não podem formar parte do arquivo". Esses "outros objetos" compreendem os tridimensionais, isto é, "antiguidades e objetos similares" (Associação dos Arquivistas Holandeses, 1973:14-15).

O terceiro e último aspecto equivale ao quarto e quinto "pontos" do *Manual*, ou seja, respectivamente, aos itens "Recebidos por um órgão administrativo" e "Produzidos por um órgão administrativo". Ambos os itens reforçam o que nos parece latente já no enunciado do conceito, uma percepção da natureza dos arquivos como documentos resultantes de atividades desempenhadas apenas por pessoas jurídicas, ou seja, as pessoas físicas não são levadas em conta. A lacuna foi registrada por Horsman e colaboradores (2003:259), para quem as 100 regras da publicação "são aplicáveis a arquivos governamentais e àqueles estabelecidos por associações, fundações e companhias, e não a arquivos privados de famílias e pessoas. Os autores do *Manual* foram, repetidamente, responsabilizados por essa falha conceitual".

Diante dessa realidade, deve-se registrar que a frase "Às próprias pessoas privadas é dado possuírem arquivos", na página 19 da edição em português, favorece o entendimento de que tais pessoas correspondem a pessoas físicas. Entretanto, em mensagem eletrônica de 20 de julho de 2010, Ketelaar esclarece que, na versão em inglês, "pessoas privadas" equivale a *"private individuals"* e se refere a pessoas jurídicas ("um comerciante, assim como uma sociedade ou uma empresa").

Como a questão da natureza do documento arquivístico permeará toda a pesquisa conceitual, é necessário, logo de início, distingui-la do princípio da proveniência. Por esse princípio cabe entender a pessoa física ou jurídica produtora de um conjunto documental específico. Já quando se fala da natureza dos arquivos, deve-se entender como eles se formam ou se originam, no âmbito de pessoas físicas ou jurídicas, independentemente de quais sejam.

Ainda no que tange ao terceiro aspecto, destacamos especificamente no item "Recebidos por um órgão administrativo" a parte relativa à questão dos "anexos". Observamos que, ao abordar o caso dos livros anexados aos documentos que entram numa instituição, a Associação dos Arquivistas Holandeses (1973:15) não hesita em considerá-los complementares ao documento escrito e, portanto, arquivísticos. Entretanto, chama a atenção para a conveniência de, "em eventualidade semelhante, sacrificar a teoria à prática" e enviá-los para a biblioteca, a qual consideram "seu repositório natural".

A título de recapitulação, classificamos as ideias centrais do conceito de documento arquivístico no *Manual dos arquivistas holandeses* segundo as seguintes categorias: organicidade, forma documental, natureza dos arquivos e a questão dos anexos.

A visão de Hilary Jenkinson

Na obra intitulada *Um manual de administração de arquivo*, de 1922, o arquivista inglês Hilary Jenkinson começa sua incursão sobre o conceito de documento arquivístico a partir da definição do termo documento. Entretanto, logo de saída (Jenkinson, 1922:5) adverte: "Em tempos modernos a palavra documento, a qual usamos na falta de outra melhor, é muito difícil de definir; [...] a linha entre documentos e o que em inglês é conhecido por objetos materiais não é fácil de ser traçada". Assim, após considerar a variedade de formas com que um documento pode se apresentar, Jenkinson (1922:5) entende que "não podemos dizer que um documento é alguma coisa que dá informação por escrito", e acaba por desistir de apresentar uma definição de documento. O autor então conclui que, nesse caso, a melhor opção "é ser dogmático" e considerar o termo a partir de sua acepção arquivística, a qual inclui:

> Todo manuscrito em qualquer suporte, todo texto produzido por máquinas de escrever e todo texto reproduzido mecanicamente por tipos, blocos e clichês: acrescentem-se a estes todas as evidências materiais que, contendo ou não sinais alfabéticos ou numéricos, são – ou presumidamente foram – parte ou anexos de documentos como os definidos anteriormente [Jenkinson, 1922:6].

Por essas palavras de Jenkinson observamos que, em vez de definir documento, o autor elenca as *formas* com que o documento arquivístico pode se apresentar. E pelas formas elencadas constatamos que, ao contrário dos holandeses, Jenkinson abre um leque de possibilidades, libertando-as de condicionamentos temporais. Assim, mesmo quando menciona os tipos de reprodução mecânica (tipo, bloco ou clichês), essa atemporalidade se mantém, na medida em que os tipos podem perfeitamente se adequar a outros meios de reprodução, como, por exemplo, o digital.

Ainda em relação à forma, Jenkinson faz uma interessante reflexão sobre em que circunstância determinados "objetos materiais" anexados a documentos escritos seriam considerados arquivísticos. Lembremos que a questão também fora abordada pelos holandeses. Entretanto, o autor inglês lhe confere maior dimensão, na medida em que diversifica o tipo de anexo, não se limitando aos livros, como consta no *Manual holandês*, mas estendendo-se a qualquer objeto material, conforme veremos a seguir.

Primeiramente Jenkinson (1922, p. 7) esclarece que usa a palavra "anexado" no sentido literal, ou seja, como "...algo de um tamanho possível de ser acoplado ou convenientemente associado ao documento a que pertence". Em seguida, alerta para o fato de que "A distinção entre o que pode e o que não pode ser anexado a um documento é, como todas as distinções sutis, difícil de ser feita". A partir daí o autor apresenta exemplos que ele próprio classifica como absurdos: autoridades presenteadas com animais e árvores acompanhados de um cartão. A indagação seria: estariam eles anexados ao cartão? No seu entendimento, tanto o animal como a árvore teriam que ser alocados em lugares apropriados, um zoológico e um parque, respectivamente, muito antes de o cartão ser encaminhado ao arquivo. Nesse caso a situação seria caracterizada como um problema administrativo e não arquivístico.

Em que pese à dificuldade reiterada algumas vezes por Jenkinson sobre a caracterização de um objeto material como um anexo, o autor deixa claro que esse objeto teria que estar necessariamente vinculado a um *documento escrito* (grifo nosso). Por essa assertiva do autor entendemos que objetos soltos, como cachimbos, troféus, máquinas de escrever e outros, muito comuns em arquivos pessoais, só integrariam o acervo arquivístico de seu proprietário se estivessem anexados a algum documento escrito do acervo do titular.

Observamos, pois, que Jenkinson vincula sua abordagem de documento à forma como ele se apresenta bem como ao seu caráter arquivístico. Vejamos como o autor conceitua esse tipo de documento.

O primeiro ponto a se ressaltar é que, antes de apresentar seu conceito, Jenkinson tem o cuidado de abordar a questão das palavras *records* e *archives*. Após esclarecer que considera os dois sinônimos, justifica da seguinte maneira sua preferência pelo segundo: "O primeiro (*records*) é altamente técnico e limitado em seu sentido correto, e excessivamente vago em seu uso generalizado. Há pouca dúvida de que devemos adotar o segundo – *archives* – o qual tem a vantagem de ser comum a muitos idiomas" (Jenkinson, 1922:2).

Ainda sobre essa questão terminológica em Jenkinson, Lodolini (1990:57) comenta que o autor

> é partidário da equivalência entre os dois termos: as palavras *records* e *archives*, afirmava em 1947, na aula inaugural do primeiro curso de arquivística da Universidade de Londres, "são praticamente permutáveis neste país, mas *archives* é geralmente preferível, porque *records* pode ser usado num sentido mais restritivo". E em um texto posterior, de alguns anos atrás, declarava ainda mais enfaticamente: "As palavras *records* e *archives* são usadas em inglês quase indistintamente".

Mas, afinal, o que significa *record* no contexto de Jenkinson e como traduzi-lo para o português?

De acordo com Livelton (1996:59-60), etimologicamente, a palavra *record* vem do latim *recordari*, sendo que "*re* significa 'novamente', 'de volta'"; "*cor, cordis* significam 'coração' ou 'mente'", e "*ari* assinala o verbo no infinitivo. Assim, *recordari* quer dizer "relembrar, trazer de volta à lembrança".

Do ponto de vista semântico, Livelton (1996:60) menciona a existência de duas correntes: a legal e a literal. Em relação à primeira, a palavra *record* significa: "Um relatório autêntico ou oficial dos procedimentos nas ações apresentadas perante um Tribunal de Registros,[27] bem como as decisões tomadas a partir delas, pertencente aos registros do tribunal e dotado de evidência irrefutável da matéria em questão". Quanto à corrente literal, o significado seria "relato de algum fato ou evento preservado por escrito ou por outra forma permanente; um documento, um monumento etc. sobre o qual tal evento está inscrito". O autor acrescenta que, embora a corrente literal apresente um sentido mais amplo do termo *record*, ambas "estão relacionadas à ideia comum de registrar alguma coisa por escrito para lembrar mais tarde".

Mas Livelton (1996:60) alerta que "não foi sempre assim", nem sempre os registros foram escritos. No que diz respeito ao sentido legal, o autor informa:

> Até o início do século XIII, os registros legais não eram escritos, mas orais. Súmulas eram emitidas pela palavra oral, apelações no tribunal tinham que ser faladas, e a memória de idosos respeitáveis era considerada prova do que havia ocorrido. De fato, registrar, no século XII, significava dar testemunho oral.

Já em relação ao sentido literal, Livelton comenta a dificuldade em se determinar se a palavra também passou por mudança a partir do momento

---

[27] Tribunal específico do direito anglo-saxão.

em que a escrita passou a predominar sobre a memória. Segundo o autor, desde os séculos XIV e XV, e até hoje, o termo em questão tem o significado legal e literal, de registro escrito[28] ou simplesmente documento.

Por essa análise de Livelton, inferimos que Jenkinson considerou o termo *records* na formulação do seu conceito de arquivo justamente porque o que estava sendo conceituado eram os registros escritos. Entretanto, a maior precisão e universalidade do termo *archives* levou-o a optar por este último, mesmo considerando os dois termos sinônimos. Outra inferência é que o uso do termo *record* observado em muitos autores de língua inglesa hoje, para se referir à entidade arquivística como objeto da arquivologia, pode advir dessa sinonímia estabelecida por Jenkinson.

Quanto ao significado do termo *record* em português, entendemos que, do ponto de vista vernacular, ele mantém o mesmo sentido literal apresentado por Livelton, isto é, registro escrito ou documento. Já no âmbito da arquivologia, com base no uso mencionado no parágrafo anterior, os termos *record* ou *archival document* equivalem à entidade documento arquivístico.

Segundo Jenkinson (1922:11) é:

> Um documento dito como pertencente à classe dos arquivos é aquele elaborado ou usado no curso de uma transação administrativa ou executiva (pública ou privada) da qual tomou parte; e subsequentemente preservado sob sua custódia e para sua própria informação pela pessoa ou pessoas responsáveis por aquela transação e seus legítimos sucessores.

O primeiro aspecto que nos chama a atenção no conceito é que o autor, diferentemente dos holandeses, apresenta o objeto conceituado como entidade individual, identificando-a como "um documento dito como pertencente à classe dos arquivos". Nossa percepção ganha força nas palavras de Duranti (1994a:334, nota 18): "Em seu manual, Jenkinson

---

[28] Ver p. 51, nota 11, o significado do termo "escrito".

define o documento arquivístico, em vez de arquivos, como conjunto de documentos". O fato parece indicar a intenção de Jenkinson em dissipar qualquer dúvida quanto ao tipo de documento a que estava se referindo, ou seja, o arquivístico. Entretanto, cabe observar que, ao mesmo tempo que ele destaca a unidade documental, logo a insere num todo formado por outras unidades documentais, a "classe dos arquivos". Assim, pode-se entender que nesse conceito Jenkinson abarca as duas percepções do documento arquivístico, como entidade individual e coletiva.

O segundo aspecto observado no conceito de Jenkinson é que, ao se referir à "transação administrativa ou executiva": o autor se alinha aos holandeses no entendimento da natureza dos arquivos a partir de atividades desenvolvidas exclusivamente por pessoas jurídicas. Deve-se ainda observar em relação ao conceito de Jenkinson que se podem detectar duas partes que se entrelaçam, e que, segundo ele, resultam em duas características fundamentais do documento arquivístico: imparcialidade e autenticidade.

A imparcialidade corresponde à primeira parte do conceito e ao fato de os documentos serem produzidos no curso normal das atividades e com o objetivo primeiro de atender à instituição que as desempenha. Em outras palavras, a característica da imparcialidade resulta da seguinte contradição: justamente por não serem produzidos com a intenção de servir à posteridade os documentos podem servi-la (Jenkinson, 1922).

Já a autenticidade integra a segunda parte do conceito. Seu fundamento reside no fato de que a custódia exercida pela e para a instituição produtora dos documentos ou seu legítimo sucessor (uma instituição arquivística) assegura que os documentos são os mesmos desde o início, não sofreram nenhum processo de adulteração e, portanto, são autênticos. Trata-se do conceito de *linha idônea de custodiares responsáveis,* de Jenkinson, pelo qual a qualidade dos arquivos, mais precisamente sua autenticidade, depende da capacidade de se manter uma cadeia ininterrupta de custódia (Jenkinson, 1922).

Quanto ao termo "arquivo" no contexto conceitual do *Manual* de Jenkinson, há farto material. Como já foi registrado, os conceitos de arquivo formulados tanto pelos holandeses quanto por Jenkinson se referem à natureza dos documentos arquivísticos ou, mais precisamente, ao fato de eles se originarem no curso de atividades desempenhadas por pessoas jurídicas. Está claro, portanto, que ambos os conceitos não se prendem a questões temporais e de uso (corrente, intermediário e permanente). Assim, no caso específico de Jenkinson, a menção à preservação não apresenta necessariamente uma conotação de perenidade. Nesse caso, onde se lê "preservado", leia-se mantido ou retido para ação ou referência. Com isso queremos enfatizar que o conceito de Jenkinson se aplica ao ente documento arquivístico, independentemente de seu tempo de vida e do tipo de uso.

Ocorre, porém, que em determinado ponto de sua obra, Jenkinson estabelece uma clara diferença entre os termos documento (*document*) e arquivo (*archives*), pela qual o primeiro é textualmente vinculado ao "uso corrente" e o segundo à preservação permanente. Vejamos, pois, o item intitulado "Quando documentos se tornam arquivos":

> Mas ainda não decidimos o momento em que cartas e memorandos deixam de ser *documentos de trabalho e se tornam arquivos*. [...] o teste de qualidade arquivística tem sido em geral confundido com o de idade; mas uma limitação mais satisfatória seria provavelmente o ponto no qual, *tendo cessado seu uso corrente*, os documentos são *definitivamente* retidos para preservação, tacitamente considerados dignos de serem mantidos. Infelizmente o momento no qual isso ocorre obviamente varia de acordo com as circunstâncias. A definição mais próxima, portanto, que podemos usar nesse caso é a do momento em que os documentos são retidos para preservação sob custódia oficial [Jenkinson, 1922:8, grifos nossos].

Parece que Jenkinson confunde um pouco o conceito de arquivo na medida em que favorece o entendimento de uma separação terminológica entre documento e arquivo pela qual este último só se aplicaria aos documentos de guarda permanente. A questão pode ser aprofundada a partir de uma análise da Parte IV da obra do autor. Sob o título "Archive-making", essa parte constitui, no nosso entendimento, uma incursão precursora de Jenkinson sobre o tema da gestão arquivística de documentos.²⁹ O fato demonstra que, em que pese ao predomínio dos documentos medievais em sua experiência profissional, o autor tratou também do que ele mesmo denominou "Arquivos do futuro".

Assim, nessa seção, Jenkinson (1922:142-143, 152) instrui sobre as medidas a se tomar para evitar a produção e acumulação desordenada de documentos. Para tanto, sugere a "reintrodução do controle" por meio do que ele chamou de as "Novas funções do registro". Segue-se uma descrição detalhada dos campos desse "registro" e dos procedimentos inerentes a cada campo. Por esses procedimentos, dá-se o controle dos documentos desde a sua produção e recebimento até sua destinação final, ou seja, o controle abrange também um processo de avaliação. O registro chega a prever campos com códigos indicativos de prazos para os documentos, sendo que Jenkinson chama a atenção para a conveniência de esses prazos serem estabelecidos por lei. Tanto critério levou Stapleton (1983-84:81) a afirmar que o autor inglês "previu a implementação da tabela de temporalidade."

Em meio às considerações sobre prazos e eliminação de documentos, Jenkinson sugere estágios que envolveriam reconsiderações possíveis sobre períodos de retenção estabelecidos, uma classe de documentos em fase experimental ou probatória e, finalmente, o momento em que os documentos não eliminados alcançariam a categoria de arquivos. Segundo ele:

> Talvez [...] fosse melhor determinar que após certo número de reconsiderações todos os *documentos* devessem ir para uma classe que podemos chamar de arquivos probatórios.³⁰ A qualquer momento enquanto estivessem nesse estado,

---

²⁹ Cabe esclarecer que nossa preferência pela adoção do termo *gestão arquivística de documentos* em contraposição ao já consagrado *gestão de documentos*, não significa uma rejeição a este último, mas sim a opção por um termo que qualifica o tipo de gestão, isto é, que a diferencia da gestão no âmbito da administração e da tecnologia da informação a partir da chamada *gestão eletrônica de documentos* (GED). Assim, segundo o glossário da Câmara Técnica de Documentos Eletrônicos (CTDE, 2010), "gestão arquivística de documentos é o conjunto de procedimentos e operações técnicas referentes à produção, tramitação, uso, avaliação e arquivamento de documentos arquivísticos em fase corrente e intermediária, visando a sua eliminação ou recolhimento para guarda permanente.
³⁰ O termo "probatório" aqui é usado no sentido de que os documentos teriam de "provar" sua condição de se tornarem ou não arquivos permanentes.

reconsiderações poderiam ocorrer, se desejadas; e nesse estado continuariam até o momento em que, segundo a instituição produtora, seu caráter corrente expirasse. *Eles então passariam automaticamente, depois talvez de um último exame, ao status de arquivos* [Jenkinson, 1922:155-156, grifos nossos].

Essa nítida distinção que Jenkinson faz entre os termos "documento" e "arquivo" aparece em vários momentos da seção "Archive-making". Na verdade, sempre que se refere a documentos passíveis de eliminação, o autor utiliza documento (*document*), nunca arquivo (*archives*). Vejamos alguns exemplos. Ao abordar o item "Superprodução de documentos": "Em primeiro lugar, há o caso daqueles *documentos* que devem ser elaborados, mas que nós desejamos, se possível, não manter: isto é, *documentos* que, em razão de negócios, tem que ser feitos e *mantidos por um tempo*, mas que podem ser destruídos mais tarde" (Jenkinson, 1922:142, grifos nossos).

Nas reflexões sobre preservação e destruição:

A tarefa mais difícil de um registro é a presunção da responsabilidade pela decisão sobre se um *documento* (original ou cópia) deve ser preservado, e se ele deve ser preservado para sempre ou somente por um período, ou preservado para reconsideração mais tarde [Jenkinson, 1922:144, grifo nosso].

Ao tratar dos casos em que os documentos podem ser destruídos de imediato: "pareceria que todos estes *documentos* poderiam ser destruídos de uma só vez sem perda para a instituição" (Jenkinson, 1922:151, grifo nosso). Finalmente, Jenkinson (1922:156, grifos nossos) inclui a seguinte observação: "até agora temos conduzido a massa de nossos *documentos* através de vários estágios de sua existência oficial até a destruição ou ao *status de arquivos*".

Reiteramos, assim, nossa consideração sobre o fato de as palavras de Jenkinson, no âmbito de seu *Manual*, em alguns momentos favorecerem o entendimento de uma separação terminológica em seu conceito de arquivo. Ao que parece, foi o que aconteceu com Schellenberg, como veremos a seguir, na análise comparativa entre o pensamento desses dois autores.

Os principais pontos do conceito de arquivos de Jenkinson, no contexto do seu *Manual*, são: natureza dos arquivos, organicidade (implícita), imparcialidade, autenticidade, custódia ininterrupta e a questão dos anexos.

Schellenberg e Jenkinson: um diálogo teórico

T. R. Schellenberg inicia sua abordagem sobre o conceito de documento arquivístico revendo as definições formuladas pelos holandeses, por Jenkinson, Casanova e Brenneke, nas quais distingue elementos tangíveis e intangíveis.

Em relação aos elementos tangíveis, isto é, forma, origem e local de preservação, Schellenberg (1956:13) não os considera essenciais à qualidade arquivística dos documentos, uma vez que nas definições apresentadas "os materiais arquivísticos podem ter várias formas, várias origens e podem ser preservados em vários lugares". Já no que diz respeito aos elementos intangíveis, o autor americano distingue três, dos quais apenas dois reputa como essenciais.

O primeiro elemento intangível essencial seria a razão pela qual os documentos são criados. Assim, de acordo com Schellenberg (1956:13):

> Para ser arquivos, materiais têm de ter sido produzidos ou acumulados para cumprir algum propósito. [...] Se foram produzidos no curso de uma atividade intencional e organizada, se foram criados durante o processo de cumprimento de algum negócio administrativo, legal, ou outro objetivo social, então desfrutam de um potencial de qualidade arquivística.

Quanto ao segundo elemento intangível essencial, este diz respeito aos valores que guiam a preservação dos documentos, ou seja, a quem essa preservação importa, a quem pode servir e atender. No entendimento de Schellenberg (1956:13) "para ser arquivos, materiais têm que ser preservados por motivos outros que não aqueles para os quais foram criados ou acumulados. Essas razões podem ser oficiais e culturais". Aí está um ponto em que Schellenberg vai discordar enfaticamente de Jenkinson.

Para o autor Jenkinson, os documentos eram preservados para atender *primeiramente* às necessidades da entidade produtora. Lembremos da segunda parte do seu conceito, em que afirma que o documento era preservado para prover informação à "pessoa ou pessoas responsáveis por aquela transação e seus legítimos sucessores" (Jenkinson, 1922:11). E como que para reiterar sua afirmação, declara: "a esta definição podemos acrescentar um corolário: arquivos não se formam no interesse de ou para informação da posteridade". Era justamente essa ausência de intenções futuras que, no entender de Jenkinson, dotava os documentos arquivísticos da característica de imparcialidade. Assim, no que diz respeito ao valor dos documentos para fins de pesquisa, Jenkinson (1922:156) considerava que

> o último exame antes deles (os documentos) se tornarem arquivos é o único momento no qual a consideração do interesse histórico pode, eventualmente, interferir, e, por essa razão, deve ser empregada com a devida precaução; na maioria dos casos seria, provavelmente, melhor omiti-la.

Há que deixar claro que, por essas palavras, Jenkinson não está negando o uso dos arquivos para fins de pesquisa, apenas *enfatiza* que esse uso não é o objetivo primeiro pelo qual são preservados, mas pelo fato de serem úteis à instituição que os criou.

Para Schellenberg, a possibilidade de os arquivos serem de interesse para a pesquisa era um aspecto fundamental para sua preservação, chegando a dizer que documentos preservados somente para atender à instituição produtora não seriam arquivos. Segundo ele:

> Reconhecidamente, a primeira ou principal razão pela qual a maioria dos documentos é preservada é cumprir o propósito para o qual foram produzidos e acumulados. Num governo, tal propósito, como sabemos, é cumprir seu trabalho. *Documentos mantidos por esse motivo não são necessariamente arquivos. Eles devem ser preservados por razão outra que serem arquivos, e essa razão é cultural.* Eles são preser-

vados para uso de outros organismos além daqueles que os produziram [Schellenberg, 1956:14, grifos nossos].

Em outro momento Schellenberg (1956:14) afirma: "É óbvio que os arquivos modernos são mantidos para uso de outros além daqueles que os produziram, e que decisões conscientes devem ser tomadas em relação ao valor desses arquivos para tal uso".

Finalmente, em relação ao terceiro e último elemento intangível, Schellenberg ressalta que somente Jenkinson considera-o essencial. Trata-se da questão da custódia ininterrupta.

Lembremos que, como já mencionamos, Jenkinson (1922:11) atrelava a qualidade dos arquivos à "possibilidade de se provar a linha idônea de custodiadores responsáveis". No entender de Schellenberg (1956:14), esse condicionante não se aplicava aos documentos modernos:

> prova de uma "linha idônea de custodiadores responsáveis" ou de "custódia ininterrupta" não pode constituir um teste de qualidade arquivística. Documentos modernos são em grande volume, de origens complexas e frequentemente casuais em sua criação. A maneira como são produzidos torna fútil qualquer tentativa de controlar documentos individuais, ou, em outras palavras, de traçar uma "linha idônea" de "custódia ininterrupta".

A questão da custódia ininterrupta também é mais um ponto de discordância de Schellenberg em relação a Jenkinson. Um olhar sobre o contexto histórico e profissional a partir do qual os autores em questão escreveram suas obras pode ajudar a entender as razões da divergência.

O *Manual* de Jenkinson foi publicado pela primeira vez em 1922, após longa experiência do autor com os arquivos medievais britânicos depositados no Public Record Office (PRO),[31] os quais são frequentemente mencionados em sua obra (Stapleton, 1983-84).

---

[31] Instituição arquivística britânica, hoje National Archives, na qual Jenkinson trabalhou por 48 anos (1906-54).

Segundo Stapleton (1983-84:76) "conhecimento e habilidades especiais são necessários para se trabalhar com documentos medievais, e Jenkinson estudou diligentemente paleografia e diplomática". Justamente por isso não deve surpreender o fato de os "escritos arquivísticos de Jenkinson se concentrarem no desenvolvimento de fundamentos rígidos que enfatizam o caráter legal dos arquivos".

Outro aspecto observado por Stapleton diz respeito ao volume documental. Segundo ele:

> Os primeiros anos de Jenkinson foram livres do problema de lidar com enormes massas de documentos arquivísticos de governos modernos. Tal problema só apareceria no país mais tarde, quando a combinação de avanços tecnológicos com negócios gerados a partir das duas guerras produziu uma torrente de documentos administrativos [Stapleton, 1983-84:76].

Este seria, pois, o contexto em que foi elaborada a obra de Jenkinson: experiência com documentos medievais, ênfase no caráter legal desses documentos e massa documental ainda sob controle.

Em relação a Schellenberg, este começara a trabalhar no Arquivo Nacional dos Estados Unidos em 1935 e, diferentemente de Jenkinson, em vez de acervos medievais compactos sobre os quais fundamentar teorias arquivísticas, deparou com um grande volume de documentos acumulados durante um século e meio. Além disso, de acordo com Stapleton (1983-84:76):

> Programas iniciados durante a Grande Depressão resultaram na expansão de serviços do governo e no aumento do volume de documentos. Essa situação forçou Schellenberg e outros membros do staff do Arquivo Nacional a se concentrar na redução do volume de documentos, selecionando apenas aqueles de valor permanente a fim de torná-los acessíveis aos pesquisadores.

Foi exatamente nesse contexto que Schellenberg escreveu o *Arquivos modernos: princípios e técnicas*. A obra foi lançada em 1956, ou seja, 21 anos depois de ele ter ingressado no Arquivo Nacional dos Estados Unidos, e, portanto, já ter uma base sólida no tratamento de grandes massas documentais. Justamente por isso o autor considera que a questão da seleção "deve estar implícita na definição de arquivos" (Schellenberg, 1956:16); e então concebe seu conceito a partir de dois termos distintos: *records* e *archives*.

A definição de *records* é:

> Todos os livros, papéis, fotografias, ou outros materiais documentais, independentemente da forma física ou de características, elaborados ou recebidos por qualquer instituição pública ou privada no exercício de suas obrigações legais ou em conexão com a transação de seu próprio negócio e preservados ou destinados à preservação por aquela instituição ou seu legítimo sucessor como evidência de suas funções, políticas, decisões, procedimentos, operações ou outras atividades, ou por causa do valor informacional dos dados ali contidos [Schellenberg, 1956:16].

Quanto ao termo *archives*, este é definido como: "Aqueles *records* de qualquer instituição pública ou privada considerados dignos de preservação *permanente* para referência e propósitos de pesquisa, e que foram depositados ou selecionados para depósito numa instituição arquivística (Schellenberg, 1956:17, grifo nosso).

Mais uma vez aparece a palavra *records*, agora no contexto conceitual de Schellenberg. Nesse cenário, o termo não se apresenta mais como sinônimo de *archives*, mas, ao contrário, caracteriza-se por uma precisa diferenciação.

No âmbito conceitual de Jenkinson, os termos *records* e *archives* são sinônimos, podendo ser traduzidos para "documentos arquivísticos" e "arquivos", respectivamente. Já em Schellenberg, embora a tradução permaneça a mesma, o sentido se modifica pela diferenciação conceitual-terminológica dos dois termos feita pelo autor. Com essa diferenciação o autor americano quis demonstrar que estava conceituando a mesma entidade, isto é, o documento arquivístico, mas em momentos distintos de seu ciclo de vida.³² Não por acaso, os conceitos em questão são apresentados em plena vigência do conceito de gestão arquivística de documentos e, consequentemente, no âmbito da teoria das três idades e dos procedimentos de avaliação e seleção.

No contexto conceitual de Schellenberg, embora *records* e *archives* também possam ser traduzidos como "documentos arquivísticos" e "arquivos", o primeiro se aplica à entidade arquivística nas fases corrente e intermediária, enquanto o segundo se refere à fase permanente.

Cumpre esclarecer que, na análise que se segue, sempre que estivermos falando fora do âmbito conceitual de Schellenberg, os termos "documento arquivístico" (*record*) e "arquivos" (*archives*) remeterão à entidade arquivística independentemente do seu ciclo de vida. Porém, no contexto deste autor, o termo "documentos arquivísticos" (*records*) remeterá sempre aos documentos nas fases corrente e intermediária, e "arquivo" (*archives*), aos documentos na fase permanente.

De acordo com Duranti, pela separação terminológica feita por Schellenberg, este

> redefiniu arquivos (*archives*) como uma espécie de documentos arquivísticos (*records*), sendo que a diferença principal estava no fato de que arquivos "devem ser preservados por motivos diferentes daqueles para os quais foram criados ou acumulados". Então ele apresentou o conceito de *valor evidencial* como um interesse exclusivo de usuários secundários. Ao fazer isso, preparou o passo para a divergência completa da prática arquivística americana daquela do resto do mundo ocidental [Duranti, 1994a:338].

No entender de Duranti, embora considerasse o uso dos documentos arquivísticos com fins de pesquisa, Jenkinson insistiu na questão da

---

³² O ciclo de vida dos documentos corresponde à teoria das três idades. Segundo essa teoria, oriunda dos estudos desenvolvidos nos Estados Unidos sobre gestão de documentos a partir dos anos de 1940, os documentos arquivísticos passam por três idades ou fases: corrente, intermediária e permanente (Rousseau e Couture, 1998; Llansón e Sanjuan, 1993).

natureza dos documentos como aspecto fundamental da sua teoria. Assim, Duranti (1994a:339) considerou a definição de arquivos (*archives*) de Schellenberg "teoricamente imperfeita, não porque ele construiu nela os elementos de valor e uso para propósitos de pesquisa mas porque chegou a ela com base em propósitos puramente pragmáticos".

Na mesma linha de Duranti, Eastwood (1993:246, nota 4), um ano antes, declarou que Schellenberg não estava disposto a explorar as propriedades dos documentos arquivísticos como Jenkinson havia feito, sendo esta a razão pela qual "Jenkinson era um teórico, e Schellenberg um metodologista".

De acordo com Trevor Livelton, o primeiro aspecto a ser destacado em Schellenberg é a semelhança de seu conceito de documentos arquivísticos (*records*) com o de arquivos (*archives*) do *Manual holandês*, de Casanova e do próprio Jenkinson. Segundo Livelton, todos enfatizam a questão da produção, recebimento e preservação[33] dos documentos. Na visão de Livelton, o que em Schellenberg rompe com a definição tradicional de arquivo é a divisão que ele faz entre "documentos arquivísticos" (*records*) e "arquivos" (*archives*), pela qual estes últimos, como antecipado por Duranti, são considerados uma espécie separada de documentos arquivísticos. Nesse sentido, Livelton chama a atenção para o fato de Schellenberg começar a definição de "arquivos" (*archives*) apontando para a definição de "documentos arquivísticos" (*records*) que a antecede, numa indicação clara de que os primeiros seriam uma delimitação dos segundos (Livelton, 1996). Livelton explora a separação estabelecida por Schellenberg apontando as diferenças, nas definições, do termo preservação:

> Documentos arquivísticos (*records*) são preservados, mas arquivos (*archives*) são permanentemente preservados; documentos arquivísticos (*records*) são implicitamente considerados dignos de preservação, mas arquivos (*archives*) são explici-

---

[33] Lembramos que, nesse caso, o termo preservação não se refere necessariamente à guarda permanente, mas à retenção em qualquer tempo.

tamente assim considerados; documentos arquivísticos (*records*) são mantidos para evidência e informação, mas arquivos (*archives*) são mantidos para referência e pesquisa; documentos arquivísticos (*records*) são mantidos pelo produtor, mas arquivos (*archives*) são mantidos por uma instituição arquivística [Livelton, 1996:67].

Segundo Livelton, Schellenberg vê na preservação dos arquivos (*archives*) para fins de pesquisa a razão para a formulação de um conceito que separa documentos arquivísticos (*records*) de arquivos (*archives*). Um aspecto interessante em relação a essa separação é que, de acordo com Livelton, Schellenberg sugere que ela se fundamenta no próprio Jenkinson. Para tanto, destaca o momento em que o autor inglês teria alegado que "*records* se tornam *archives* quando, 'tendo cessado seu uso corrente, são definitivamente retidos para preservação, tacitamente considerados dignos de serem mantidos'" (Livelton, 1996:68).

É oportuno lembrar nossas considerações anteriores sobre o fato de que as palavras de Jenkinson, no âmbito do seu *Manual*, dão margem a que se entenda o autor favorável a uma separação entre os dois termos. Para Livelton, Schellenberg adotou essa compreensão, pelo que foi abertamente criticado por Jenkinson (1957:148, nota 2):

> Não é fácil imaginar, de forma equânime, a introdução dessa distinção na Inglaterra, onde as duas palavras são praticamente sinônimas e a maioria de nossos arquivos é preservada nos Records Offices! Atribuir a este autor (p. 13) o uso dessas palavras, em 1922, no sentido agora destinado a elas pelo dr. Schellenberg, certamente é um engano; o que justifica não mais que uma leve advertência.

Ainda sobre a apropriação das palavras de Jenkinson por Schellenberg, deve-se ressaltar que, no contexto em questão, o autor inglês não usa o termo *records*, o qual, como vimos, considera sinônimo de *archives*, mas emprega a palavra *document*. Outro aspecto é que, no entender de Livelton

(1996:68), Schellenberg teria, na verdade, sucumbido à tentação de "torcer as palavras de Jenkinson a seu favor".

Mais uma vez, constata-se a complexidade da questão terminológica no conceito de arquivos de Jenkinson, de Schcellenberg e de um em relação ao outro. Trata-se, na verdade, de tema bastante controverso, que extrapola o âmbito desses dois autores, tendo inspirado Lodolini (1990:53) a escrever sobre o que ele chamou de "o momento do nascimento do 'arquivo'".

A abordagem de Lodolini e de outros autores sobre a questão da terminologia no conceito de arquivo será vista adiante, pois nos permitirá aprofundar o assunto. No momento, voltemos às argumentações de Schellenberg em relação a seu conceito.

Schellenberg (1956:15) entende que a definição de arquivo pode variar de acordo com a realidade de cada país. Nesse sentido, "a definição adotada deve fornecer as bases nas quais os arquivistas podem lidar efetivamente com os materiais produzidos pelos governos aos quais servem". Apreende-se aqui que Schellenberg se refere à sua própria realidade profissional, marcada, como vimos, por grandes massas acumuladas de documentos e que o levou a incluir a questão da seleção em seu conceito de arquivo. De acordo com Schellenberg, os arquivistas americanos tinham de selecionar, entre os grandes volumes de "documentos arquivísticos" (*records*), aqueles que seriam preservados para a pesquisa, ou seja, os que se tornariam "arquivos" (*archives*).

Jenkinson é francamente contrário a essa posição. Para ele:

> Mesmo admitindo (o que não faço) que a seleção é uma tarefa para ser desempenhada normalmente pelo arquivista, ainda não posso concordar com isso. Valor potencial para a pesquisa é sem dúvida a razão pela qual continuamos a gastar tempo e dinheiro preservando arquivos e tornando-os disponíveis. Mas o fato de que algo possa ser usado com propósitos para os quais não foi planejado – uma cartola, por exemplo, para a retirada de um coelho – não é parte de sua natureza e não deve, a meu ver, ser um elemento de sua definição, embora possa razoavelmente afetar seu tratamento [Jenkinson, 1957:149].

Ainda sobre a seleção e o papel do arquivista nessa tarefa, Jenkinson (1922:124) argumenta:

> O arquivista não deve estar primeiramente preocupado com os interesses modernos aos quais seu arquivo em qualquer tempo possa servir. Ele está preocupado em manter suas qualidades intactas para uso, talvez no futuro, de estudantes trabalhando em assuntos que nem ele nem ninguém mais contemplaram. Seu trabalho então é o de conservação física e moral, e seu interesse, um interesse no seu arquivo como arquivo, e não como documentos considerados de valor para atender a esta ou àquela tese.

Em outro momento, o autor inglês, que considerava o conceito de arquivo de Schellenberg "francamente arbitrário", comenta:

> Até agora, definições, tanto nos Estados Unidos como na Europa, foram comumente geradas como se partissem de dentro para fora – baseadas simplesmente na análise da natureza dos documentos usados na administração; o que explica por que não é difícil aplicá-las aos arquivos de todas as categorias. Aqui nos é dito [...] que "o moderno arquivista" deve "redefinir arquivos de uma maneira mais adequada às suas próprias necessidades"; e que, já que "seu principal problema [...] é selecionar arquivos para preservação permanente, [...] o elemento da seleção deve estar implícito na definição" [Jenkinson, 1957:148].

Jenkinson era completamente favorável a um conceito de arquivo com base na natureza dos documentos, e não em juízos de valor voltados para o atendimento à pesquisa, como queria Schellenberg.

Conforme já assinalamos, segundo Livelton, a definição de documentos arquivísticos (*records*) de Schellenberg coincide totalmente com a definição tradicional de arquivos (*archives*). Assim, no seu entendimento, o que Schellenberg faz de diferente é:

> dar um passo adiante, [...] alegando que sua definição leva em conta dois fenômenos recentes que a definição tradicional ignora: a seleção de documentos para

preservação contínua pelo arquivista; e o uso desses documentos selecionados por pessoas outras além daquelas que os acumularam no curso diário de seus negócios [Livelton, 1996:76].

Livelton conclui seu pensamento acrescentando: "Entretanto, um olhar mais atento mostrará que a definição tradicional é, de fato, suficientemente poderosa para abranger tanto a seleção quanto o uso secundário, pelo menos a partir de uma interpretação liberal dessa definição". Com base nessa interpretação liberal, Livelton aponta para o fato de a preservação ser mencionada por Schellenberg tanto no seu conceito de documentos arquivísticos (*records*) quanto no de arquivos (*archives*). Com isso entende que a ideia de julgamento que aparece explicitamente no conceito de arquivos (*archives*) com a expressão "considerados dignos" estaria implícita no conceito de documentos arquivísticos (*records*). Afinal, para serem preservados, esses documentos teriam de ser selecionados e "considerados dignos" de manutenção já na instituição de origem.

Livelton parece dizer que a seleção acontece naturalmente, num processo contínuo, que começa já no local onde o documento se origina, não havendo portanto necessidade de partição do conceito de arquivo. Para corroborar sua interpretação, chama-a de "aparente descoberta", uma vez que o próprio Jenkinson (1957:148) teria afirmado certa vez: "Num certo sentido, podemos dizer que todo documento preservado foi submetido (à seleção) em algum momento [...] da sua trajetória anterior, quando, por motivos administrativos, foi designado para uma pasta de arquivo, e não para a cesta de lixo". No entendimento de Livelton (1996:74, grifos nossos):

> Tanto as definições de Schellenberg quanto as de Jenkinson são verdadeiras. A definição de *archives* de Jenkinson, como a de *records* de Schellenberg, *enfatiza* o uso original e a preservação dos documentos, enquanto a [definição de *archives*] de Schellenberg *enfatiza* sua seleção e uso secundário. Todas essas qualidades podem ser predicados dos documentos em questão.

Também para Stapleton as diferenças entre os estudiosos em questão "eram mais de ênfase", e ele acrescenta: "Há pelo menos uma característica comum que deve ser mencionada. Ambos arquivistas declaram que arquivos são acumulados no curso de atividade de negócio regular, seja público ou privado. Implícita nessa declaração está a noção de acumulação natural".

Finalmente, Reto Tschan estabelece o seguinte paralelo entre os dois autores (2002:186-187):

> Schellenberg e Jenkinson tinham visões muito diferentes sobre a natureza dos arquivos (*archives*), os quais Schellenberg classificou como um grupo separado de documentos arquivísticos (*records*), e que Jenkinson considerou uma extensão orgânica dos documentos do escritório, sendo arquivos essencialmente documentos sob custódia arquivística. Schellenberg argumentava que os arquivos eram mantidos em primeiro lugar por motivos não relacionados aos interesses do produtor, mas por seu valor informacional e evidencial de satisfazer necessidades de pesquisa. Jenkinson era categórico em considerar que a seleção resultava na diminuição da qualidade do arquivo, que os arquivos não eram mantidos para propósitos de pesquisa, mas por motivos relacionados aos requisitos administrativos e legais do produtor; seu valor para a pesquisa histórica não era intencional, mas subproduto fortuito da sua preservação. Finalmente, Shellenberg via o arquivista como um intervencionista, selecionando documentos para preservação e trabalhando próximo ao gestor de documentos e com os documentos arquivísticos correntes. Jenkinson mantinha uma posição mais passiva, aconselhando sobre questões de seleção e de tabela de temporalidade, mas também a um engajamento (do arquivista) na tarefa de avaliar os arquivos.

Pelas palavras de Tschan, observa-se que ele preferiu apontar mais as diferenças do que as semelhanças entre Jenkinson e de Schellenberg. Nesse contexto cabe destacar a questão da natureza dos arquivos, explicitamente mencionada por Tschan. No seu entendimento, e ao contrário de Livelton e de Stapleton, enquanto para Jenkinson os arquivos como um todo se originam da sociedade, para Schellenberg, parte deles vem daí (documentos arquivísticos correntes e intermediários, *records*) e parte (arquivos permanentes, *archives*) resulta da intervenção do arquivista por meio do processo de seleção.

Assim, as diferentes visões sobre o conceito de arquivo de Jenkinson e de Schellenberg, ao mesmo tempo que demonstram a riqueza do pensamento desses dois estudiosos da arquivologia, deixam claro que uma análise definitiva dos seus escritos soaria pretensiosa e reducionista. Assim sendo, fazemos nossas as seguintes palavras de Stapleton (1983-84: 85):

> A teoria e prática arquivísticas no mundo de língua inglesa não começam nem terminam com sir Hilary Jenkinson e Theodore Schellenberg, mas eles contribuíram enormemente para o amadurecimento da profissão. Mesmo que só por esta razão, suas ideias merecem ser constantemente revistas.

As vozes de Casanova, Cencetti e Brenneke

Para Casanova (1928:19), arquivo é "a reunião ordenada dos documentos de uma entidade ou indivíduo, constituídos durante o desenvolvimento de sua atividade e conservados para a realização de objetivos políticos, jurídicos e culturais daquela entidade ou indivíduo". Em seguida, ele acrescenta que sua definição "não faz distinção entre registro ou escritório de protocolo[34] e arquivo, já que um deriva do outro; não faz distinção entre os documentos conservados junto ao escritório que os produziu e os concentrados em outro lugar" (Casanova, 1928:19-20).

Por esse comentário, percebe-se o cuidado de Casanova em deixar claro que o termo "arquivo" usado em seu conceito refere-se ao ente documento arquivístico, independentemente de qualquer conotação temporal e de uso.

Ainda sobre o conceito de arquivo de Casanova, Lodolini (1990:121) destaca "a afirmação da dupla função do arquivo, administrativa e cultural" e a "necessidade de que os documentos sejam 'ordenados' para que possam constituir um 'arquivo'".

---

[34] Por "registro" (*registratura*) e "escritório de protocolo" (*ufficio de protocollo*) entenda-se protocolo e arquivo corrente, respectivamente.

Outro italiano que também formulou um conceito de arquivo foi Giorgio Cencetti, para quem "arquivo é o conjunto dos documentos expedidos e recebidos por um ente ou indivíduo para a realização dos próprios fins e para o exercício das próprias funções" (Cencetti, apud Lodolini, 1990:121).

Sobre isso, Lodolini (1990:122) critica o fato de Cencetti não mencionar os documentos produzidos, uma vez que "muitos documentos não são nem 'expedidos' nem 'recebidos', mas produzidos para uso interno, e são igualmente importantes para o funcionamento da instituição". Em outro momento, Lodolini (1990:122) comenta que mais do que pela formulação do conceito, a grande contribuição de Cencetti foi haver chamado a atenção para a importância do "vínculo existente entre os documentos que constituem o universo do arquivo", ou seja, para a questão da organicidade.

O arquivista alemão Brenneke, em *Archivkunde*, publicado em 1953, apresenta o seguinte conceito de arquivo:

> conjunto de papéis e de outros documentos constituídos por pessoas físicas ou jurídicas no curso de uma atividade prática ou jurídica, e que, como fontes documentais e provas do passado, são destinados à conservação permanente em um determinado lugar [Brenneke, apud Lodolini 1990:121].

A análise do conceito fica prejudicada pela falta de domínio do idioma no qual foi escrito, bem como pelo fato de Lodolini se limitar apenas à sua menção. Entretanto, um aspecto que gostaríamos de ressaltar é o adjetivo "permanente" acrescentado à palavra "conservação". Isso nos induz a pensar que o autor condiciona o caráter arquivístico dos documentos à sua perenidade. Entretanto, a impossibilidade de um aprofundamento da questão pelos motivos expostos nos obriga a relegar o tema à mera suposição.

Numa síntese do pensamento desses três autores, podem-se perceber pontos convergentes: a organicidade, presente de maneira implícita, e a natureza dos arquivos, destacando-se o fato de os três se referirem explicitamente a pessoas físicas e jurídicas. Quanto aos elementos específicos, em relação aos italianos, os pontos seriam: ordenação, uso pelo órgão produtor e uso secundário, no caso de Casanova; e uso pelo órgão produtor no caso de Cencetti. Já em Brenneke, se consideramos que o termo *prove*, como aparece no original em italiano da citação de Lodoline, corresponde a "provas", em português, o elemento específico de seu conceito seria o caráter evidencial por ele atribuído aos documentos arquivísticos.

O quadro 5 sintetiza o que observamos até agora.

QUADRO 5 Sistematização do conceito de documento arquivístico a partir dos clássicos

AUTORES	ANO	TERMO ADOTADO	IDEIAS CENTRAIS
Associação dos Arquivistas Holandeses	1898	Arquivo	• Natureza dos arquivos: pessoas jurídicas. • Organicidade. • Forma documental. • Anexos.
Jenkinson	1922	Arquivo	• Natureza dos arquivos: pessoas jurídicas. • Organicidade (implícita). • Imparcialidade. • Autenticidade. • Forma documental. • Anexos. • Custódia ininterrupta. • Uso pelo órgão produtor. • Preservação.
Schellenberg	1956	Documento arquivístico (*record*) Arquivo (*archives*)	• Natureza dos arquivos: pessoas jurídicas e intervenção do arquivista. • Organicidade (implícita). • Evidência. • Seleção. • Uso secundário.
Casanova	1928	Arquivo	• Natureza dos arquivos: pessoas físicas e jurídicas. • Organicidade (implícita). • Ordenação. • Uso pelo órgão produtor. • Uso secundário.

Cencetti	1937	Arquivo	• Natureza dos arquivos: pessoas físicas e jurídicas. • Organicidade (implícita). • Uso pelo órgão produtor.
Brenneke	1953	Arquivo	• Natureza dos arquivos: pessoas físicas e jurídicas. • Organicidade (implícita). • Evidência.
CONVERGÊNCIA			
• Natureza dos arquivos: pessoas jurídicas.★ • Organicidade. (★Em relação a Shellenberg, há divergência entre os autores quanto à sua concepção sobre a natureza dos arquivos).			

O que dizem os contemporâneos

A escolha das obras aqui analisadas se pauta por critérios que levam em conta a excelência das reflexões sobre o objeto da arquivologia. A metodologia adotada na apresentação dos autores seguiu uma separação por grupos linguísticos, os de língua latina, nos quais encontramos grande afinidade terminológica em relação ao Brasil, e os de língua inglesa.

Autores de língua latina: Associação dos Arquivistas Franceses, Carucci, Cortés Alonso, Heredia Herrera, Martín-Pozuelo Campillos e Rodríguez Bravo

No *Manual de arquivística*, elaborado pela Associação dos Arquivistas Franceses e publicado no ano de 1973, os autores, após criticarem as definições de arquivo que privilegiam os documentos de valor permanente e de caráter público, consideram "conveniente definir e delimitar a noção de arquivos recorrendo ao único conceito de 'fundo de arquivos' que, surgido no meio do século XIX, se impôs pouco a pouco na metade do século XX" (Associação dos Arquivistas Franceses, 1973:22).

A partir disso, apresentam a seguinte definição: "Um fundo de arquivos é, de fato, o conjunto de documentos de qualquer natureza que qualquer corpo administrativo, qualquer pessoa física ou moral, reuniu automática e organicamente em razão de suas funções ou atividades" (Associação dos Arquivistas Franceses, 1973:22). Em seguida, os autores discorrem longamente sobre o fato de o conceito se aplicar não somente aos documentos de valor permanente e já recolhidos à instituição arquivística, mas também aos de valor corrente e intermediário, provenientes de instituições públicas ou privadas, bem como de pessoas físicas. Quanto à forma de apresentação desses documentos, enfatizam que o conceito em questão abrange

> não somente os documentos escritos – domínio tradicional e de certa forma privilegiada da arquivística – mas também documentos visuais (desenhos, mapas, fotografias, filmes) e documentos sonoros (discos, fitas) [...] e [...] os impressos de qualquer espécie [Associação dos Arquivistas Franceses, 1973:23].

Finalmente, o *Manual* (Associação dos Arquivistas Franceses, 1973:23) estabelece ainda uma diferença entre a ideia de fundo e de documento arquivístico, o qual denomina simplesmente "documento", ao esclarecer que, enquanto o primeiro se refere ao "conjunto organicamente constituído", o segundo constitui um "elemento desse conjunto orgânico".

Assim, identificamos no conceito de arquivo do manual francês a reincidência de elementos encontrados nos três últimos autores "clássicos": a natureza dos arquivos a partir de pessoas físicas e jurídicas e a organicidade.

Paola Carucci, como que preparando a elaboração de seu conceito de arquivo, estabelece a seguinte comparação:

> As obras de arte e os livros se destinam a quem quer que esteja em condições de vê-los, lê-los e compreendê-los. Os documentos (de arquivo), em vez disso, não se destinam aos futuros usuários dos arquivos, mas a finalidades jurídicas e

administrativas, ou meramente práticas, estreitamente ligadas – em cada caso – às funções e às competências próprias dos escritórios e dos entes que os criam, classificam e conservam com critérios próprios que tendem a racionalizar a organização da sua própria atividade [Carucci, 1983:12].

Carucci adverte que o documento arquivístico "não é gerado a fim de que um dia um historiador possa estudá-lo, mas sim porque em determinado momento deu-se a assinatura de um tratado internacional, a promulgação de um decreto ou a celebração de um contrato entre particulares" (Carucci, 1983:12). Segundo ela: "Arquivo é o conjunto de documentos produzidos ou recebidos durante o desenvolvimento da própria atividade [...] por órgãos e departamentos do Estado, por entidades públicas e instituições privadas, por famílias e por pessoas" (Carucci, 1983:19).

Carucci menciona textualmente a organicidade, ao considerar que o documento arquivístico

> tem, desde tempos remotos, a função de testemunhar ou de conferir valor jurídico às relações sociais, às relações entre Estado e sociedade, entre Estado e Estado, garantindo assim a segurança. Daí resulta que a documentação de uma autoridade pública, de um ente eclesiástico, de um tabelião, apresenta, em relação à própria atividade de cada um deles, características particulares; delas decorre que, entre os documentos que compõem o arquivo daquela autoridade, daquele ente, daquele tabelião, existe uma conexão lógica e formal que os liga entre si mediante um vínculo necessário, chamado comumente de *vínculo arquivístico* [Carucci, 1983:19].

Tal como nos outros autores analisados, também em relação a Carucci podem-se identificar os mesmos elementos já mencionados, ou seja, a natureza dos arquivos a partir de pessoas físicas e jurídicas e a organicidade.

O primeiro aspecto que nos chama a atenção no conceito de arquivo de Vicenta Cortés Alonso é que ela não assume a definição como sua propriamente, preferindo apresentá-la, modestamente, como de autoria de uma terceira pessoa: "Uma das definições mais completas e difundidas de arquivo é a que o descreve como...". A razão para isso parece estar no fato de Cortés Alonso ter elaborado seu conceito a partir do *Dicionário do conselho internacional de arquivos*, como nos informa Heredia Herrera (2007).

Assim, para Cortés Alonso (1989:31), arquivo é:

> o conjunto de documentos acumulados em um processo natural por uma pessoa ou instituição, pública ou privada, no curso da gestão de assuntos de qualquer natureza, os produzidos e os recebidos, de qualquer data, os quais são conservados e custodiados para servir de referência, como testemunho e informação, pelas pessoas responsáveis por tais assuntos e seus sucessores.

Em seguida a autora destaca o que classificou como "pontos essenciais" de sua definição: naturalidade, isto é, formação dos arquivos como um processo natural, inerente às atividades de pessoas físicas ou jurídicas; atemporalidade (documentos de "qualquer data"); e dupla finalidade dos arquivos, ou seja, atender às necessidades administrativas e aos interesses de pesquisa (Cortés Alonso, 1989:31). A autora atribui ainda aos arquivos as seguintes características: unicidade – cada documento é único em relação à atividade ou ação que levou à sua produção; integridade – o documento conserva seus elementos de forma, internos e externos; autenticidade – o documento corresponde ao autor, à data e ao lugar a que se refere, o que, entretanto, não garante a veracidade do seu conteúdo; ingenuidade – o documento é imparcial.

O tema relativo às características do documento arquivístico é tratado também por outros autores, como veremos adiante. No que tange a Cortés Alonso, observa-se que converge com Carucci em elementos como a natureza dos arquivos a partir de pessoas físicas e jurídicas, e, implicitamente, a organicidade.

Nessa linha de convergência conceitual, observemos como o conceito de Antonia Heredia Herrera se assemelha ao de Cortés Alonso:

> Arquivo é um ou mais conjuntos de documentos, seja qual for sua data, forma e suporte material, acumulados em um processo natural por uma pessoa ou

instituição pública ou privada no curso de sua gestão, conservados, respeitando aquela ordem, para servir como testemunho e informação para a pessoa ou instituição que os produz, para os cidadãos ou para servir de fontes para a história [Heredia Herrera, 1991:89].

Antes de analisar o conceito, chamamos a atenção para o fato de que, na mesma obra, Heredia Herrera (1991:123) apresenta também um conceito de "documentos arquivísticos", assim mesmo, no plural, e, portanto, mantendo a ideia de conjunto, definindo-os como aqueles "produzidos ou recebidos por uma pessoa ou instituição durante o curso de sua gestão ou atividade para o cumprimento de suas finalidades e conservados como prova e informação". Depois, Heredia Herrera (2007:95) faz uma autocrítica desse conceito, dizendo que, "ao referir-se ao conjunto (a autora), desvia-se e não define o documento de arquivo e sim o fundo documental".

De fato, é interessante observar como nessa obra mais recente Heredia Herrera aborda a questão do "documento de arquivo" como entidade individual. Segundo a autora:

> O documento de arquivo não relata, não conta, (mas) testemunha e prova. [...] Tem uma vinculação direta com o ato que testemunha e, como consequência, transcende a atividade da qual esse ato é parte. [...] A vinculação do documento com o ato que representa determina a relação do documento com a instituição competente ou entidade responsável por esse ato [Heredia Herrera, 2007:100].

A autora conclui essas suas considerações destacando que a existência de um produtor é condição indispensável para que o documento arquivístico seja reconhecido como tal.

Retomemos agora o conceito de arquivo de Heredia Herrera, de 1991 (89-90), e a análise detalhada que dele faz a própria autora. A primeira parte examinada é a que identifica o arquivo como conjuntos documentais que se acumulam naturalmente. No entender de Heredia Herrera, tal enunciado caracteriza o caráter orgânico e espontâneo dos arquivos, os quais, diferentemente da coleção, não são o "resultado de um ato voluntário ou caprichoso de alguém. Para que exista um arquivo é preciso que haja uma instituição com uma função, com atividades a serem desenvolvidas".

A expressão "seja qual for sua data" é entendida como um indicador da unidade do arquivo, isto é, do fato de que este se constitui da "soma do arquivo administrativo e histórico". Do mesmo modo, a não delimitação em relação à forma e ao suporte é vista pela autora como uma abertura para a inclusão de tecnologias de todo tipo.

Heredia Herrera destaca ainda a parte do conceito relativa à questão da ordem dos documentos e da finalidade dos arquivos. Em relação à primeira, registra o paradoxo segundo o qual essa ordem é inerente aos arquivos administrativos, mas quase inexistente no momento em que os documentos chegam aos arquivos históricos. Já no que se refere à finalidade, esta é vinculada pela autora ao serviço a que os arquivos estão destinados a prestar tanto para fins administrativos quanto de pesquisa.

De nossa parte, identificamos no conceito de Heredia Herrera certa semelhança com o de Casanova, à medida que menciona a questão da ordenação dos documentos e a finalidade dos arquivos em atender às necessidades administrativas e as culturais. Outro aspecto identificado é, mais uma vez, a questão da convergência quanto aos elementos de natureza dos arquivos, a partir de pessoas físicas e jurídicas, e a organicidade.

Finalmente, destacamos em Heredia Herrera sua percepção de que conceitos de arquivo a partir da ideia de conjunto são conceitos de fundo, e não da entidade arquivística propriamente. No nosso entender, as palavras da autora se traduzem em novidade importante porque revelam um equívoco bastante recorrente entre os estudiosos da arquivologia.

Para outra autora espanhola, Martín-Pozuelo Campillos (1996:98):

> documento de arquivo é o documento que resulta de um processo administrativo ou jurídico, assim como todos aqueles que tornam possível tal processo, recolhidos a um arquivo, onde, paulatinamente, seus valores originais vão sendo prescritos e substituídos por outros de prova ou informação [1996:98].

Primeiramente registramos o fato de a autora optar por conceituar a entidade individual, ou seja, o documento arquivístico, e não a entidade coletiva, o arquivo. Com isso, ela evita o que seria na verdade a apresentação do conceito de fundo, e não propriamente de documento arquivístico, como nos ensina Heredia Herrera.

Num segundo momento, observamos que a definição de Martín-Pozuelo Campillos (1996:101-102) parece sugerir que a autora condiciona o caráter arquivístico de um documento a seu recolhimento em um arquivo permanente, o que mereceu o seguinte comentário de Heredia Herrera (2007:95):

> Entendemos que, ao referir-se ao recolhimento a um "arquivo", [Martín-Pozuelo Campillos] refere-se à instituição, Arquivo.[35] Do nosso ponto de vista, a natureza de um documento de arquivo não é determinada pelo fato de estar ou não no Arquivo. [Afinal], mais que resultado de um processo administrativo, [o documento de arquivo] é testemunho desse processo.

Ocorre, porém, que, a nosso ver, essa primeira impressão sobre o conceito de arquivo de Martín-Pozuelo Campillos (1996:101-102) é desfeita no momento em que a autora apresenta o que ela entende por "traços definidores do documento de arquivo", por meio dos quais se apreende sua noção clara sobre a natureza de um documento arquivístico. E esses "traços definidores" são:

- Contexto de produção: refere-se às razões para a criação do documento, ou seja, aos "motivos da sua gênese". Segundo a autora só esse traço já seria suficiente para converter o documento arquivístico em um ente completamente diferente dos documentos em geral.
- Unicidade: para explicar esse traço a autora recorre a um paralelo entre documentos e seres humanos, e afirma: "assim como não existem duas pessoas iguais, nenhum documento é igual ao outro", o que equivale à concepção de Cortés Alonso, mencionada anteriormente, sobre o caráter único do documento arquivístico.

---

[35] Conforme se verá oportunamente, Heredia Herrera (2007:21) defende o uso de letra maiúscula para designar "os Arquivos como instituições", e minúscula (arquivo) para designar o conteúdo.

- Autenticidade: o fato de se constituir em ferramenta de trabalho da administração, confere ao documento arquivístico a característica de "[...] testemunhos fiéis de momentos e situações específicas", entretanto, tal como Cortés Alonso, a autora também adverte sobre a discrepância possível entre documento autêntico e conteúdo falso.
- Multiplicidade de conteúdo: o conteúdo de um documento arquivístico tem um potencial informacional indeterminado, ou seja, que pode extrapolar a finalidade para o qual foi criado.
- Interdependência dos traços: os traços ora apresentados não podem existir isoladamente, ou seja, a ausência de qualquer um deles compromete todas os demais. Trata-se, pois, da organicidade a qual a autora prefere chamar de interdependência.

Destacamos nos "traços definidores" de Martín-Pozuelo Campillos os seguintes aspectos:
- A presença, mais uma vez, das características de unicidade e autenticidade.
- A menção explícita, e em primeiro lugar, ao contexto de produção.

Finalmente, numa exposição que torna ainda mais claro seu conceito de documento arquivístico, a autora declara que este

> representa a materialização das atividades específicas desenvolvidas por uma instituição a qual, por sua vez, surge para cumprir uma função social igualmente específica. [...] É precisamente o cumprimento da sua função o fundamento último da própria instituição, e ao mesmo tempo o fundamento teórico da gênese, da vida e do destino final do documento (arquivístico), já que este nasce primordialmente para servir à razão pela qual foi criado, à instituição [Martín-Pozuelo Campillos, 1996:89].

Deve-se registrar na concepção de documento arquivístico de Martín-Pozuelo Campillos que, no que tange à sua natureza, a autora se aproxima dos primeiros clássicos estudados, à medida que não menciona pessoas físicas. Quanto à organicidade, reiteramos que esta se apresenta sob a denominação de interdependência.

Rodríguez Bravo, em seu livro *O documento: entre a tradição e a renovação*, no item "O conceito de documento de arquivo", não apresenta um conceito propriamente seu, preferindo recorrer ao de alguns autores como Michel Duchein, Romero Talaffigo, Fuster Ruiz, Cortés Alonso e outros. Entre os autores citados, nos atemos ao conceito de Duchein pelo comentário enriquecedor a ele acrescentado por Rodríguez Bravo.

Segundo Duchein "arquivos são os documentos produzidos natural e inevitavelmente pela própria atividade de uma administração, de um ente, de uma empresa, de uma família ou inclusive de uma pessoa" (apud Rodríguez Bravo, 2002:141). Para Rodríguez Bravo, o conceito de Duchein "supõe que o documento de arquivo se distingue de qualquer outro pelo *caráter natural e inevitável* de sua criação, mediante o trâmite de trabalho administrativo (seja público ou privado)" (2002:141-142, grifos nossos). É justamente essa naturalidade que a autora aponta como uma das características do documento arquivístico à qual acrescenta a organicidade.

Em outro momento Rodríguez Bravo (2002:142) declara:

> A precisão do conceito de documento de arquivo está em descobrir sua alma orgânica, seu vínculo com os demais de um fundo, uma série ou um expediente, por ser recebido ou expedido no exercício de funções legais ou transações de negócios. Por outro lado, o matiz entre testemunho e informação é importante por serem inseparáveis e paralelos no documento de arquivo.

E na sequência de suas reflexões Rodríguez Bravo considera que

> a peculiaridade do documento de arquivo vem de sua origem natural, produto de uma função ou atividade administrativa a qual documenta, e por seu paralelismo com a instituição da qual se origina. [...] Além da sua gênese, ou melhor, por causa dela, destaca-se o caráter seriado do documento de arquivo e a relação existente entre os documentos de igual procedência. A maioria dos autores coincide em destacar essas características como as principais peculiaridades do documento de arquivo [Rodríguez Bravo, 2002:144].

Em relação a Rodríguez Bravo, registramos, mais uma vez, a ausência da menção a pessoas físicas no que diz respeito à natureza dos arquivos. Quanto à organicidade, esta é explícita e enfaticamente abordada.

Autores de língua inglesa: Duranti, Eastwood, McKemmish, Upward e Yeo

Duranti (1994b:1-3), mais precisamente no texto "Documentos arquivísticos contemporâneos como evidência de ação", situa o conceito de documentos arquivísticos em meio a considerações sobre o papel que desempenham na sociedade como "arsenais da administração, do direito, da história, da cultura e da informação". Assim, segundo ela:

> Produzidos ou recebidos no curso de uma atividade pessoal ou organizacional, e como instrumento e subproduto dela, os documentos arquivísticos são evidência primeira de suposições ou conclusões relativas a essa atividade e às situações que contribuíram para criar, extinguir, manter ou modificar.[36]

A seguir Duranti identifica cinco características do documento arquivístico. A primeira é a *imparcialidade*. Lembremos que, segundo Jenkinson, a imparcialidade refere-se a uma veracidade inerente ao documento arquivístico pelo fato de este ser produzido no curso normal das atividades, e não tendo em vista influir em julgamentos futuros. Duranti nos ajuda a entender melhor a questão quando esclarece que dizer que o documento arquivístico é imparcial não significa que quem o produz é isento de ideias preconcebidas, mas que as razões e as circunstâncias de sua criação garantem que o mesmo não foi produzido sob o temor do "olhar público". Assim, o documento arquivístico constitui uma "*promessa de fidelidade aos fatos e ações que manifestam e para cuja realização contribuem*" (Duranti, 1994b:2, grifos nossos).

---

[36] A tradução deste trecho do artigo para o português sofreu alterações da autora.

A *autenticidade* é apresentada como segunda característica do documento arquivístico, e mais uma vez a inspiração vem de Jenkinson. Nas palavras de Duranti (1994:3), "a autenticidade está vinculada ao *continuum* da criação, manutenção e custódia", ou seja, "os documentos arquivísticos são autênticos porque são criados, mantidos e conservados sob custódia de acordo com procedimentos regulares que podem ser comprovados". A autora alerta ainda para o fato de que documentos que fogem desse padrão *continuum* são considerados autênticos do ponto de vista de seu autor, mas a verdade de seu conteúdo ficará sempre sob suspeita. Trata-se, pois, da ideia jenkinsoniana de *linha idônea de custodiares responsáveis*.

A *naturalidade* é a terceira característica do documento arquivístico, segundo Duranti. Também nesse caso a autora vai beber nas fontes de Jenkinson, para quem "arquivos não são documentos reunidos artificialmente, como objetos de museu, por se julgar que serão de uso ou de interesse de estudantes, mas acumulados naturalmente em escritórios por motivos administrativos de ordem prática (Public Record Office, 1949:2).[37] Assim, Duranti (1994b:3) considera:

> O fato de os documentos não serem concebidos fora dos requisitos da atividade prática, isto é, de se acumularem de maneira contínua e progressiva, como sedimentos de estratificações geológicas, os dota de um elemento de coesão espontânea, ainda que estruturada.

Como em decorrência dessa naturalidade, Duranti apresenta a quarta característica do documento arquivístico, que denominou *inter-relacionamento*. Trata-se das relações que os documentos estabelecem entre si no decorrer das atividades e que os tornam interdependentes, ou, nas palavras de Jenkinson: "todo arquivo está potencialmente e intimamente ligado a outros, tanto dentro quanto fora do grupo no qual é preservado, e seu sig-

---

[37] Segundo informações obtidas da British Library em mensagem eletrônica de 8 de outubro de 2010, a autoria dessa publicação é atribuída a Jenkinson, "em que pese à ausência de uma declaração formal" na obra.

nificado depende dessas relações (Public Record Office, 1949:2). Está-se, pois, falando da característica da organicidade, a qual será retomada oportunamente.

A *unicidade* aparece como última característica apontada por Duranti. Por ela entende-se o papel único que cada documento desempenha no conjunto ao qual pertence, de maneira que, segundo a autora, "cópias de um documento arquivístico podem existir em um mesmo grupo ou em outros grupos, mas cada cópia é única em seu lugar, porque o complexo das suas relações com os outros documentos é sempre único" (Duranti, 1994b:3).

Finalmente, Duranti considera que essas cinco características "tornam a análise dos registros documentais o método básico pelo qual se pode alcançar a compreensão do passado tanto imediato quanto histórico, seja com propósitos administrativos ou culturais.

Cumpre registrar que, entre as características do documento arquivístico apontadas por Duranti, quatro (naturalidade, autenticidade, imparcialidade ou ingenuidade, e unicidade) foram igualmente apontadas por Cortés Alonso, e duas (unicidade e autenticidade) por Martín-Pozuelo Campillos.

Outro aspecto a ser registrado é que, de acordo com Duranti, as características de imparcialidade, autenticidade, organicidade (inter-relacionamento) foram claramente identificadas por Jenkinson. Já a unicidade encontra-se implícita nas discussões do autor, sendo "frequentemente mencionada na literatura arquivística" (Duranti, 1994b:335, nota 28).

Finalmente, registramos na abordagem de Duranti um entendimento claro sobre a natureza dos documentos arquivísticos como entidades que resultam das ações desempenhadas por pessoas físicas e jurídicas.

Outro autor que também escreve sobre as características do documento arquivístico é Terry Eastwood. Segundo ele, falar das características do documento arquivístico é falar da natureza desse documento. "Quando falamos da natureza de alguma coisa, estamos falando de uma combinação particular das qualidades relativas à sua origem e constituição. Estamos tentando caracterizar ou descrever suas propriedades ou atributos" (Eastwood, 2009:4).

O autor considera ainda que:

> arquivos são criações sociais no sentido de que são um produto da sociedade humana. Assim, muitas das ideias sobre sua natureza inevitavelmente evocam as circunstâncias pelas quais eles se constituem e são transmitidos no tempo e no espaço, bem como as qualidades que assumem como resultado dos processos pelos quais passam [Eastwood, 2009:4].

Eastwood aprofunda a questão da natureza dos documentos arquivísticos ao identificá-los como um produto social, ou seja, como entidades que revelam e testemunham os feitos da sociedade devidamente representada por pessoas físicas e jurídicas. Ele distingue em seguida as características inerentes à natureza do documento arquivístico.

A *naturalidade* aparece como a primeira característica apontada pelo autor, que também a identifica com a formação espontânea, natural, dos arquivos no curso das atividades do órgão que os produz. Como segunda característica apresenta o *inter-relacionamento* (*organicidade*), pelo qual "os arquivos são caracterizados pelas relações entre seus documentos e seu produtor e entre si" (Eastwood, 2009:7). A terceira, a *unicidade*, é entendida de maneira bastante original por Eastwood (2009:8) como uma "qualidade estreitamente associada com a qualidade do inter-relacionamento", sendo a ideia central a de que "o lugar de cada documento no conjunto é ditado por suas relações" nesse mesmo conjunto.

Em relação à quarta característica, a *autenticidade*, ele adverte que o conceito era muito comum nos textos europeus do século XIX, inclusive naqueles que tratavam dos arquivos, mas com diferentes conotações. Assim, Cencetti, por exemplo, associava a autenticidade dos arquivos à sua proveniência, à sua relação com o órgão produtor. A diplomática considerava autênticos os documentos elaborados de acordo com as práticas do seu tempo e devidamente atestados por quem de direito. Já Jenkinson foi o único que condicionou a autenticidade à custódia permanente dos arquivos por seu produtor ou sucessor legítimo, e, com isso, conferiu-lhe uma dimensão bastante original (Eastwood, 2009).

Finalmente, sobre a característica da *imparcialidade*, tal como Duranti, Eastwood julga que, na acepção de Jenkinson, o termo denota a ausência de segundas intenções por parte de quem gera os arquivos, quando comparados com textos históricos conscientemente elaborados, como crônicas e memórias.

Mas Eastwood (2009:9-10) abre espaço para um questionamento sobre a característica da imparcialidade no documento arquivístico. Assim, em um momento, reconhece que "nem todo mundo aceita que a imparcialidade seja uma qualidade dos arquivos que merece a atenção dos arquivistas". Em outro, após alegar que "alguns escritores modernos têm criticado rigorosamente a noção de imparcialidade", opta por considerar o tema "em contínua exploração". Talvez seja o caso de lembrar as palavras de Duranti quando, a propósito da sua abordagem sobre a característica da imparcialidade, argumenta que o documento arquivístico constitui "promessa de fidelidade" aos fatos, e não em fidelidade em si. Na verdade, Eastwood explora as críticas que vêm sendo feitas às características do documento arquivístico. Trata-se de rica revisão do autor sobre a natureza dos arquivos e os fundamentos da arquivologia, sob o título bastante sugestivo de "Um reino contestado".

Mas voltemos a Duranti, agora acompanhada por Eastwood e Mac-Neil, na obra intitulada *Preservation of Integrity of Electronic Records*. Segundo a autora (2002:11), documento arquivístico é: "todo documento produzido por uma pessoa física ou jurídica no curso de uma atividade prática como instrumento e subproduto dessa atividade". Duranti entende que "cada termo é dotado de um significado muito específico", passando a explicá-los detalhadamente:

> O termo "documento" se refere à informação registrada, onde "informação" é uma agregação de dados que visam a ser comunicados no tempo e no espaço, e "registrada" significa afixada num suporte de maneira concreta e regida por regras de disposição. O verbo "produzido" significa elaborado ou recebido e *retido* como base para ação futura ou referência. O termo "pessoa" se refere a qualquer entidade capaz de exercer direitos e deveres. Uma "pessoa física" é qualquer ser

humano capaz de atuar legalmente, enquanto pessoa jurídica é qualquer reunião ou sucessão de seres humanos, tal como uma organização ou um comitê. Uma "atividade prática" é o conjunto de atos cujo objetivo é o cumprimento da atividade em si, onde "atos" são manifestações da vontade com um fim específico [Duranti, 2002:11, grifo nosso].

Observamos nesse trecho a preocupação de Duranti em explicitar também os termos secundários, aqueles usados para explicar os primeiros. A explicação pode aparecer tanto no texto em si quanto em notas de rodapé. Assim, no caso do termo "dados", este é explicado na nota 14, "o menor fato dotado de significado", como por exemplo a data do documento ou o nome do destinatário. Na mesma citação destacamos o termo "retido" sobre o qual falaremos adiante.

De volta ao enunciado principal, registra-se a caracterização do documento arquivístico como "instrumento" e "subproduto" (*by-product*) de uma atividade. Mas o que significaria isso? Curiosamente, a autora não esclarece. Entretanto, considerando que o conceito se dá não só no âmbito da arquivologia, mas também no da diplomática, em relação ao termo "instrumento", entendemos que ele se refere a todos os documentos arquivísticos que viabilizam uma ação ou sem o qual a ação não se efetiva. Trata-se do que a diplomática chama de documentos dispositivos,[38] entre os quais se encontram convênios, testamentos, contratos. Já "subproduto" diz respeito a todos os demais documentos arquivísticos que provam (recibos), apoiam (planos de aula), facilitam (correspondência), orientam (formulários) ou possibilitam uma ação (procedimentos de fluxo de trabalho), mas não a condicionam.[39] Cabe registrar também que, a nosso ver, a tradução de *by-product* por "subproduto" é bastante inadequada, já que

---

[38] Uma das categorias funcionais dos documentos arquivísticos que serão abordadas adiante.
[39] Essa explicação consta da mensagem eletrônica enviada pela própria Duranti em 7 de dezembro de 2010.

em português o vocábulo pode assumir sentido pejorativo. Na ausência de termo melhor, vamos manter "subproduto".

Ainda com base na diplomática, Duranti identifica no documento arquivístico três requisitos fundamentais: estar escrito, ou afixado, num suporte com uma sintaxe; estar relacionado a um fato que tem a ver com o sistema jurídico[40] no qual é produzido; e ter uma forma, uma apresentação de acordo com regras preestabelecidas (Duranti, 2002). Aí está a gênese do documento arquivístico já devidamente definida, no item que trata da diplomática a partir de uma perspectiva histórica.

Em outro momento, e ainda no contexto da gênese documental, Duranti informa que a diplomática parte do princípio de que todo documento arquivístico é composto de elementos que podem ser analisados e avaliados separada e independentemente de seu conteúdo. Tais elementos são: *atos*, que levam à criação do documento; *pessoas*, que estão envolvidas na criação do documento; *procedimentos*, que constituem os meios pelos quais os atos são executados (leis e normas que regulam a criação e a tramitação do documento); *forma*, a qual reúne todos esses elementos, permitindo que o conteúdo do documento seja comunicado (Duranti, 2002). Pode-se perceber, assim, o quanto a diplomática pode ampliar nossa percepção acerca do que é um documento arquivístico.

Duranti também aborda, agora num contexto eminentemente arquivístico, o que considera elemento essencial do documento de arquivo, a relação orgânica. Ela não se contenta em apenas mencionar esse elemento, ao contrário, trata de aprofundar o entendimento do tema: "No âmago da arquivologia encontra-se a ideia de que todo documento arquivístico está ligado a todos os outros pertencentes ao mesmo conjunto por uma rede de relações, a qual encontra sua expressão na relação orgânica" (Duranti, 2002:11). Numa imagem muito feliz, associa a relação orgânica a um "*elo intelectual* entre o documento arquivístico e aquele que imediatamente o

---

[40] Sergundo Duranti (1998:61), "um sistema jurídico é uma coletividade organizada com base num sistema de regras", as quais, por sua vez, se constituem num "sistema legal".

precede e/ou sucede" no conjunto documental ao qual pertence (Duranti, 2002:19, grifos nossos). Ainda no entender dessa autora, a relação orgânica surge exatamente no momento em que o documento arquivístico é "*retido* e unido a outro no decorrer da ação" (Duranti, 2002:11, grifo nosso).

Cabe chamar a atenção para o termo "retido" – que já havia sido mencionado e por nós destacado – nesse detalhamento do conceito de documento arquivístico. O vocábulo, cujo original em inglês é *set aside*, significa a inclusão do documento arquivístico no "conjunto de documentos, ou fundo arquivístico, da pessoa física ou jurídica que o produziu ou recebeu para ação ou referência" (Duranti, 2002:61, nota 12). Daí se deduz que "reter" significa estabelecer a relação orgânica entre os documentos arquivísticos, a qual, por sua vez, é revelada por meio da ordenação física dos documentos ou do seu código de classificação. As ideias de Duranti sobre o termo *set aside* serão retomadas adiante. No momento destacamos nas reflexões da autora um forte embasamento na associação entre diplomática e arquivologia.

Cumpre ainda analisar o conceito de documento arquivístico segundo a concepção australiana.

Em artigo intitulado "The Archival Document", dizem Sue McKemmish e Frank Upward:

> o documento arquivístico pode ser mais bem-conceituado como informação registrada que surge de transações – ele é produzido naturalmente no curso de negócios de qualquer tipo, quer sejam governamentais, privados, de organizações comunitárias ou individuais [McKemmish e Upward, 1991, apud McKemmish, 2005:12].

Em seguida, os autores, que em seu conceito, diferentemente dos demais autores de língua inglesa, se referem ao documento arquivístico com o termo *archival document*, e não *record*, apresentam as seguintes considerações terminológicas:

> O conceito de documento arquivístico é um lugar-comum no pensamento europeu, mas, em países de língua inglesa, é frequentemente confundido com

documentos selecionados para preservação em uma instituição arquivística [McKemmish et al., apud McKemmish, 2005:12].

Trata-se, pois, da velha questão envolvendo os termos *records* e *archives*. Na verdade, McKemmish e Upward (2005:12) consideram que, na língua inglesa, não existe um constructo adequado para definir o documento arquivístico, fato que gera "uma divisão confusa [...] entre gestores de documentos, que cuidam dos documentos arquivísticos correntes, e arquivistas, que cuidam da herança arquivística, a qual inclui documentos arquivísticos selecionados para preservação permanente".

Diante dessa realidade, McKemmish e Upward (1991, apud McKemmish, 2005:12) propõem uma abordagem segundo a qual "a documentação de uma transação é arquivística desde o momento em que o documento é produzido, e o documento arquivístico possui valor evidencial ao longo de toda sua existência". O documento arquivístico é visto a partir de uma perspectiva integradora, contínua, que passou a caracterizar a abordagem arquivística australiana principalmente a partir dos anos de 1990.

Na verdade, o uso pioneiro do termo "contínuo" é atribuído a Ian Maclean, já na década de 1950, quando este chefiava a seção de arquivos da Commonwealth National Library[41] da Austrália. Ele tinha uma visão integrada dos documentos arquivísticos e não via sentido na ideia norte-americana de separação entre gestão de documentos e arquivos (Upward, 1994; McKemmish, 2001).

Em que pese ao pioneirismo de Maclean, foi só a partir de Atherton, com sua crítica do ciclo vital publicada em artigo nos anos de 1980, que o termo documentos arquivísticos contínuos (*records continuum*) começou a ser usado (McKemmish, 2001).

De acordo com McKemmish, as ideias em torno desse conceito

---

[41] Em 1960, a Commonwealth National Library passou a se chamar National Library of Austrália, e em 1961 a seção de arquivos se tornou um órgão independente, com o nome de Commonwealth Archives Office. Em 1975, o órgão passou a denominar-se Australian Archives, e finalmente o Archives Act 1983, renomeou-o National Archives of Austrália.

desafiam compreensões tradicionais que diferenciam *archives* de *records* com base na seleção para preservação permanente em custódia arquivística, e que focam na natureza fixa dos documentos arquivísticos. Adotando uma visão pluralista de informação registrada, o pensamento *continuum* caracteriza os documentos arquivísticos como um gênero especial de documentos no que se refere à sua intenção e funcionalidade. *Enfatiza sua natureza evidencial, transacional e contextual,* rejeitando abordagens que focam no seu conteúdo e valor informacional [McKemmish, 2001:335, grifos nossos].

Com a ajuda de McKemmish, entendemos que a concepção de documento arquivístico contínuo leva em conta uma visão multidimensional: em lugar de encará-lo como uma produção e utilização dentro dos limites da entidade que o gera, assume-se uma dimensão pluralista, no momento em que ele deixa de ser um "documento arquivístico como memória pessoal/corporativa" para se tornar "um documento arquivístico como memória coletiva". Como tal, esse documento é passível de novas contextualizações e se encontra "sempre num processo de vir a ser" (McKemmish, 2001:335). Embora considere usos distintos dos documentos arquivísticos em diferentes momentos e contextos, a ideia de contínuo não os compartimenta em grupos estanques, como a concepção do ciclo vital, mas os mantém continuamente integrados. No entender de McKemmish:

> a visão do contínuo move-se além das dicotomias e dualismos das abordagens do ciclo de vida ao focar em interações que ocorrem em conceitos e pontos de vista aparentemente opostos ou contraditórios. Por exemplo, a dicotomia do documento arquivístico como evidência *versus* documento arquivístico como memória, desaparece da perspectiva do contínuo. [...] Nessa visão, documentos arquivísticos não podem ser categorizados como evidência ou como memória. Eles são os dois [McKemmish, 2001:352].

No âmbito do conceito de documentos arquivísticos contínuos, portanto, estes são vistos como evidência de transações contextualizadas no tempo e no espaço, de maneira dinâmica. Nessa perspectiva, o termo "transação" envolve tanto atos individuais de comunicação (pessoa/máquina) quanto as distintas transações sociais e de negócios. Quanto à contextualização, esta não se apresenta mais de maneira estática, ou seja, não há um contexto para cada documento produzido. Mas é definida a partir de uma realidade que se move constantemente, acrescentando "novas camadas" contextuais ao documento arquivístico durante toda a sua existência, mesmo na fase permanente (McKemmish, 2001).

A ideia de documentos arquivísticos contínuos ganhou força na Austrália a partir dos anos 1990. Isso porque a disseminação do uso dos documentos digitais nas instituições públicas e privadas a partir daquela década, e a necessidade de gerenciá-los, levou à representação do conceito de contínuo num modelo, o chamado modelo de documentos arquivísticos contínuos, o qual passou a ser implementado em sistemas automatizados de gestão arquivística de documentos.

Na verdade, desde sua implementação, o modelo de documentos arquivísticos contínuos tem sido amplamente divulgado em programas de treinamento dentro e fora da Austrália, demonstrando sua adequação às experiências de controle dos documentos digitais de outras sociedades. O autor do modelo, Upward (2010), considera que a ideia do contínuo é mais visível em "'culturas *on-line*' do que nunca antes".

O conceito de documentos arquivísticos contínuos, bem como o modelo que o representa, tem forte embasamento intelectual, tendo sido construídos a partir dos escritos de filósofos que vão de Edmund Husserl e Charles Peirce aos pós-modernos Michel Foucault e Jacques Derrida, passando pelo teórico social Antony Giddens (McKemmish, 2001; Upward, 2010).

Nesse contexto, segundo McKemmish (2001:349):

as ideias pós-modernas sobre documentos arquivísticos os veem como objetos dinâmicos que são fixos em termos de conteúdo e elementos significativos da sua estrutura, mas vinculados a camadas cada vez mais amplas de metadados[42] contextuais que gerenciam seus significados e permitem sua acessibilidade e possibilidade de uso à medida que eles se movem no tempo e no espaço.

O modelo de documentos arquivísticos contínuos é permeado por um sólido arcabouço teórico que resultou não só no modelo em si como também no enriquecimento da literatura arquivística e em novas propostas no âmbito da formação dos profissionais australianos (McKemmish, 2001; Upward, 2010). Esses resultados seguem se desdobrando, num processo totalmente coerente com o dinamismo dos documentos arquivísticos digitais, ou melhor, com as chamadas "culturas *on-line*".

A visão australiana do conceito de documento arquivístico, aqui representada por McKemmish e Upward, também atribui a natureza dessa entidade a ações desempenhadas por pessoas físicas e jurídicas, que preferem adotar o termo transação no lugar de ação. Em relação à organicidade, esta se apresenta de maneira implícita no discurso de ambos. Há, porém, um aspecto novo na visão de McKemmish e Upward que perpassa o conceito em questão. Trata-se da ideia de documento contínuo. Com ela, os autores rejeitam a teoria do ciclo vital e adotam a visão de uma linha contínua de existência do documento arquivístico, segundo a qual este pode assumir diferentes contextualizações ao longo do tempo, de maneira contínua, ou seja, sem divisões estanques ou em ciclos de vida definidos. Outro aspecto ressaltado é o caráter evidencial do documento arquivístico.

Vejamos agora o autor inglês Geoffrey Yeo e sua proposta de uma nova conceituação para o documento arquivístico. Em um determinado momento do texto "Conceitos de documentos arquivísticos: evidência, informação e representações persistentes", ele pergunta sem mais rodeios: "O que nós queremos dizer quando falamos de um 'documento arquivístico'?"

---

[42] Segundo a Câmara Técnica de Documentos Eletrônicos (2009), metadados são "dados estruturados que descrevem e permitem encontrar, gerenciar, compreender e/ou preservar documentos arquivísticos ao longo do tempo".

(Yeo, 2007:331-332). Em seguida, comenta: "alguns autores [...] caracterizam os documentos arquivísticos como subprodutos, sobras, ou resíduos de atividades". E então, estabelece uma distinção entre documentos arquivísticos como subprodutos ou resíduos de atividades e como atividades em si.[43]

No primeiro caso, Yeo considera que a produção de documentos arquivísticos é tão inerente à execução de uma atividade que as pessoas estariam "mais conscientes da atividade que está sendo desempenhada do que do fato de estarem produzindo um documento a partir dela" (Yeo, 2007:333). Sob esse ponto de vista, o documento arquivístico seria mesmo subproduto de uma atividade, o qual permanece existindo após a execução da atividade. Por outro lado, com base em Higgs, Yeo apresenta o argumento de que uma carta de uma viúva contendo um pedido de pensão não pode ser vista como subproduto de uma atividade ou ato de pedir, mas como o próprio ato em si.

Em outro momento, Yeo destaca o fato de que documentos probatórios como uma certidão de nascimento ou atas de uma reunião não podem ser vistos como subprodutos espontâneos de uma atividade, já que são originados conscientemente com a intenção de satisfazer requisitos predeterminados.

Por tudo isso, Yeo considera oportuno propor uma nova abordagem para o conceito de documento arquivístico, que o vê como um tipo de representação, ou melhor, como "representações persistentes de atividades" (Yeo, 2007:334). Em primeiro lugar, o autor define "representação" com base num consenso entre as várias disciplinas que lidam com o tema, como história, linguística, matemática, ciência da computação, artes, entre outras. Assim, no entender de Yeo (2007:334) "representações são 'coisas que simbolizam outras coisas' e das quais geralmente se espera que tenham algum tipo de correspondência com aquilo que elas representam".

Em seguida, Yeo mostra-se consciente das limitações de qualquer tipo de representação. Nesse sentido, destaca as palavras de Mitchell, segundo

---

[43] Trata-se de uma visão pessoal de Yeo sobre o conceito de Duranti (2002), pela qual entendemos que o autor privilegiou o termo "subproduto" em detrimento de "instrumento", não levando em conta a abordagem diplomática do conceito.

as quais "toda representação tem seu preço na forma de perda de imediatismo, presença e verdade" (Mitchell, apud Yeo, 2007:339). Em outro momento, Yeo destaca:

> As atividades que os documentos arquivísticos representam se foram; documentos arquivísticos produzidos ou autenticados por aqueles que estavam presentes quando as atividades ocorreram nos permitem uma imagem delas, mas ainda é, necessariamente, uma imagem imperfeita [Yeo, 2007:330].

Em que pese ao reconhecimento dessas limitações, Yeo mantém seu entendimento do documento arquivístico como representação persistente de atividades, pois:

> Pode-se argumentar que definições que enfatizam apenas evidência ou informação são limitantes [...] e minimizam a complexidade dos documentos arquivísticos. Ênfase em evidência visa sempre a vincular procedimentos de gestão de documentos ao mundo da lei e da governança corporativa; ênfase em informação sugere um alinhamento com biblioteconomia ou computação. Foco na memória talvez implique uma associação com a história ou identidade cultural. Todas essas perspectivas são válidas, mas nenhuma é abrangente. A visão representacional de documentos arquivísticos é multidisciplinar e abrange uma ampla gama de interpretações [Yeo, 2007:343].

Yeo ainda diz que o entendimento dos documentos arquivísticos como representações não é novidade, citando como exemplos escritos de alguns teóricos da arquivologia como Guercio, Carucci e Kaplan.

Após registrar a existência de muitos tipos de representação, como estátuas, pinturas, atuações teatrais, tabelas, diagramas, entre tantos, Yeo (2007:337) chama a atenção para a necessidade de identificar os documentos arquivísticos em meio às diferentes formas de representação. Para tanto, sugere que eles sejam definidos como "representações persistentes de atividades, produzidas por participantes ou observadores dessas atividades ou por seus representantes autorizados". Assim, apresenta um novo conceito de documento arquivístico. Seu próximo passo é analisar os atributos presentes nesse conceito.

No que diz respeito ao atributo "persistência", Yeo argumenta:

> Uma representação persistente é aquela com capacidade de duração além da circunstância imediata da sua produção. Persistência não implica necessariamente sobrevivência ilimitada. Documentos arquivísticos podem não durar para sempre e podem-se tomar decisões de eliminá-los. Mas documentos arquivísticos são persistentes no sentido de que duram mais que as atividades que representam. Sua durabilidade dota-os da possibilidade de serem compartilhados e mantidos além do tempo e do espaço.

Quanto ao atributo "atividade", Yeo considera-o bastante característico do documento arquivístico em relação aos demais tipos de representação. Como exemplo cita o caso das placas de sinalização de trânsito, que, embora sejam um tipo de representação persistente, não representam atividades. Para o autor, "o universo de atividades que os documentos arquivísticos representam abrange uma gama enorme de feitos e ações empreendidos pelo ser humano" (Yeo, 2007:337).

Um aspecto interessante no tocante ao atributo "atividade" é que Yeo tem o cuidado de defini-lo. Assim, a seu ver, "atividades são instâncias de uma rotina ou processo criativo" (Yeo, 2008:133).

Finalmente, em relação ao último atributo, este se refere ao fato de os documentos arquivísticos serem "produzidos por pessoas ou equipamentos[44] que participaram ou observaram a atividade representada, ou por pessoas autorizadas a agir como seus representantes" (Yeo, 2007:338). Sobre esse atributo, Yeo observa que, a despeito de os documentos arquivísticos serem em geral produzidos por participantes ou observadores, devem-se considerar as exceções. Ele destaca o caso de documen-

---

[44] Por "documentos produzidos por equipamentos" entenda-se, por exemplo, na visão de Yeo, documentos resultantes de bases relacionais.

tos elaborados por secretárias, advogados etc., os quais não participam da atividade registrada, mas agem em nome de quem participa. Em outra situação os documentos são produzidos por pessoas que na verdade não observaram o evento registrado, como por exemplo o escrivão emitindo uma certidão de nascimento. Yeo então destaca que, em ambos os casos, os documentos são produzidos por representantes, e por isso, em geral, precisam ser autenticados.

A cuidadosa análise empreendida por Yeo dos atributos que envolvem seu conceito de documento arquivístico demonstra sua convicção na nova proposta de conceituação. No seu modo de ver, evidência e informação, presentes em tantos conceitos de documentos arquivísticos, constituem na verdade provisões que esses documentos oferecem aos usuários; porém, o que os define de fato é sua caracterização como representações persistentes de atividades.

Exatamente um ano após a formulação de seu conceito de documento arquivístico, Yeo o reapresenta agora com o seguinte enunciado: documentos arquivísticos são "representações persistentes de atividades ou outras *ocorrências*, produzidas por participantes ou observadores dessas ocorrências ou por seus representantes autorizados" (Yeo, 2008:136, grifo nosso). Nessa reformulação, a inclusão da palavra "ocorrências", ausente na definição anterior indica que uma atividade pode envolver muitas pequenas atividades ou passos, cada qual resultando na produção de um documento arquivístico, o que ele chama de "documento elementar". Ao final, os documentos de cada pequena atividade são reunidos, formando um dossiê que representa a atividade como um todo. Segundo Yeo (2008:133), sua definição anterior

> tem uma limitação significativa: a alusão a documentos arquivísticos como representantes de atividades pode impedir o reconhecimento de que documentos arquivísticos elementares sempre representam passos dentro das atividades e que conjuntos de documentos arquivísticos elementares podem constituir documentos arquivísticos em níveis mais altos. Para completar, a caracterização anterior deve ser estendida para incluir não só atividades, mas passos, processos, funções e outros fenômenos.

Por tudo isso, Yeo (2008:136) considera que a nova definição "introduz a palavra 'ocorrências' (possivelmente não familiar), em reconhecimento de que o escopo dos documentos arquivísticos vai além de atividades unitárias", ou seja, de atividades que envolvem um só passo.

Observamos na nova definição de Yeo a intenção de ampliar o conceito de documento arquivístico, libertando-o de entendimentos, a seu ver restritivos, que o caracterizariam como evidência ou informação.

Dentro dessa linha inovadora, o autor propõe ainda um questionamento sobre o que ele chama de documentos arquivísticos protótipos e documentos arquivísticos limítrofes. Entre os primeiros estariam os documentos escritos e com uma forma documental predeterminada, uma ata, por exemplo. Já entre os limítrofes estariam documentos com uma forma documental não convencional e passível de diferentes percepções como entidade documental por diferentes comunidades. Por exemplo, um *website* pode ser entendido como documento arquivístico, mas também como ferramenta de gestão corporativa, ou mesmo manifestação de cultura contemporânea (Yeo, 2008).

Para Yeo:

> Documentos arquivísticos fornecem muitas provisões, porém, a mais característica é de que eles fornecem evidência e informação sobre atividades passadas e outras ocorrências. Pode-se argumentar que alguns documentos fornecem essas provisões de maneira mais efetiva que outros, ou que diferentes usuários encontram diferentes níveis de evidência e informação no mesmo documento arquivístico, mas todos de alguma forma fornecem essas provisões. Eles fazem isso porque são representações persistentes de ocorrências produzidas por participantes ou observadores dessas ocorrências ou por seus representantes. Esta é uma definição ampla, que engloba tanto documentos arquivísticos protótipos quanto aqueles mais distantes dos protótipos. A inclusão é intencional; *o mundo dos documentos arquivísticos é diverso e multifacetado* [Yeo, 2008:143, grifos nossos].

O conceito de documento arquivístico de Yeo prima pela originalidade à medida que o define como "representações persistentes de atividades ou outras ocorrências", rejeitando definições que o identificam como informação ou evidência. Para o autor, informação e evidência são provisões fornecidas pelo documento arquivístico, e não o documento em si. Outro aspecto original é a separação que efetua entre documento protótipo e documento limítrofe, diferenciando documentos previstos pelo sistema jurídico e, portanto, dotados de uma forma preestabelecida (protótipos), daqueles não convencionais (limítrofes) como, por exemplo, determinados documentos encontrados em arquivos privados pessoais.

Em que pese uma abordagem tão plena de originalidade, identificamos no conceito de Yeo, ainda que de maneira implícita, aspectos comuns aos demais conceitos apresentados, quais sejam, a natureza dos documentos arquivísticos a partir de pessoas físicas e jurídicas e a organicidade.

O quadro 6 sintetiza o que foi aqui analisado.

QUADRO 6 Sistematização do conceito de documento arquivístico a partir de autores contemporâneos

AUTORES	ANO	TERMO ADOTADO	IDEIAS CENTRAIS
Associação dos Arquivistas Franceses	1973	Arquivo	• Natureza dos arquivos: pessoas físicas e jurídicas. • Organicidade.
Carucci	1983	Arquivo	• Natureza dos arquivos: pessoas físicas e jurídicas. • Organicidade.
Cortés Alonso	1989	Arquivo	• Natureza dos arquivos: pessoas físicas e jurídicas. • Organicidade (implícita). • Naturalidade. • Unicidade. • Integridade. • Autenticidade. • Imparcialidade. • Uso pelo órgão produtor. • Uso secundário.

Heredia Herrera	1991	Arquivo Documentos arquivísticos Documento de arquivo	• Natureza dos arquivos: pessoas físicas e jurídicas. • Naturalidade. • Organicidade. • Ordenação. • Uso pelo órgão produtor. • Uso secundário.
Martín-Pozzuelo Campillos	1996	Documento de arquivo	• Natureza dos arquivos: pessoas físicas e jurídicas. • Organicidade. • Contexto de produção. • Unicidade. • Autenticidade. • Multiplicidade de conteúdo. • Interdependência.
Rodríguez Bravo	2002	Documento de arquivo	• Natureza dos arquivos: pessoas jurídicas. • Naturalidade. • Organicidade.
Duranti	1994	Documento arquivístico	• Natureza dos arquivos: pessoas físicas e jurídicas. • Imparcialidade. • Autenticidade. • Naturalidade. • Organicidade. • Unicidade.
Duranti	2002	Documento arquivístico	• Natureza dos arquivos: pessoas físicas e jurídicas. • Organicidade. • Instrumento. • Subproduto.
Eastwood	2009	Documento arquivístico	• Natureza dos arquivos: pessoas físicas e jurídicas. • Imparcialidade. • Autenticidade. • Naturalidade. • Organicidade. • Unicidade.
McKemmish e Upward	1991 1994 2001 2005 2010	Documento arquivístico contínuo	• Natureza dos arquivos: pessoas físicas e jurídicas. • Documento contínuo. • Evidência. • Transação. • Contexto.

Yeo	2007 2008	Documento arquivístico	• Natureza dos arquivos: pessoas físicas e jurídicas. • Organicidade (implícita). • Representação. • Persistência. • Atividades. • Ocorrência. • Doc. protótipo. • Doc. limítrofe.

CONVERGÊNCIAS

- Natureza dos arquivos: pessoas jurídicas.
- Organicidade.

O que dizem os dicionários, glossários e instrumentos afins da área da arquivologia

Dicionários e glossários, em geral, caracterizam-se por apresentar definições que simplesmente descrevem um determinado termo, ou seja, não se propõem a promover reflexões conceituais (Pédauque, 2003). O mesmo pode ser dito de normas de padronização como a ISO (International Organization for Standardization), por exemplo. Tal objetividade, entretanto, não diminui a importância desses instrumentos como fontes de pesquisa, uma vez que podem clarear o que permanece obscuro em discursos teóricos.

Comecemos por *Hacia un diccionário iberoamericano de terminologia archivística*, publicado em 1996, como resultado de uma interessante iniciativa de padronização de termos arquivísticos envolvendo Espanha, Colômbia, Cuba, México, Brasil e Portugal. Entre os países participantes, Cuba, México e Brasil conceituam apenas o termo "arquivo", isto é, documento arquivístico ou documento de arquivo não é contemplado. Arquivo, no contexto do dicionário de autoria do Grupo Iberoamericano de Tratamiento de Archivos Administrativos (1996:9, 16), é definido como:

- Cuba: "conjunto de documentos produzidos e/ou acumulados por uma pessoa ou entidade".

- México: "conjunto orgânico de informação, independentemente de suas características, de forma ou suporte material em que se encontra, produzido ou recebido por uma pessoa jurídica, singular ou coletiva, ou por um organismo público ou privado, no exercício de suas atividades, e conservado, especialmente em uma instituição que tem como finalidade o tratamento, a preservação e o uso de tal informação, como instrumento de apoio às atividades dos organismos e/ou como testemunho dos mesmos".
- Brasil: "conjunto de documentos, independentemente da natureza dos suportes, acumulados por uma pessoa física ou jurídica, pública ou privada, ao longo de suas atividades".

A constatação da ausência de um termo que identifique a entidade arquivística individualmente pelos países mencionados no âmbito do dicionário nos recorda a observação de Heredia Herrera (2007), de que, nesses casos, o que se está conceituando de fato é o termo "fundo", e não a entidade arquivística em si.

As palavras de Heredia Herrera ganham força na medida em que, no mesmo instrumento, no caso do Brasil, o verbete "fundo", além de ser definido como "conjunto de documentos de uma mesma proveniência", traz o seguinte complemento: "termo que equivale a arquivo" (Grupo Iberoamericano de Tratamiento de Archivos, 1996:66).

Ainda em relação ao Brasil, observamos que a opção por conceituar apenas o termo "arquivo" foi mantida em dois instrumentos publicados, respectivamente, em 1996 e em 2005. Assim, segundo o *Dicionário de terminologia arquivística* (1996:5), arquivo é o "conjunto de documentos que, independentemente da natureza do suporte, são reunidos por acumulação ao longo das atividades de pessoas físicas ou jurídicas, públicas ou privadas".

Já para o *Dicionário brasileiro de terminologia arquivística* (Brasil, 2005:27), arquivo é o "conjunto de documentos produzidos e acumulados por uma entidade coletiva, pública ou privada, pessoa ou família, no desempenho de suas atividades, independentemente da natureza do suporte".

Cabe registrar que, no caso do primeiro dicionário, o termo "documento de arquivo" chega a ser contemplado, mas é anulado com uma remissiva para o verbete "arquivo".

Assim, em relação à publicação do Grupo Iberoamericano de Tratamiento de Archivos Administrativos (1996:9, 51), Espanha, Colômbia e Portugal são os que conceituam a entidade arquivística individualmente, a qual preferem denominar "documento de arquivo". Arquivo e documento de arquivo são assim conceituados nesses países:

- Espanha
Arquivo: "conjunto orgânico de documentos produzidos e/ou recebidos no exercício de suas funções por pessoas físicas ou jurídicas, públicas ou privadas".
Documento de arquivo: "o testemunho material de um feito ou ato elaborado de acordo com umas características de tipo material e formal" (deve-se registrar que, nesse caso, o verbete "documento de arquivo não é o principal, apresentando-se subordinado ao termo "documento").
- Colômbia
Arquivo: "conjunto de documentos, seja qual for sua data, forma ou suporte material, acumulados em um processo natural por uma pessoa ou instituição pública ou privada, no transcurso de sua gestão".
Documento de arquivo: "registro de informação produzida ou recebida por uma pessoa ou entidade em razão das suas atividades ou funções, que tem valor administrativo, fiscal ou legal, ou valor econômico, histórico ou cultural e deve ser objeto de conservação".
- Portugal
Arquivo: "conjunto orgânico de documentos, independentemente de sua data, forma e suporte material, produzidos ou recebidos por uma pessoa jurídica, singular ou coletiva, ou por organismo público".
Documento de arquivo: "a menor unidade arquivística indivisível do ponto de vista funcional. Pode ser constituído por um ou mais documentos simples".

Nas definições, a diferenciação entre arquivo e documento de arquivo se limita ao fato de o primeiro considerar a entidade arquivística do ponto de vista coletivo, e o segundo, do ponto de vista individual.

Fora dos limites do dicionário em questão, mas, ainda no âmbito de países de língua portuguesa e espanhola, registra-se que o conceito de documento arquivístico ou documento de arquivo consta de instrumentos mais modernos tanto no Brasil quanto na Espanha. Segundo o glossário da Câmara Técnica de Documentos Eletrônicos (2008), do Conselho Nacional de Arquivos (Conarq), documento arquivístico é "o documento produzido e/ou recebido por uma pessoa física ou jurídica, no decorrer de suas atividades, qualquer que seja o suporte".

A Comisión de Normas Españolas de Descripción Archivística (2010) define "documento de arquivo" como "unidade de informação registrada em qualquer suporte como evidência de ações, produzida por um agente no exercício de suas funções e gerenciada por seu valor testemunhal e informativo".

Examinemos as definições de arquivo e de documento arquivístico disponíveis em instrumentos de língua inglesa.

Comecemos pelo termo arquivo (*archives*), o qual apresenta as seguintes definições:

> Documentos produzidos ou recebidos e acumulados por uma pessoa ou instituição no curso dos negócios, e preservados pelo seu valor permanente [International Council of Archives, 2010].
>
> Materiais produzidos ou recebidos por uma pessoa, família ou organização, pública ou privada, na condução dos seus negócios, e preservados graças ao valor permanente da informação neles contida ou como evidência das funções e responsabilidade do seu produtor, especialmente aqueles materiais mantidos sob os princípios da proveniência, ordem original e controle coletivo; documentos arquivísticos permanentes [Pearce-Moses, 2010].
>
> Documentos produzidos ou recebidos e acumulados por uma pessoa ou organização no curso da condução dos negócios e preservados em decorrência do seu valor permanente [Arma International, 2010].

Documentos considerados de valor contínuo pelo Queensland State Archives e selecionados para preservação permanente [Queensland State Archives, 2010].

Conjunto dos documentos arquivísticos de um produtor [Duranti, 2001:356].

Conjunto de documentos elaborados ou recebidos por uma pessoa jurídica ou física ou organização na condução dos negócios, e preservados [Duranti e Preston, 2008:800].

Já documento arquivístico (*record*) é definido como:

Documento produzido ou recebido e mantido por uma agência, organização ou indivíduo em cumprimento de obrigações legais e transações de negócios [International Council of Archives, 2010].

Dado ou informação em uma forma fixa produzido ou recebido no curso de atividade individual ou institucional e retido (preservado) como evidência daquela atividade para referência futura [Pearce-Moses, 2010].

Informação registrada produzida ou recebida por uma entidade na transação de negócios ou na condução de interesses, que fornece evidência dos negócios ou interesses [Queensland State Archives, 2010].

Informação registrada, independentemente do suporte ou características, produzida ou recebida por uma organização no cumprimento de obrigações legais ou transações de negócios [Arma International, 2010].

Documento elaborado ou recebido e retido no curso de uma atividade prática [Duranti, 2005:363].

Documento elaborado ou recebido no curso de uma atividade prática como instrumento ou resultado de tal atividade, e retido para ação ou referência [Duranti e Preston, 2008:832].

Informação produzida, recebida e mantida como evidência e informação por uma organização ou pessoa no cumprimento de obrigações legais ou transações de negócios [Standard Australia International, Part. 1. cláusula 3.15:3, 2002].[45]

---

[45] A Standard Australia International, Parte 1, não traz a definição do termo arquivo.

Observamos nos instrumentos ora elencados, no que tange ao termo arquivo em língua inglesa (*archives*), que enquanto o International Council of Archives e a Arma usam "documentos" (*documents*) para defini-lo, Pearce-Moses prefere "materiais" (*materials*); já o Queensland State Archives e o projeto InterPares 1 e 2 usam "documentos arquivísticos" (*records*).

Em relação a documento arquivístico (*record*), o International Council of Archives, Duranti (2005) e Duranti e Preston (2008) o definem como *document*, sendo que no caso do International Council of Archives trata-se do mesmo termo usado para definir arquivo, agora, porém, no singular. Pearce-Moses prefere "dado ou informação". Quanto ao Queensland, a Arma e a Standard Australia International, os dois primeiros usam "informação registrada", e o último, somente "informação".

No que diz respeito aos conceitos de arquivo e de documento arquivístico de Duranti (2005) e de Duranti e Preston (2008), ambos no âmbito do Projeto InterPares 1 e 2, respectivamente, ressaltamos nos termos a diferença nos enunciados das fases 1 e 2 do projeto, sendo os da fase 2 mais completos. A razão da diferença pode ser o contexto de pesquisa no qual o projeto se inseria, o que lhe conferia um dinamismo próprio do pensar e repensar acadêmico. O Projeto InterPares foi concluído em junho de 2012.

Cabe observar ainda, quanto ao termo documento arquivístico, sua caracterização como evidência em alguns instrumentos, o que será analisado adiante.

Finalmente, ainda no contexto dos países de língua inglesa, registramos que a diferença entre os termos arquivo (*archives*) e documento arquivístico (*record*) não se restringe a considerações de ordem coletiva ou individual, como havia se registrado antes em relação aos países de língua latina, mas também ao termo arquivo (*archives*) remeter sempre à preservação permanente dos documentos que o integram. Em outras palavras, na língua inglesa, o termo arquivo (*archives*) estaria para os documentos de valor permanente assim como o termo documento arquivístico (*record*) para os de valor corrente e intermediário.

Outra realidade diz respeito à frequência com que *record* vem sendo usado em textos arquivísticos mais modernos para designar o objeto da arquivologia. O fato nos remete de volta à questão terminológica a qual já nos referimos e retomaremos a seguir.

Considerações terminológicas envolvendo o conceito de arquivo

A questão terminológica envolvendo o conceito de arquivo foi amplamente abordada por Lodolini no seu clássico *Arquivística: princípios e problemas*. Na verdade, o autor italiano vinculou o tema às diferentes visões sobre o momento em que os arquivos nascem. A partir daí identificou duas teorias cujos partidários, no seu entendimento, "não conhecem possibilidade de consenso" (Lodolini, 1990:53). De um lado, estariam os defensores da teoria de que o arquivo nasce no mesmo instante e no mesmo local em que os documentos são produzidos; de outro, os que entendem que:

> o arquivo nasce somente quando os documentos, tendo perdido o interesse para o escritório que os produziu, foram selecionados para preservação permanente, conquistaram dignidade e maturidade arquivística [...] e, normalmente, foram transferidos dos escritórios produtores para uma instituição encarregada especificamente de sua preservação [Lodolini, 1990:53-54].

Na sequência da primeira teoria, Lodolini identifica inicialmente Cencetti, para quem é impossível "diferenciar teoricamente o escritório de protocolo do arquivo, [...] visto que tudo é simplesmente arquivo" (Cencetti, apud Lodolini, 1990:54).

Na verdade, a noção de que o arquivo nasce no momento em que os documentos são produzidos é, segundo Lodolini, a que prevalece nos países de origem latina. Nesse caso, ao termo arquivo é acrescentado outro, que lhe confere conotação temporal de uso. Na Itália, fala-se em arquivo corrente, arquivo de depósito[46] e arquivo histórico ou arquivo geral; a França usa as expressões arquivo corrente ou arquivos em formação, enquanto a Espanha adota arquivo administrativo e arquivo histórico (Lodolini, 1990).

Entretanto, e numa demonstração da complexidade da questão, ao abordar a segunda teoria, Lodolini cita também países latinos, entre os quais a própria Itália. Nesse contexto identifica a si mesmo como partidário da ideia de que, para ser arquivos, os documentos têm de conquistar "maturidade arquivística". Segundo o autor:

> a opinião segundo a qual o "arquivo" nasce no mesmo momento em que os documentos são gerados, é provavelmente prevalente nos países latinos; prevalente, mas não única, porque também na Itália, por exemplo, há alguns (o autor deste livro) que consideram "arquivo" somente o conjunto dos escritos que perderam o interesse administrativo para os escritórios que os produziram, conquistaram maturidade arquivística, foram selecionados para conservação permanente [Lodolini, 1990:56].

Nesse caso, prossegue o autor, "não existem nem arquivos correntes, nem arquivos de depósito, nem arquivos históricos, mas registros correntes, registros de depósito e arquivos sem outros acréscimos". E, assertivo, complementa: "os papéis correntes são indicados com termos diversos (em italiano pode-se usar as palavras registro ou protocolo), mas nunca o nome de arquivo".

Outro país latino exemplificado por Lodolini é a Argentina, na qual ele destaca a posição de Tanodi, para quem:

> existe na vida dos documentos uma primeira fase, "pré-arquivística", constituída "pela criação ou formação da arquivalia em potencial dentro da entidade pró-

---

[46] Corresponde a arquivo intermediário, mas na própria instituição produtora de documentos (Lodolini, 1988).

pria produtora dos documentos". Segue-se uma segunda fase, que tem início "quando o material cumpriu sua função imediata, e já não serve para *tramitação* concreta; passa, então, para o arquivo administrativo, transformando-se em arquivalia verdadeira, com fins de consulta ou utilização potencial". Finalmente, a terceira fase é aquela na qual o material documental perde a importância prevalentemente prática e conquista uma outra eminentemente cultural [Lodolini, 1990:55-56, grifo nosso].

Assim, Tanodi acrescenta à questão mais um complicador: a ideia de que documentos em tramitação não poderiam ser considerados arquivísticos. O autor argentino fala claramente sobre isso:

> As folhas de serviço, cartas, processos, livros etc., durante sua tramitação, não constituem arquivalia, e o escritório que os produz ou ordena não é um arquivo. Esse material constitui somente uma arquivalia em potencial, do qual se pode separar o que não é necessário, remeter a outro escritório, acrescentar novas folhas, ou seja, manejá-lo segundo as necessidades do assunto a que se referem. *Esta é a forma embrionária de um conjunto arquivístico* [Tanodi, apud Lodolini, 1988:38, grifo nosso].

Fora do âmbito dos países latinos, Lodolini cita a Alemanha como partidária da segunda teoria, ou seja, da ideia de que há um "status de arquivo" a ser alcançado pelos documentos a partir de um determinado momento de sua existência. Segundo ele (1990:57), "em alemão usa-se somente o termo *Registratur,* que pode ser corrente, ou intermediário, [...] enquanto *Archiv* é apenas o 'arquivo' equivalente ao 'arquivo histórico' na mais comum terminologia italiana e espanhola".

Em outro momento Lodolini aprofunda mais a questão:

> Na Alemanha os documentos são primeiramente gerenciados por uma "chancelaria" (*Kanzlei*) e posteriormente [...] por um escritório [...] denominado "escritório de registro" (*Registratur*). A passagem dos documentos da chancelaria para o escritório de registro pode acontecer imediatamente depois da conclusão de cada assunto a que se referem esses documentos, diariamente ou em inter-

valos regulares mais ou menos longos. Nesta segunda hipótese, os documentos permanecem por algum tempo na chancelaria, antes de passar ao escritório de registro [Landolini, 1988:38].

Por essas palavras reconhecemos na prática arquivística alemã o pensamento de Tanodi sobre a "fase pré-arquivística" dos documentos.

Lodolini prossegue sua análise abordando a questão terminológica em língua inglesa, ou, mais precisamente, tecendo considerações sobre os termos *records* e *archives*. Segundo o autor, o uso desses termos "apresenta muitas deformidades, já que há quem afirme que *records* são a mesma coisa que *archives*, e quem, ao contrário, afirme que *records* e *archives* têm significados completamente diferentes, como, de certa forma, *Registratur* e *Archiv* em alemão (Lodolini, 1990:57).

Após mencionar os entendimentos de Jenkinson e de Schellenberg sobre o assunto, abordado anteriormente, Lodolini (1988:58) percorre alguns países de colonização inglesa como Rodésia, Malásia e Singapura, demonstrando que, a despeito da "formação arquivística britânica" recebida por essas ex-colônias, o que prevalece é a separação terminológica estabelecida por Schellenberg. E registra ainda a adoção dos dois termos pelos próprios arquivistas ingleses.

É oportuno aqui fazer um parêntese nas colocações de Lodolini e retomar brevemente o contexto terminológico de Jenkinson. É interessante observar como, em texto de 1948 e, portanto, 22 anos após a publicação de *Um manual de administração de arquivos*, de 1922, Jenkinson aborda a questão das fases dos documentos arquivísticos deixando claro seu entendimento de que o termo "arquivo" se aplica à entidade arquivística independentemente de qualquer conotação temporal e de uso. Segundo ele:

Arquivos normalmente passam por três fases. Na primeira eles constituem os arquivos correntes,[47] os quais podem ser necessários a qualquer

---

[47] A expressão empregada pelo autor é *current files*, à qual ainda acrescenta, entre parênteses "para usar uma moderna fraseologia". Na verdade, o termo *files* é utilizado como sinônimo de arquivos nas três fases mencionadas.

momento para referência [...]. Na segunda fase os arquivos ainda podem ser ocasionalmente necessários; [...] eles são moralmente relegados (fisicamente também, caso sejam em grande volume) a um tipo de limbo, onde jazem meio esquecidos e algumas vezes [...] inteiramente negligenciados. Finalmente, se sobrevivem, alcançam o terceiro estágio, no qual seu valor para fins de pesquisa é reconhecido e se torna o fator determinante de sua preservação [Jenkinson, 1948:5].

De volta a Lodolini, em relação aos Estados Unidos, o autor cita Campbell, o qual reforça o entendimento dos arquivos (*archives*) como uma espécie de documentos arquivísticos (*records*):

Nós distinguimos entre documentos arquivísticos correntes [*current records*] (aqueles usados nos negócios correntes de uma organização) e documentos arquivísticos não correntes [*non current records*] (aqueles que não são mais usados no dia a dia da organização). Dentre os não correntes, ainda fazemos uma distinção que identifica como "arquivos" (*archives*) os documentos arquivísticos (*records*) que o diretor do Arquivo Nacional dos Estados Unidos indicou como dotados de valor suficiente para garantir sua guarda por tempo indeterminado, diferentemente dos outros não correntes, que apenas precisam ser retidos temporariamente, talvez um mês, talvez anos. Portanto, na prática diária, "arquivos" são um tipo particular de documento arquivístico [*record*] [Campbell, apud Lodolini, 1990:60].

Finalmente, para resumir a questão, destaca-se a seguinte declaração de Holmes, datada de 1959: "Na língua inglesa, a palavra *archives* nunca esteve à vontade" (Holmes, apud Lodolini, 1990:59).

O conceito de arquivo do *Manual dos arquivistas holandeses* também foi incluído na análise conceitual/terminológica de Lodolini. Lembremos o conceito:

Arquivo é o conjunto de documentos escritos, desenhos e material impresso, recebidos ou produzidos oficialmente por determinado órgão administrativo ou por um de seus funcionários, à medida que tais documentos se destinavam a permanecer na custódia desse órgão ou funcionário [Associação dos Arquivistas Holandeses, 1973:13].

Destaquemos agora o trecho "à medida que tais documentos se destinavam a permanecer na custódia desse órgão ou funcionário". Foi justamente aí que Lodolini identificou uma conotação vinculando o termo "arquivo" somente aos documentos em uso pela instituição que os produzira. Nesse sentido, após se referir ao *Manual* como "a bíblia dos arquivistas", avaliou que, de acordo com o trecho citado,

> os documentos devem permanecer junto ao escritório que os produziu. [...] Ao contrário, em boa parte das definições que anteriormente relatamos, a condição para a existência de um arquivo é que os documentos *não* sejam conservados junto ao escritório ou ente que os produziu, mas que tenham sido transferidos (ou pelo menos julgados dignos de transferência) para uma instituição arquivística [Lodolini, 1990:62-63].

Em outro momento Lodolini (1990:119) é mais enfático ao considerar que o conceito dos holandeses constitui "uma definição com muitos elementos válidos, embora pareça se referir mais aos documentos correntes e intermediários (*registratura*) do que ao arquivo permanente (*archivio*)".

Recentemente, a questão terminológica foi também abordada por Heredia Herrera sob um ângulo aparentemente diferente, mas que, ao final, também diz respeito ao momento do nascimento dos arquivos. Trata-se das acepções do termo arquivo como fundo e como instituição arquivística. O assunto é tratado em sua obra *O que é um arquivo?*, na qual a autora argumenta:

> A maioria de nossos textos legais induz à confusão entre arquivo e fundo documental à medida que se utiliza a mesma definição para ambos. As duas acepções do termo *arquivo*, como instituição e como conteúdo, tornam necessária uma distinção entre ambas que a unidade do termo não permite [Heredia Herrera, 2007:20].

Assim, Heredia Herrera apresenta uma proposta de diferenciação do arquivo como instituição e como documentos por meio da grafia, propondo usar letra maiúscula para designar a primeira acepção (Arquivo) e minúscula para designar a segunda (arquivo). Isso porque:

> A distinção, a partir da grafia, pode nos facilitar a resposta sobre o momento do nascimento do *arquivo*. Haveremos de distinguir dois momentos, e não apenas um, segundo se trate de uma ou outra acepção: o que se identifica com a produção do documento [...] e o que se refere ao Arquivo como instituição, que precisa de uma regulamentação de qualquer natureza para sua criação e funcionamento e que, infelizmente, costuma ser bem depois do nascimento do conteúdo documental ou arquivo [Heredia Herrera, 2007:21].

Heredia Herrera inova quando, além de insistir na distinção do termo arquivo como fundo e como instituição, ainda apresenta um terceiro significado, pelo qual o termo também designaria todo material existente na instituição arquivística, ou seja, tanto fundos quanto coleções. Assim, com base em seu mais recente texto, "O nome das coisas ou o valor das palavras", a autora propõe as seguintes definições:

1) Arquivo: a instituição que conserva, trata e disponibiliza os documentos de arquivo que guarda;
2) arquivo: conteúdo documental do Arquivo, identificado com todos os documentos ali conservados, seja um só fundo [...] ou vários, e, eventualmente, uma ou várias coleções;
3) fundo documental: conjunto orgânico de documentos procedente de uma instituição, coletiva ou individual, que é testemunho ou prova de sua respectiva gestão [Heredia Herrera, 2007:30].

Trata-se de uma proposta realmente inovadora, a qual, segundo a autora (2007:21), "necessita de seguidores".

As considerações de Lodolini e de Heredia Herrera sobre a questão conceitual/terminológica envolvendo o termo "arquivo", deixam claro o quanto o tema é instigante e merecedor de um estudo específico fora dos limites deste livro. Afinal, como ensina Lodolini, (1990:53) "não se trata de simples questão de nomes, mas de profunda controvérsia doutrinária".

Um conceito de evidência para o documento arquivístico

No percurso conceitual aqui empreendido, observamos que o entendimento do documento arquivístico como evidência aparece textualmente em Brenneke, McKemmish e em alguns instrumentos contemplados no item que trata do conceito de documento arquivístico a partir de dicionários, glossários e outras fontes arquivísticas. Na verdade, esse entendimento remonta a Jenkinson (1948:2), para quem "arquivos são uma parte efetiva das atividades das quais se originam, evidências materiais que sobrevivem na forma escrita". Em outros momentos, o autor é mais incisivo, como na citação a seguir, a qual, segundo Cook, aparece em quatro de suas palestras: "A carreira do arquivista é serviço. Ele existe para tornar possível o trabalho das pessoas. Seu credo, a santidade da evidência; sua tarefa, a conservação de cada fragmento de evidência atribuída aos documentos sob sua responsabilidade" (Jenkinson, apud Cook, 1997:23).

Outro que também atribuiu aos documentos arquivísticos o caráter de evidência foi Schellenberg, o qual, no entender de Brothman (2002:311), apenas "reintroduziu e popularizou o termo de Jenkinson". É bem verdade que Schellenberg "subverteu" (para usar um termo de Yeo, 2007:319) o sentido dado por Jenkinson ao termo evidência à medida que o limitou aos documentos de valor corrente e intermediário. Entretanto, esse fato não invalida o que se quer demonstrar, a presença remota do termo no discurso arquivístico.

A ideia de evidência, segundo vários autores, não representa nenhuma novidade no mundo dos arquivos. O que Brothman distingue como novo é sua centralidade no conceito de documento arquivístico nos últimos anos; ou, como registra Meehan (2006), a partir do advento dos documentos digitais. No entender de Brothman (2002:314), essa centralidade se deve à necessidade que os arquivistas sentiram de melhor situar a si mesmos e à arquivologia em relação a outros profissionais de áreas como história, direito, biblioteconomia e gestão de informação, de instituições públicas e privadas, em meio à realidade digital. Segundo o autor: "Com o advento da tecnologia da informação, todas essas instituições e profissões tiveram que renegociar, individual e coletivamente, seus papéis na produção, gestão e uso de documentos arquivísticos e de evidência" (Brothman, 2012:314).

Nesse novo contexto tecnológico, o dinamismo dos documentos digitais, que, entre outras coisas, passaram a prescindir de uma vinculação inextricável com o suporte, teria contribuído para o fortalecimento da noção de evidência no conceito de documento arquivístico (Brothman, 2002).

Em sua abordagem sobre o tema, Yeo adverte sobre o fato de evidência e documentos arquivísticos não serem sinônimos. Nesse sentido considera que:

> quando evidência é solicitada, seja por um juiz, um historiador, ou qualquer outra pessoa, outras coisas além de documentos arquivísticos podem ser invocadas. No tribunal, uma mancha de sangue numa arma ou um pedaço de DNA podem fornecer evidência. [...] Evidência pode ser encontrada na arquitetura, paisagem, topografia urbana e objetos de museu. Nenhum desses são documentos arquivísticos no sentido dado pelos arquivistas [Yeo, 2007:320].

Em outro momento, o autor destaca:

> Algumas vezes evidência se refere ao presente, e não ao passado. Fumaça é evidência de que um fogo está aceso; sons e sombras podem evidenciar que alguém está se aproximando. [...] Tenha o evento sido registrado há uma hora ou há cinco séculos, documentos arquivísticos sempre apontam para o passado [Yeo, 2007:320].

Mas, afinal, "o que nós arquivistas queremos dizer quando falamos de evidência"? Essa é a pergunta feita por Meehan em "Rumo a um conceito arquivístico de evidência". Vejamos o que diz a autora. Logo no início, e em certa medida na mesma linha de Brothmam, ela registra o fato de os arquivistas em geral usarem evidência para

> se referir à natureza, função e valor dos documentos arquivísticos, elaborar métodos de tratamentos de documentos arquivísticos, sublinhar a necessidade de requisitos arquivísticos para gestão eletrônica, e para dar consistência a certas ideias arquivísticas sobre a natureza e o propósito do esforço arquivístico [Mechan, 2006:128].

Meehan observa então que os profissionais de arquivo sempre dizem que "documentos arquivísticos são evidência, possuem evidência, fornecem evidência e são importantes para evidência", como se houvesse um entendimento geral e latente sobre o significado do termo que dispensaria explicações. Ela não concorda com isso e se propõe analisar o que de fato o termo evidência significa no âmbito da arquivologia. Primeiro, contudo, cabe considerar a questão do ponto de vista etimológico.

Segundo MacNeil (2001:40), a palavra evidência é de origem latina e significa "aquilo que é manifesto ou está à vista". A partir daí, a autora considera que, "em seu sentido metafórico, evidência é aquilo que traz o invisível (isto é, um evento passado) de volta à vista. [O que] pode ser lido 'como uma manifestação' ou uma 'percepção' [daquele evento]". É justamente nesse contexto etimológico que se constrói o pressuposto arquivístico de que a manifestação do evento se dá por meio do documento arquivístico, o qual é então assumido como evidência desse evento (MacNeil, 2001; Meehan, 2006).

Voltemos a Meehan (2006:131) e ao que constitui, na verdade, uma proposta de formular um "conceito arquivístico de evidência". Em primeiro lugar, ela aborda o conceito a partir da perspectiva legal. Isso exige que se esclareça, ainda que em breves palavras, algumas diferenças no uso do termo evidência no âmbito do direito comum e do direito civil. Vejamos a que se refere um e outro.

Segundo MacNeil (2000:32, notas 1 e 2):

> Direito comum é a tradição legal dominante no Canadá, Grã-Bretanha, Irlanda, Estados Unidos, Austrália e Nova Zelândia, tendo tido uma influência subs-

tancial no direito de várias nações da Ásia e da África. Direito civil é a tradição legal dominante na maioria da Europa Ocidental e da América Central e do Sul, muitas partes da Ásia e África, tendo também construído um nicho em certas partes do mundo do direito comum (como, por exemplo, Québec, Lousiania, Porto Rico).

Ainda de acordo com MacNeil (2000:34):

> Nas jurisdições do direito comum, a avaliação da evidência acontece dentro de uma estrutura legal que é mais mutável e menos previsível. Nas jurisdições do direito civil, por outro lado, a avaliação da evidência acontece dentro de uma estrutura legal que é menos mutável e mais previsível.

Por essas palavras entenda-se que, enquanto nos países regulados pelo direito comum as decisões se dão com base em decretos legislativos e no âmbito dos tribunais, nos regulados pelo direito civil, como no caso do Brasil, estas se dão a partir de normas previamente definidas no Código Civil. Cabe registrar que a linguagem jurídica brasileira não adota o termo evidência, mas prova, sendo a tradução da palavra inglesa *evidence* por evidência considerada um falso cognato ou mesmo um anglicismo. Por outro lado, na linguagem jurídica dos países do direito comum, o termo *evidence* não é sinônimo de *proof*, sendo esta entendida como um resultado da evidência (Fonseca, 2010). Dito de outra maneira, "o processo da prova [*proof*] (ou de produzir uma convicção na mente da pessoa que recebe a evidência [*evidence*]) não é baseado na evidência em si, mas nas inferências tiradas da evidência" (Patterson, apud Meehan, 2006:144, nota 36).

Isso significa que, uma vez aceita a evidência (*evidence*), esta configura uma prova (*proof*) (Fonseca, 2010). Daí inferimos que, no contexto jurídico brasileiro, mais precisamente no nosso Código Civil, o termo prova abrange tanto o sentido de *evidence* quanto o de *proof*. Por conseguinte, a abordagem de Meehan com base no direito comum não compromete sua análise do termo evidência em relação ao direito civil.

Ao abordar a concepção jurídica do termo evidência, Meehan o faz a partir de uma linha evolutiva de pensamento que vai do entendimento mais estrito do termo ao mais amplo. Em relação ao primeiro Meehan (2006:133) explica:

> Carl Rescher e Nicholas Joynt sugerem que a estreiteza das concepções legais de evidência deriva do propósito específico da lei, qual seja, o de primeiramente sentenciar e depois investigar (enquanto outras disciplinas como a história são prioritariamente investigativas) e da função do direito, que é provar um determinado fato no curso da resolução de conflitos e alcançar uma "decisão indubitável".

Outra justificativa aponta para a vinculação do termo evidência à satisfação de regras de admissibilidade nos tribunais, o que teria levado à criação de uma categoria especial de evidência, a que pode e a que não pode ser aceita como tal de acordo com regras legais de admissibilidade preestabelecidas (Meehan, 2006).

Concepções jurídicas limitadas de evidência estabelecem uma vinculação direta entre documento (arquivístico ou não) e evidência: a evidência está dentro do documento. É justamente a transposição desse entendimento estrito de evidência para o âmbito arquivístico que Meehan julga perigoso, uma vez que implicaria uma acepção igualmente limitada do termo entre os arquivistas.

Atenta a esse perigo e com o firme propósito de formular um conceito arquivístico de evidência, Meehan se volta para pensadores do campo do direito com uma visão mais ampla do termo. É o caso do jurista americano Wigmore (1863-1943), o qual toma por base o filósofo inglês e também jurista Bentham (1748-1832), crítico fervoroso de entendimentos jurídicos estritos, como, por exemplo, o que considerava evidências escritas mais confiáveis que testemunhos orais (MacNeil, 2000; Meehan, 2006).

Ao explorar as ideias de Bentham, Meehan (2006:135-136) destaca a ideia desse pensador do direito de que "questões de evidência não estão limitadas a contextos forenses, de natureza legal ou mesmo histórica, ao contrário, 'apresentam-se continuamente a cada ser humano, a cada dia, e quase a cada despertar de sua vida'". Para Meehan (2006:136):

> Bentham parece sugerir que perder de vista essa natureza geral de evidência e sua aplicabilidade e uso em todos os aspectos do esforço humano leva ao empobrecimento do conceito em si e a um entendimento distorcido da natureza do conhecimento e do raciocínio no contexto jurídico.

E prossegue sua leitura de Bentham afirmando que o filósofo e jurista:

> concebe evidência independentemente de regras legais, ao destacar a relatividade do termo. Evidência não é evidência porque as regras dizem isso. Ao contrário, "evidência é uma palavra de *relação* [...] [e como tal] não tem um significado completo em si mesma" [Meehan, 2006:136, grifo nosso].

É justamente nessa ideia expandida de evidência de Bentham que Wigmore se apoia para desenvolver sua própria concepção do termo. Segundo ele:

> Evidência é sempre um termo relativo. Significa uma relação entre dois fatos, o *factum probandum*, ou proposição a ser estabelecida, e o *factum probans*, ou material que evidencia a proposição. O primeiro é necessariamente concebido como hipotético. [...] O segundo é concebido por motivos práticos e é apresentado como tal para a apreciação do tribunal [Wigmore, apud Meehan, 2006:136-137].

No entender de Meehan (2006:137), a partir desse conceito, Wigmore formula "a noção-chave de que 'a análise de evidência envolve o estudo de relações entre proposições'", isto é, "uma proposição a ser provada e uma proposição que prova". E julga que, embora a ideia de Wigmore pertença ao âmbito jurídico, os princípios que a permeiam, não. Isso porque:

> O estudo das relações entre proposições implica numa inferência do fato que prova para o fato a ser provado envolvendo uma simples aplicação de princípios

comuns da lógica indutiva. Tal análise é baseada no senso comum do empirismo e resulta em julgamento de probabilidades [Meehan, 2006:137].

A partir daí, Meehan (2006:137) considera que as ideias de Bentham e de Wigmore "proporcionam um olhar mais amplo sobre o significado de evidência, sugerindo que esta não representa nada em si mesma, ao contrário, está sempre apontando para alguma coisa além", que poderá ou não provar um fato "ou adquirir conhecimento sobre um evento passado".

É justamente esse entendimento jurídico de evidência como "relação", como "possibilidade de", que inspira Meehan a traçar um conceito de evidência no âmbito da arquivologia. Afinal, no entender da autora, o documento arquivístico reflete uma relação com o evento que o origina, logo, pode perfeitamente ser entendido como evidência. Aprofundemos mais a questão.

O ponto central do pensamento de Meehan (2006:139) é que evidência não é inerente ao documento arquivístico, ou, nas palavras da autora, "um conceito arquivístico de evidência assume que esta é uma relação que pode ser associada com um documento arquivístico, mas não é e não pode estar contida num documento arquivístico". Assim, o documento de arquivo tem um potencial de relação com um evento ocorrido; o documento não contém evidência, apenas aponta para eventos fora dele. Nesse contexto, "o processo de se chegar a uma compreensão dos eventos aos quais o documento se refere é uma questão de inferência" (Meehan, 2006:140).

Nessa abordagem da relação entre documento arquivístico e evento, Meehan (2006:140), com base no sociólogo Stanley Raffel, a qualifica como uma "relação de 'correspondência', na qual os documentos arquivísticos são primeiro diferenciados e então relacionados ao 'mundo real'". Entretanto, cabe destacar nessa correspondência que a relação documento arquivístico e evento é "apenas sempre uma contingência, nunca uma certeza". Percebe-se assim a insistência da autora em salientar a questão da relatividade e da inferência no âmbito de sua análise do documento arquivístico como evidência. A partir das ideias do arquivista Thomas Nesmith,

Meehan reitera sua posição de que a documentabilidade, ou capacidade de documentar (*recordness*) do documento arquivístico não está no documento em si, mas na maneira como sua relação com o evento para o qual aponta será interpretada. No entender de Meehan (2006:141-142):

> Quando falamos do valor e significado dos documentos arquivísticos como fontes de evidência não estamos nos referindo tanto a qualquer natureza supostamente inerente ou característica do documento de arquivo em si; ao contrário, estamos nos referindo à relação entre documento arquivístico e evento, ou, mais precisamente, ao complexo de relações externas e internas entre documentos arquivísticos e eventos, que nos permitem considerar e usar documentos de arquivo como evidência.

Mas como a noção de evidência como um complexo de relações entre documento arquivístico e evento se insere na teoria e na prática arquivísticas? Meehan (2006:142-143) diz que essa inserção se dá por meio das próprias concepções arquivísticas de contexto e de proveniência, as quais, no final, implicam a "análise das relações entre documento arquivístico e evento". Na verdade, ela entende que o tratamento arquivístico conferido aos documentos, o qual, na fase corrente, antecede à sua própria produção e se estende à guarda permanente, acaba não só por preservar como também por produzir documentos arquivísticos como evidência. Em outras palavras, os trabalhos de gestão e preservação dos documentos arquivísticos se dão a partir da análise das relações entre esses documentos e os eventos que eles registram. Dessa análise resultam decisões que impactam diretamente os documentos e, consequentemente, a gama de significados que poderão assumir para os usuários de hoje e de amanhã.

O que Meehan quer dizer com isso? Simplesmente que o trabalho arquivístico visto através das "lentes de um conceito arquivístico de evidência" nos permite perceber que ele próprio envolve inferências sobre a relação entre documento e evento que levam a novas inferências por parte dos seus usuários, e assim sucessivamente. Com isso a autora enfatiza seu pressuposto de que o documento arquivístico não é evidência em si, mas uma relação com os eventos que registra a partir da qual inferências podem ser formuladas. Assim, abre-se o leque de aplicação do termo a todos os tipos de documentos arquivísticos, independentemente de se tratar de documentos públicos ou privados, pessoais ou institucionais, bem como a todos os procedimentos arquivísticos, no âmbito da gestão ou da preservação.

Em relação aos procedimentos arquivísticos, mais especificamente no caso da gestão, deve-se recuar um pouco no tempo para o melhor entendimento da questão. As primeiras definições de documento arquivístico datadas dos séculos XVI e XVII, em obras como os primeiros tratados sobre arquivo e em *De re diplomática*, já o caracterizavam como evidência. Entretanto, nessa época, o entendimento do termo era eminentemente jurídico e vinculado à sua concepção limitada, à qual já nos referimos. Assim, definir o documento arquivístico como evidência equivalia a atribuir-lhe um caráter probatório de direitos num contexto de disputas em tribunais, em que, aliás, a diplomática havia nascido (Duranti, 1997, 2002).

A partir do século XIX, quando a diplomática saiu dos limites das faculdades de direito e alcançou outras áreas do conhecimento, como filologia e história, o documento arquivístico continuou definido como evidência, mas agora no sentido de testemunho. A razão para isso é que essas disciplinas percebiam os documentos arquivísticos "como fontes, provas potenciais do fato hipotético construído pela questão do pesquisador para compreender o passado. Na mente do estudioso, de fato, há uma relação muito específica entre o fato a ser descoberto e o documento que o revela (Duranti, 2002:10).

Em relação à arquivologia – que, como se viu, se originou da diplomática –, no século XIX, ela manteve sobre o documento arquivístico o mesmo olhar retrospectivo de sua disciplina de origem e da história. Em outras palavras, ao definir o documento arquivístico como evidência, via-o tanto como fonte de prova judicial quanto de resposta a uma questão de pesquisa (Duranti, 1997, 2002).

Para os autores em questão, tal ótica não se aplica aos documentos arquivísticos correntes, ou seja, àqueles considerados do ponto de vista do produtor e da sua produção. Isso porque:

quando os documentos arquivísticos não são examinados em relação a um direito [...] a ser provado, mas considerado em relação ao seu produtor e à sua produção, defini-los como evidência está em conflito com seus propósitos e solapa seu potencial uso como evidência [Duranti, 2002:10].

Com base nas regras jurídicas de evidência, se um documento arquivístico é produzido com a intenção de ser evidência, o potencial de sê-lo já está comprometido. Portanto, Duranti considera inapropriado definir o documento arquivístico como evidência quando não há um conflito judicial a ser resolvido ou uma questão de pesquisa a ser respondida, ou seja, quando esse documento está simplesmente registrando atividades, ainda em curso, de uma instituição.

É interessante constatar que Duranti constrói seu argumento baseada no mesmo entendimento de evidência como relação. Segundo a autora, no âmbito jurídico,

evidência não é uma entidade, mas uma relação mostrada ao julgador de um fato entre o fato a ser provado e o fato que o prova. Esta relação pode ser encontrada num documento escrito, mas, em países do direito comum, apenas se tal documento for admissível no tribunal sob regras de relevância e de exclusão de evidência, ou, em países do direito civil, apenas se for diretamente relevante para o caso. Portanto, em ambos os sistemas jurídicos, o conceito de evidência é ao mesmo tempo mais amplo do que o de documento arquivístico – já que engloba testemunho oral, evidência material e documentos escritos que não são gerados no curso de atividades – e muito mais específico, já que requer uma relação específica [Duranti, 1997:214].

Observa-se, então, que a ideia de evidência de Duranti não está longe do conceito arquivístico de evidência proposto por Meehan. Entretanto, Duranti não aceita que se defina o documento arquivístico como evidência indistintamente. Qual a razão para isso?

Segundo Meehan, em que pese conceber evidência como relação, Duranti mantém a ideia de que essa relação é específica, isto é, o fato (registrado no documento) prova o fato que precisa ser provado. Duranti ainda entende evidência como uma relação que está dentro do documento arquivístico, e não a ele associada, como preconiza Meehan em seu conceito arquivístico de evidência. Para esta autora (2006:140), o documento arquivístico é "um objeto físico que pode servir como parte de uma possível relação com um evento passado". Tal objeto "nem contém evidência nem fatos por si mesmo", apenas "se refere aos eventos (ou fatos) fora dele".

Se assim é, Meehan (2006:144) entende que o conceito arquivístico de evidência "abre espaço para considerar noções prospectivas e retrospectivas de evidência", o que significa sua aplicação tanto a documentos correntes quanto permanentes, ou seja, tanto a práticas arquivísticas de gestão quanto de preservação.

Outra implicação do conceito arquivístico de evidência apontada por Meehan diz respeito a um possível abrandamento da tensão que permeia o discurso arquivístico sobre as ideias de evidência e memória. Mas que tensão seria essa? Trata-se de uma concepção dicotômica sobre essas duas ideias, pela qual evidência é sempre associada a questões legais, como, por exemplo, de prestação de contas, enquanto memória é sempre vinculada à pesquisa histórica. Em outras palavras, evidência estaria para os documentos arquivísticos correntes e intermediários assim como memória para os permanentes.

Terry Cook (apud Meehan, 2006:144-145) entra no debate e pergunta se as duas ideias são mesmo "uma dicotomia irreconciliável" ou "os dois lados de uma mesma moeda arquivística, numa tensão mais criativa que destrutiva". Afinal, em sua avaliação: "Sem evidência confiável [...] a memória se torna uma falsificação". Da mesma maneira: "Sem a influência e a necessidade de memória, a evidência é inútil".

Meehan julga que o conceito arquivístico de evidência pode levar à "tensão criativa" de que nos fala Cook. Isso porque na visão da autora o conceito:

> sugere que todos os documentos arquivísticos (seja para prestação de contas, seja para escrever uma história familiar) assumem uma relação com um evento pas-

sado e envolvem a análise dessa relação (ou rede de relações) que implica o uso de documentos arquivísticos como coisas que apontam para além delas mesmas [Meehan, 2006:145].

Embora Meehan considere que a discussão sobre evidência e memória no âmbito da arquivologia ainda careça de maiores aprofundamentos, ela pensa que o conceito arquivístico de evidência tem o mérito de apresentar uma perspectiva a partir da qual essa discussão pode ser desenvolvida.

Como conclusão de toda a discussão teórica sobre o conceito de evidência, a qual se desenvolve principalmente a partir do texto de Jennifer Meehan, ressaltamos a proposta de conceituação do termo no âmbito arquivístico apresentada pela autora. Tal proposta se dá com base numa concepção jurídica mais ampla de evidência, ou seja, a partir de um estudo interdisciplinar envolvendo arquivologia e direito.

Assim, segundo Meehan (2006:140), evidência é uma "relação entre documento arquivístico e evento", evento este que poderá ou não ser compreendido a partir de inferências tiradas dessa relação.

A nosso ver, a proposta conceitual de Meehan contribui enormemente, se não para o fim de uma tensão latente que permeia o uso do termo evidência no conceito de documento arquivístico, ao menos para o surgimento de uma "tensão criativa" que levará a novas reflexões e ponderações sobre o assunto.

Ideias centrais sobre o conceito de documento arquivístico

Os quadros de sistematização dos conceitos de documento arquivístico que integram este capítulo demonstram uma convergência conceitual em relação a dois pontos: natureza do documento arquivístico a partir de pessoas jurídicas e organicidade.

No caso da natureza, lembremos que ela se refere à origem e à constituição dos documentos arquivísticos. Na verdade, a conexão entre o documento arquivístico e a pessoa física ou jurídica que o produz é o aspecto fundamental da sua natureza,[48] que faz do documento arquivístico um "produto da sociedade humana", como ensina Eastwood.

Quanto ao segundo ponto de convergência, a organicidade, esta é uma das características centrais do documento arquivístico, que se encontra presente na abordagem conceitual de todos os autores analisados, embora, em alguns casos, apenas de maneira implícita. Por essa característica compreende-se o *universitas rerum*, de Cencetti, o arquivo como "conjunto de coisas". Esse conjunto se forma por meio do "elo intelectual" mencionado tão apropriadamente por Duranti (2002) no item relativo ao conceito de documento arquivístico a partir de autores contemporâneos de língua inglesa. Por esse elo o documento anterior se relaciona ao posterior, formando o que podemos identificar como uma verdadeira cadeia semântica das ações que lhes deram origem.

Mas Duranti (2002) vai além ao identificar o momento em que esse elo intelectual é estabelecido. Que momento seria? O momento em que o documento arquivístico é retido (*set aside*), ou seja, é incluído no conjunto documental ao qual pertence por meio da ordenação física ou do código de classificação. Nesse contexto, lembremos as seguintes palavras da autora (1997:216): "a relação orgânica é que transforma um documento em documento arquivístico".

Na verdade, a ideia de retenção do documento arquivístico, expressada pelo termo em inglês *set aside*, é fundamental no conceito elaborado pelos autores em foco. Trata-se, na verdade, de um termo recorrente no âmbito dos estudos desenvolvidos por Duranti e demais pesquisadores da Universidade de British Columbia, e que, a nosso ver, soa bastante apropriado à medida que nos leva à seguinte indagação: um documento produzido e recebido no decorrer das atividades de uma pessoa física ou jurídica, mas não retido, não inserido no conjunto dos demais documentos dessa pessoa física ou jurídica por meio de ordenação física ou de código de classificação, constitui um documento arquivístico? Dito de outra maneira: o

---

[48] Com base em mensagem eletrônica de Terry Eastwood de 18 de abril de 2011.

simples fato de ser produzido ou recebido no decorrer das atividades de uma pessoa física ou jurídica já faz do documento um documento arquivístico? Ou ainda, e agora no âmbito exclusivo dos documentos institucionais: não seria a adoção dos procedimentos arquivísticos de protocolo e classificação dos documentos que entram e saem de uma instituição uma medida necessária de *declaração oficial* do que já é arquivístico por natureza? A questão se torna ainda mais instigante quando a colocamos no contexto intencional de Briet, analisado aqui no capítulo 1. Lembremos que, no entendimento da autora, para ser documento o objeto devia ser *declarado* como tal. Eis um convite à reflexão.

Fora dos pontos convergentes e no âmbito das ideias centrais dos autores estudados, destacamos outras características do documento arquivístico tratadas explicitamente por alguns deles:

- Imparcialidade: Jenkinson, Duranti e Eastwood.
- Autenticidade: Jenkinson, Martín-Pozuelo, Duranti e Eastwood.
- Unicidade: Martín-Pozuelo, Duranti e Eastwood.
- Naturalidade: Rodríguez Bravo, Heredia Herrera, Duranti e Eastwood.

A partir daí observamos o quanto essas características estão ligadas umas às outras e aos pontos convergentes do conceito de documento arquivístico, natureza e organicidade.

Os documentos arquivísticos surgem *naturalmente* no decorrer das atividades de uma pessoa física ou jurídica, como decorrência normal do ato de se registrarem essas atividades. Desse registro espontâneo resulta uma *promessa* de *imparcialidade* dos documentos, bem como um vínculo entre eles. Tal vínculo se traduz na relação orgânica que cada documento tem um com o outro e no fato de o conjunto documental daí resultante ser dotado de *organicidade*. Como se trata de documentar atividades, cada documento é *único* no seu conjunto, pois que ali desempenha função específica. Finalmente, a submissão desses documentos a procedimentos arquivísticos ininterruptos de gestão e de preservação garante sua *autenticidade*.

No que diz respeito à análise do conceito de documento arquivístico em dicionários, glossários e instrumentos afins, ressaltamos a indefinição terminológica em relação aos termos "arquivo" e "documento arquivístico" para conceituar o objeto da arquivologia. Tal indefinição mereceu um estudo aprofundado por parte de Lodolini, mas é Heredia Herrera quem ilumina a questão ao denunciar que o conceito de arquivo remete na verdade ao conceito de fundo, e não da entidade arquivística propriamente.

Outro ponto a ser destacado é o conceito de evidência para o documento arquivístico, proposto por Meehan. A ideia de evidência como uma *relação* entre o evento e o documento arquivístico que o registra, a partir da qual inferências podem ser feitas, nos parece bastante apropriada, à medida que se mostra coerente com a natureza desse documento.

Finalmente, com base no estudo conceitual aqui empreendido, identificamos a prevalência de uma concepção do documento arquivístico como produto social, uma vez que se origina de atividades desenvolvidas por pessoas físicas e jurídicas. No caso destas últimas, a produção de documentos é totalmente dependente do sistema jurídico que as permeia, o que justifica o estudo da entidade arquivística com base também na diplomática, como visto por Duranti (2002).

De posse desse entendimento, podemos dar início à análise de sua aplicação aos documentos digitais. Antes, porém, dessa análise, julgamos oportuno tecer algumas considerações sobre o termo informação arquivística,[49] que vem sendo usado nos últimos anos em detrimento do termo documento arquivístico ou documento de arquivo.

De acordo com Silva (2009:58), "a expressão *informação arquivística* emerge na literatura da área da arquivologia, nos anos de 1980, estabelecendo a *abordagem informacional* que inscreve o arquivo na dinâmica da importância que assume a informação na contemporaneidade".

Por essas palavras de Silva observamos que a emergência do termo *informação arquivística* coincide com o início, também nos anos de 1980, da expansão digital favorecida pelos computadores pessoais e pelas redes de

---

[49] Segundo Gomes e colaboradores (2010), o vocábulo "termo" é entendido como uma "palavra ou grupo de palavras que denotam um conceito", daí nossa opção em considerar *informação arquivística* como termo, e não como expressão.

trabalho. O fato nos leva a considerar o surgimento do termo no mesmo contexto apresentado por Capurro e Hjorland, ou seja, como um caso de *definição persuasiva*. Vejamos do que se trata.

Em suas reflexões sobre a pertinência de *documentação* em detrimento de *informação* no âmbito da ciência da informação, Hjorland (2000:32) considera que "o uso crescente do termo 'informação' nos campos da biblioteconomia e da documentação é causado por influências diretas e indiretas da TI (Tecnologia da Informação)". Em outro momento Hjorland e Capurro (2007:154) argumentam que a adoção de determinados termos para definir o objeto de uma área configura o que eles classificam de "definições persuasivas", ou seja, definições movidas pelo desejo de "impressionar outras pessoas". Assim, fazemos nossas as palavras de Chalmers:

> Pode ser que a palavra informação seja mais útil particularmente quando tentamos aumentar nosso status profissional em relação a outras profissões; soa inteligente e imponente, e dá um ar de tecnalidade. [...]. Contudo, devemos compreender que o efeito do aumento de status de uma palavra depende precisamente de seu uso também em outros campos, preferencialmente em campos com status elevado, como engenharia e, atualmente, sociologia. O uso atual em outros campos torna impossível manter essa palavra como um termo profissional formalmente definido em nosso campo sem que exista algum risco de confusão [Chalmers, apud Capurro e Hjorland, 2007:153].

Para Hjorland (2000:35):

> Minha conclusão [...] é que informação não é uma coisa mas que todas as coisas podem ser informativas. [...] Coisas que geralmente são vistas como importantes por causa das suas potencialidades informativas podem ser chamadas de documentos [...]. Mesmo que os documentos sejam eletrônicos, eles continuam não sendo informação mas potencialmente informativos.

Finalmente, consideremos as palavras contundentes de Bellotto sobre o assunto:

A expressão "informação arquivística" é um tanto equivocada, embora tenha caído no uso comum. [...] Não temos outra expressão melhor do que "documento de arquivo" [...]. Posso dar um exemplo esclarecedor. Um livro ou um artigo de revista científica sobre, por exemplo, o tratamento do câncer, por acaso é uma informação bibliográfica ou biblioteconômica porque está na biblioteca? Ou ela é uma informação médica, oncológica, científica? E se o mesmo livro ou documento estiver na minha casa? Será informação domiciliar? Mas esse é apenas um parêntese para fazer pensar nessas e em muitas outras imprecisões terminológicas [Bellotto, 2010].

Também encerramos aqui nosso "parêntese" a respeito do termo *informação arquivística* já que uma discussão mais ampla não se insere no escopo desta obra.

Passemos aos documentos digitais.

4

O conceito de documento arquivístico diante da realidade digital

O documento arquivístico constitui o registro de ações humanas independentemente da forma como se apresenta e da base em que se encontra afixado. No caso específico da base, lembremos que Jenkinson, Schellenberg e Heredia Herrera, bem como alguns dos dicionários e glossários aqui examinados, mencionam textualmente que o documento arquivístico pode se apresentar em qualquer suporte. Por essas assertivas infere-se que documentos digitais gerados no curso de atividades desempenhadas por pessoas físicas e jurídicas e em suportes tão diferentes como magnéticos e ópticos, também podem ser documentos arquivísticos.

Ocorre, porém, que no ambiente digital a novidade vai além da peculiaridade do suporte. Na verdade, nesse novo ambiente, o documento foge totalmente aos padrões mais conhecidos, como a linguagem alfabética, registrada em papel e de leitura direta, bem como sua relação inextricável com o suporte. No mundo digital tudo é codificado em linguagem binária e, para se tornar acessível aos olhos humanos, precisa da intermediação de programas computacionais igualmente codificados em bits, numa sofisticação tecnológica que passa despercebida à maioria dos usuários. Juntem-se a isso as tecnologias de rede, com sua alta capacidade comunicacional. Mas comunicação de quê? De dado, informação, documento, documento arquivístico? Seria mesmo possível identificar, em meio à avalanche de objetos digitais que entram e saem de nossas estações de trabalho a cada momento, aqueles que constituem documentos arquivísticos? Em caso afirmativo, em que base teórica isso se faz?

Na verdade, a resposta a essa pergunta começou a ser formulada no capítulo 1, quando se abordaram os conceitos de documento e informação a partir da ciência da informação e da arquivologia, chegando-se à materialidade e à funcionalidade como pontos convergentes de ambas as áreas. Estes são conceitos fundamentais porque se encontram estreitamente vinculados ao de documento arquivístico e, consequentemente, de documento arquivístico digital. E a resposta prosseguiu no capítulo 2, que trata da reassociação entre arquivologia e diplomática a partir do século XX e incrementada com o advento dos documentos digitais. Foi, então, demonstrado o caráter complementar das duas áreas, aqui reiterado nas palavras de Duranti e Thibodeau (2008:404):

> enquanto a teoria diplomática examina os documentos arquivísticos como itens, possibilitando a identificação das características desses documentos, a teoria arquivística, ao tratar os documentos arquivísticos como partes de agregações, examina suas relações com outros documentos arquivísticos, com as pessoas envolvidas na sua produção e com as atividades no curso das quais eles são produzidos e usados.

Este capítulo insere-se no contexto conceitual hierárquico a que nos referimos algumas vezes. O contexto começa com os conceitos de documento e informação a partir da ciência da informação e da arquivologia, passa pelo conceito de documento arquivístico e culmina com o conceito de documento arquivístico digital, ao qual será aplicada a análise diplomática. Com isso queremos reiterar o importante papel da ciência da informação nas bases conceituais deste livro e ao mesmo tempo ressaltar o caráter eminentemente arquivístico, em parceria com a diplomática, deste capítulo.

A abordagem aqui será, predominantemente, baseada na vasta literatura produzida no âmbito dos estudos e projetos sobre gestão e preservação de documentos arquivísticos digitais, desenvolvidos pela School of Library, Archives and Information Studies da University of British Columbia (UBC), em Vancouver, Canadá, especialmente do Projeto InterPares

(International Research on Permanent Authentic Records in Electronic Systems, ou, Pesquisa Internacional sobre Documentos Arquivísticos Permanentes em Sistemas Eletrônicos).

O Projeto InterPares tem por objetivo desenvolver o conhecimento essencial para a preservação permanente de documentos arquivísticos autênticos produzidos e/ou mantidos em meio digital. Iniciado em 1999, já concluiu duas fases: o InterPares 1, desenvolvido entre 1999 e 2001, e o InterPares 2, que se estendeu de 2002 a 2007. A terceira etapa, InterPares 3, foi iniciada em 2007 e concluída em 2012.

O projeto foi precedido por outro, intitulado A Proteção da Integridade de Documentos Arquivísticos Eletrônicos,[50] desenvolvido entre os anos de 1994 e 1997, o qual, por sua vez, teve sua origem nos estudos e artigos de Duranti, como mencionado no capítulo 2, no subitem sobre Diplomática. Os dois projetos, elaborados com base na associação dos fundamentos da arquivologia com os da diplomática, resultaram numa literatura de grande consistência epistemológica, o que justifica a sua predominância no desenvolvimento deste capítulo. Importante também são as fontes produzidas pela Câmara Técnica de Documentos Eletrônicos, em especial o glossário. Cabe ressaltar que, doravante, sempre que nos referirmos à arquivologia e à diplomática, estaremos considerando essas áreas a partir da associação de seus fundamentos.

Documento arquivístico digital, o que é?

O desenvolvimento deste item requer, em primeiro lugar, que se reapresente um dos conceitos de documento no âmbito da arquivologia. Segundo Duranti e Preston (2008:811), e com base na diplomática, documento é: "uma unidade indivisível de informação constituída por uma

---

[50] Uma vez concluído, o projeto passou a se denominar Preservação da Integridade de Documentos Arquivísticos Eletrônicos, tornando-se mais conhecido como Projeto de UBC. Essa iniciativa foi abordada em Rondinelli (2002:158).

mensagem fixada num suporte (registrada), com uma sintática estável. Um documento tem forma fixa e conteúdo estável".

A partir daí, perguntamos: o que vem a ser um documento digital? Segundo a Câmara Técnica de Documentos Eletrônicos (2010), documento digital é um *documento* codificado "em dígitos binários, acessível e interpretável por meio de sistema computacional" (grifo nosso).

Cabe esclarecer que, embora o termo documento eletrônico seja preferencialmente utilizado na literatura arquivística internacional, em detrimento de documento digital, iremos aqui adotar este último, porque, em que pese à consagração dos dois como sinônimos, tecnicamente há diferença entre ambos. Assim, segundo a Câmara Técnica de Documentos Eletrônicos (2010), documento eletrônico é um documento codificado em "forma analógica ou em dígitos binários, acessível por meio de um equipamento eletrônico". Em outras palavras, pode-se dizer que todo documento digital é eletrônico, mas nem todo documento eletrônico é digital. Um exemplo seria uma fita cassete, cujo som, embora necessite de equipamento eletrônico para ser ouvido, não é codificado em bits.

De posse dos conceitos de documento e de documento digital, consideremos agora um conceito de documento arquivístico, o da Câmara Técnica de Documentos Eletrônicos (2008), já apresentado: documento arquivístico é o "*documento* produzido e/ou recebido por uma pessoa física ou jurídica, no decorrer das suas atividades, qualquer que seja o suporte" (grifo nosso).[51]

Uma vez munidos desse quadro conceitual, podemos finalmente apresentar o conceito de documento arquivístico digital, o qual, ainda segundo a Câmara Técnica de Documentos Eletrônicos (2008), é o "*documento arquivístico* codificado em dígitos binários, produzido, tramitado e armazenado por sistema computacional" (grifo nosso). O conceito é

---

[2] Cabe esclarecer que a escolha do conceito de documento arquivístico da Câmara Técnica de Documentos Eletrônicos para integrar este capítulo se deve exclusivamente ao objeto de estudo da Câmara, ou seja, os documentos digitais. Nesse contexto, o conceito é representativo do que é estudado no capítulo 4.

formulado a partir da junção das ideias de documento, documento arquivístico e documental digital. Assim, em outras palavras, pode-se dizer que o documento arquivístico digital é um documento, isto é, "uma unidade indivisível de informação constituída por uma mensagem fixada num suporte (registrada), com uma sintática estável", "produzido e/ou recebido por uma pessoa física ou jurídica, no decorrer das suas atividades", "codificado em dígitos binários e interpretável por um sistema computacional", em suporte magnético, óptico ou outro.

Documento arquivístico digital: características e partes constituintes segundo a diplomática

Do ponto de vista da diplomática, o documento arquivístico digital, exatamente como o seu correlato em papel, apresenta as seguintes características: forma fixa, conteúdo estável, relação orgânica, contexto identificável, ação e o envolvimento de cinco pessoas, autor, redator, destinatário, originador e produtor. Há que ressaltar que entre essas cinco pessoas, pelo menos as três primeiras têm de estar presentes num documento arquivístico.[52]

Forma fixa e conteúdo estável significam que o documento arquivístico digital tem que manter a mesma apresentação que tinha quando "salvo" pela primeira vez. Isso se refere à estabilidade do documento arquivístico digital, a qual se encontra presente no conceito de documento arquivístico de maneira implícita e explícita, conforme se considere sua conotação arquivística ou diplomática. Assim, conforme visto no capítulo 3, do ponto de vista arquivístico, a estabilidade está implícita no conceito de documento arquivístico à medida que este é predominantemente identificado como documento, e não como simples dado ou informação. Já do ponto de vista diplomático, e aí destacamos o item relativo aos autores de língua inglesa, mais precisamente Luciana Duranti, a estabilidade

---

[52] MacNeil et al., 2005; Duranti e Thibodeau, 2008; Duranti, 2009b; Duranti, 2010.

se encontra explícita, já que esse documento que constitui o documento arquivístico é entendido como informação registrada num suporte (Duranti e Thibodeau, 2008). A questão da forma fixa e do conteúdo estável será aprofundada oportunamente.

No que diz respeito à relação orgânica, trata-se de mais uma característica eminentemente arquivística e que se encontra implícita no conceito de documento arquivístico, à medida que os documentos constituem registros de atividades e, consequentemente, mantêm um vínculo inextricável entre si. No caso do documento arquivístico digital, essa vinculação se dá entre documentos dentro e fora do sistema, isto é, nos chamados ambientes híbridos, os quais se caracterizam por abranger documentos digitais e não digitais ao mesmo tempo (Duranti e Thibodeau, 2008).

Quanto ao contexto identificável, trata-se de uma hierarquia de estruturas fora do documento arquivístico na qual se dá sua produção e gestão. Essa característica será retomada adiante.

No caso da ação, esta se refere ao fato de o documento arquivístico participar de uma ação ou simplesmente apoiá-la, significando que sua produção pode ser obrigatória ou facultativa. De acordo com Duranti e Preston (2008:796), ação é sinônimo de ato, definido como "o exercício consciente da vontade, por uma pessoa, com o intuito de produzir, manter, modificar ou extinguir situações".

Finalmente, um documento arquivístico é caracterizado pelo envolvimento no processo de sua produção das cinco pessoas (ou ao menos três, como mencionado) já identificadas, as quais constituem os elementos intrínsecos da forma do documento arquivístico.

Cabe registrar que enquanto as características de contexto e ação podem ser deduzidas do conceito de documento arquivístico, isto é, estão aí implícitas, as pessoas envolvidas são eminentemente oriundas da diplomática, sendo "consideradas importantes para se distinguir documentos arquivísticos de objetos digitais resultantes de simples consultas a bases de dados" (Duranti e Thibodeau, 2008:407, nota 6).

As características apresentadas se aplicam, pois, a documentos arquivísticos digitais e não digitais, segundo pressuposto da diplomática e da arquivologia. Da mesma forma, e agora com base exclusivamente na diplomática, entende-se que os documentos arquivísticos digitais (como os não digitais) são constituídos de determinadas partes: forma documental, anotações, contexto, suporte, atributos e componentes digitais, sendo estes últimos relativos exclusivamente aos documentos digitais.

A forma documental são "regras de representação de acordo com as quais o conteúdo de um documento arquivístico, seu contexto administrativo e documental, e sua autoridade são comunicados" (Duranti e Preston, 2008:811). Ela possui elementos intrínsecos e extrínsecos.

Os elementos intrínsecos se referem à composição interna do documento arquivístico, isto é, à sua articulação, e transmitem a ação da qual esse documento participa, bem como o contexto que o cerca. Entre os elementos intrínsecos de um documento arquivístico digital estão: cinco pessoas (autor, redator, destinatário, originador e produtor), ou ao menos as três primeiras, data cronológica, data tópica, indicação e descrição da ação ou assunto e atestação do documento (MacNeil, 2000; Duranti e Thibodeau, 2008). Definamos cada um deles.

- Autor: "pessoa física ou jurídica que tem autoridade e competência para emitir o documento arquivístico ou em cujo nome ou sob cujo comando o documento foi emitido" (Duranti e Preston, 2008:801).
- Redator: "pessoa que tem autoridade e competência para articular o conteúdo do documento arquivístico" (Duranti e Preston, 2008:843).
- Destinatário: "pessoa para quem o documento arquivístico é direcionado ou para quem se destina" (Duranti e Preston, 2008:796).
- Originador: "pessoa designada no endereço eletrônico no qual o documento arquivístico foi gerado (isto é, do qual é enviado ou onde é compilado ou mantido) " (Duranti e Preston, 2008:827).
- Produtor: "pessoa a cujo fundo ou arquivo o documento pertence" (Duranti, 2010).
- Data cronológica: "data (e possivelmente hora) de um documento arquivístico, incluída no documento por seu autor, ou pelo sistema eletrônico em nome do autor, no decorrer de sua elaboração" (Duranti e Preston, 2008:804). Refere-se a dia, mês, ano e, se for o caso, a hora do documento.

- Data tópica: "o lugar da elaboração de um documento arquivístico, incluído no documento por seu autor" (Duranti e Preston, 2008:841).
- Indicação e descrição da ação ou assunto: a identificação do assunto (linha de assunto) e o teor propriamente dito do documento (Duranti, 2005:195).
- Atestação: "validação escrita de um documento arquivístico [...] por parte daqueles que participam da sua emissão (autor, redator, autenticador), bem como por testemunhas da ação ou da assinatura do documento" (Duranti e Preston, 2008:800-801). Assim, em mensagens de correio eletrônico (e-mails), por exemplo, o nome do remetente que aparece no alto da mensagem constitui uma atestação.

Os elementos extrínsecos da forma de um documento arquivístico digital consistem na aparência desse documento. Exemplos deles são: características de apresentação geral (texto, imagem, som, gráfico); características de apresentação específica (*layout*, *hiperlinks*, cor, resolução de arquivo de imagem, escala de mapa, sinal de indicação de anexo); assinatura eletrônica, como, por exemplo, a assinatura digital; sinais especiais, como, por exemplo, marca d'água e logomarcas) (Duranti e Thibodeau, 2008; Duranti, 2005).

Passemos agora à análise de uma outra parte do documento arquivístico digital, as anotações. Anotações são "acréscimos feitos ao documento arquivístico após sua produção" (Duranti e Thibodeau, 2008:409, nota 13). Compreendem três grupos fundamentais:
- Acréscimos feitos ao documento arquivístico no âmbito da sua transmissão, como, por exemplo, indicação de prioridade (urgente), data da elaboração e da transmissão, indicação de anexos.
- Acréscimos feitos no curso das atividades das quais o documento arquivístico participa, como, por exemplo, data e hora do recebimento, providências tomadas.
- Acréscimos próprios da gestão arquivística, como código de classificação, data do arquivamento.

O contexto, outra das partes constituintes do documento arquivístico, é definido pela Câmara Técnica de Documentos Eletrônicos (2010) como o "ambiente em que ocorre a ação registrada no documento". Ele se caracteriza por mudar o foco da análise do documento em si para a estrutura que o permeia. Trata-se, na verdade, de uma hierarquia de estruturas que vai do geral para o específico. Nessa hierarquia são identificados os seguintes tipos de contexto:

- Contexto jurídico-administrativo: "refere-se a leis e normas externas à instituição produtora de documentos as quais controlam a condução das atividades dessa mesma instituição".
- Contexto de proveniência: "refere-se a organogramas, regimentos e regulamentos internos que identificam a instituição produtora de documentos".
- Contexto de procedimentos: "refere-se a normas internas que regulam a criação, tramitação, uso e arquivamento dos documentos da instituição".
- Contexto documental: "refere-se a código de classificação, guias, índices e outros instrumentos que situam o documento dentro do conjunto a que pertence, ou seja, ao fundo".
- Contexto tecnológico: "refere-se ao ambiente tecnológico (hardware, software e padrões) que envolve o documento" (Câmara Técnica de Documentos Eletrônicos, 2010).

No que diz respeito ao suporte, esta parte constituinte do documento arquivístico digital é definida pela Câmara Técnica de Documentos Eletrônicos como a "base física sobre a qual a informação é registrada".

Até o advento do documento digital, o suporte (pedra, osso, argila, madeira, bambu, couro, tecido, metal, pergaminho, papiro, papel, plástico) era um dos elementos extrínsecos do documento arquivístico, sendo a relação entre ambos considerada indissociável. Assim, o exame do suporte sempre constou da análise diplomática dos documentos. De acordo com Duranti (1998:135), "esse tipo de análise era muito importante para os documentos medievais, porque tornava possível datá-los, estabelecer sua proveniência e testar sua autenticidade". Num exemplo fornecido por MacNeil e colaboradores (2005:27, nota 18), relata-se que "um diploma real de Childeberto I (rei da França no século VI), escrito em pergaminho em vez de papiro, era considerado falso" porque naquela época o papiro ainda era o suporte predominante. A mesma autora acrescenta:

> O suporte também fornece evidência da maneira pela qual documentos medievais eram preparados. Os documentos da chancelaria alemã têm muitas rasuras e correções em comparação com documentos da chancelaria papal, indicando menor grau de cuidado e acurácia na preparação dos documentos finais.

Duranti (1998:135) nos adverte para o fato de que a importância do suporte na análise diplomática começou a se perder a partir do momento em que "os escritórios passaram a ser supridos de materiais industriais que atendiam a grande número de clientes", ou seja, quando todos passaram a usar o mesmo tipo de suporte em papel. Entretanto, em que pese essa realidade, documento e papel continuavam indissociáveis. A mudança radical veio com o avento do documento digital, porque nesse tipo de documento:

> (1) suporte e mensagem já não estão mais inextricavelmente unidos; (2) o que está escrito ou afixado no suporte não é o documento em si (palavras ou imagens), mas uma cadeia de bits; (2) a escolha de um suporte pelo produtor ou mantenedor do documento é sempre arbitrária e não carrega nenhum significado em particular [MacNeil et al., 2005:27].

Assim, em relação aos documentos arquivísticos digitais, o suporte deixa de ser um dos elementos extrínsecos do documento arquivístico digital e passa a integrar seu contexto tecnológico, mais especificamente o hardware.

Tomemos agora o chamado atributo do documento arquivístico digital que constitui uma "característica definidora do documento arquivístico ou de seu elemento" (Duranti e Preston, 2008:832). Por exemplo, enquanto o autor é um elemento intrínseco do documento arquivístico, o nome desse autor é o atributo pelo qual o documento é diferenciado dos demais. Outros exemplos seriam nome do destinatário, data e hora da transmissão do documento etc. Cabe esclarecer que nem sempre os atributos de um documento arquivístico digital são aparentes. Ao contrário, na maioria das vezes encontram-se ocultos em forma de metadados. Exemplos seriam formato do documento, informações relativas a direitos autorais etc.

Finalmente abordamos uma parte constituinte do documento arquivístico que se aplica somente à sua apresentação em meio digital. Trata-se do chamado componente digital. Consideremos em primeiro lugar o fato de que um documento digital, arquivístico ou não, exibido numa tela de computador muda completamente a partir do momento em que o "salvamos", ou "fechamos". Isto porque, nesse momento, o documento deixa de ser compreensível aos olhos humanos para se transformar numa cadeia de bits (*bit strings*). Cada vez que o documento é chamado à tela de novo, um mecanismo se aciona, no qual a cadeia de bits é processada por um software que a transforma no documento passível de leitura e compreensão. Dito de outra maneira, ao digitarmos um texto, este é codificado em dígitos binários (0-1) por um software ou sequência de softwares (Word, Ascii, por exemplo); o conjunto desses dígitos forma uma cadeia de bits; essa cadeia é decodificada pelo mesmo software ou sequência de softwares, permitindo que o documento seja apresentado na tela do computador. Daí se deduz que não é possível manter um documento digital exatamente como o vemos, a não ser que o imprimamos – e nesse caso ele deixaria de ser digital. O que se pode manter é a capacidade de reproduzir o documento sempre que necessário.

Essa é uma realidade dinâmica inerente à própria natureza do documento digital, pela qual este possui uma forma manifestada, aquela que é visível ao usuário, que corresponde a uma codificação digital. Tal codificação se traduz em cadeias de bits inscritas num suporte magnético ou óptico. As cadeias de bits constituem os chamados componentes digitais, os quais compreendem dados que determinam a forma do documento e os que definem seu conteúdo. Há ainda um terceiro grupo de dados, aqueles que regulam o processamento dos dois primeiros, quando necessário, bem como os metadados relacionados ao documento. São os chamados dados de composição. Assim, um componente digital pode conter dados de forma e/ou de conteúdo e/ou de composição.

Consideremos os seguintes exemplos: um relatório em Word possui um componente digital que, por sua vez, contém dados de forma (a aparência do documento) e dados de conteúdo (o teor do documento). Quanto aos dados de composição, estes não se fazem necessários, já que, nesse caso, o documento manifestado, isto é, o relatório que aparece na tela, possui apenas um componente digital com dados de forma e de conteúdo. Em outro exemplo, uma página Web pode conter vários componentes digitais: um com o *layout* da página (dados de forma) e outros com os diversos textos e imagens (dados de conteúdo). Nesse caso, o mesmo componente do *layout* contém também os dados de composição (Duranti e Thibodeau, 2008; Duranti, 2009b, 2010).

O tema "componentes digitais" exige um esclarecimento quanto à relação entre documento arquivístico digital e arquivo digital, já que, em geral, um é confundido com o outro. Na verdade, trata-se de duas entidades distintas, embora relacionadas. Essa relação pode se dar da seguinte maneira:

- Um documento arquivístico digital para um arquivo. Exemplo: um relatório em Word e seu arquivo também em Word.
- Um documento arquivístico digital para vários arquivos. Exemplo: um relatório em Word com anexos em Tiff e Power Point.
- Muitos documentos arquivísticos digitais para um arquivo. Exemplo: um relatório em Word, um mapa em Autocad e uma fotografia em Tiff, ou seja, três documentos arquivísticos distintos, encapsulados em um único arquivo em pdf.
- Muitos documentos arquivísticos digitais para muitos arquivos. Exemplo: base de dados.[53]

---

[53] Segundo a Câmara Técnica de Documentos Eletrônicos, base de dados é o "conjunto de dados estruturados, com as respectivas regras de acesso, formatação e validação, e gerenciados por um Sistema Gerenciador de Banco de Dados – SGBD". A mesma Câmara define o sistema gerenciador de banco de dados como um "software que implementa o

O tema componente digital será retomado adiante. Por hora importa registrar que, no âmbito da diplomática, trata-se de uma das partes do documento arquivístico em formato digital.

Finalizemos este item recapitulando o que foi apresentado no quadro 7.

QUADRO 7 Documento arquivístico digital: características e partes constituintes segundo a diplomática

• **Características:** forma fixa, conteúdo estável, relação orgânica, contexto identificável, ação e cinco pessoas (autor, redator, destinatário, originador e produtor).

• **Partes constituintes:** forma documental, anotações, contexto, suporte, atributos e componentes digitais.

FORMA DOCUMENTAL: elementos intrínsecos e extrínsecos.
• elementos intrínsecos: cinco pessoas (autor, redator, destinatário, originador e produtor), data cronológica, data tópica, indicação e descrição da ação ou assunto e atestação;
• elementos extrínsecos:
apresentação geral: texto, imagem, som, gráfico;
apresentação específica: layout, cor, hiperlink, indicação de anexo;
outros: assinatura digital; marcas d'água, logomarca etc.

ANOTAÇÕES: indicação de prioridade (urgente), data e hora do envio e do recebimento, indicação de anexo etc.

CONTEXTO: jurídico administrativo, de proveniência, de procedimentos, documental e tecnológico (hardware, software e padrões).

SUPORTE: constitui o contexto tecnológico, mais especificamente na categoria hardware.

ATRIBUTOS: nome do autor, do destinatário, formato, direitos autorais etc. Obs.: na maioria das vezes os atributos encontram-se expressos em metadados.

COMPONENTES DIGITAIS: dados de forma, de conteúdo e de composição.

---

banco de dados e permite a realização de operações de manipulação de dados (inclusão, alteração, exclusão, consulta) e administrativas (gestão de usuários, cópia e restauração de dados, alterações no modelo de dados)".

É oportuno ressaltar que a apresentação das características e partes constituintes do documento arquivístico digital não deve sugerir um entendimento estanque. Características e partes se interpõem e movem entre si, de tal maneira que o que é característica pode ser também parte, e o que é elemento da forma também pode ser atributo. No caso da forma fixa e conteúdo estável (características), por exemplo, estes podem se inserir tanto no contexto tecnológico quanto no de procedimentos (partes). Da mesma maneira, a identificação do nome de um destinatário (atributo) vincula-se ao elemento intrínseco "destinatário" (elemento da forma).

Outro aspecto a ser ressaltado é que um documento não precisa conter todos os elementos da forma documental para ser arquivístico. Na verdade, todo documento que se adeque ao conceito de documento arquivístico constitui de fato um documento dessa natureza, mesmo que incompleto no tocante a seus elementos intrínsecos e extrínsecos. Nesse caso teríamos o que Duranti e Thibodeau (2008:404, nota 3) classificam como "mau documento arquivístico", ou seja, um documento que, a despeito de sua baixa qualidade de forma, continua sendo arquivístico.

Geoffery Yeo nos ajuda a entender melhor a questão quando relata o caso de um telegrama enviado por Victor Hugo ao editor de *Les miserables* indagando sobre a situação de vendas do livro. Segundo Yeo, "O telegrama continha apenas o sinal "?", mas, o editor entendeu que Hugo estava perguntando por quanto o livro estava sendo vendido e enviou a resposta "!" para indicar que as vendas eram excelentes" (2008:139). Yeo conclui ressaltando que, a menos que uma informação contextual seja providenciada, usuários futuros terão muita dificuldade para entender esses telegramas, os quais, ainda assim, são documentos arquivísticos.

Como se examinou no capítulo 3 e como está devidamente expressado no conceito da Câmara Técnica de Documentos Eletrônicos, para ter natureza arquivística o documento deve existir no âmbito das atividades desempenhadas por pessoas físicas ou jurídicas, independentemente de ser ou não completo no que tange a seus elementos de forma. Já em relação às suas características, estas se encontram latentes no próprio conceito em questão. Isso porque um documento dessa natureza implica necessariamente ação, contexto, pessoas, inter-relacionamento (relação orgânica), forma fixa e conteúdo estável.

Finalmente, deve-se perguntar como, de fato, as características de forma fixa e conteúdo estável, as quais, do ponto de vista da diplomática, são consideradas essenciais, se aplicam aos documentos arquivísticos digitais. Afinal, trata-se de documentos que primam por um dinamismo próprio dos sistemas computacionais, o que, em princípio, não se ajusta a tais características.

A questão pressupõe que se aborde primeiramente os documentos digitais em geral, ou seja, não necessariamente os arquivísticos.

Documento digital: uma proposta de classificação

O dinamismo é de fato um grande diferencial dos documentos digitais. Ele envolve possibilidades de interação com os usuários e com diferentes sistemas impensáveis no mundo analógico. Tanta interatividade parece incompatível com as características de forma fixa e conteúdo estável inerentes a todo documento, segundo a diplomática. Cumpre perguntar, então, como essas duas características se comportam no ambiente digital.

Um documento digital é tido como detentor de forma fixa e conteúdo estável quando sua apresentação na tela do computador é sempre a mesma, ainda que essa cadeia mude quando, por exemplo, seu formato é alterado de documento do Word para pdf. Isso quer dizer que um mesmo documento digital pode ser apresentado a partir de diferentes codificações digitais.

Por outro lado, deve-se considerar que, no âmbito dos documentos digitais, as características de forma fixa e conteúdo estável não apresentam limites absolutos como no mundo do papel, exatamente por causa de sua natureza dinâmica. Nesses documentos, certa variabilidade, tanto da forma quanto de conteúdo, deve ser levada em conta. Justamente com base no grau dessa variabilidade que Duranti e Thibodeau (2008:435-437) propõem uma "taxonomia dos documentos digitais" segundo a qual esses documentos são classificados em estáticos e interativos, e estes últimos em dinâmicos e não dinâmicos.

Assim, de acordo com a referida classificação, documentos digitais são considerados estáticos quando o grau de interação com o usuário se limita a ações determinadas pela tecnologia, como abrir e fechar o documento, minimizá-lo, avançar ou retroceder e outras do gênero, as quais não são consideradas comprometedoras de sua forma e seu conteúdo. O mesmo se dá quando um documento elaborado em Word sofre alterações ao ser aberto em BR Office.

Passemos agora aos documentos digitais interativos. Segundo Duranti e Thibodeau (2008:422), um documento digital interativo é aquele dotado de "características específicas que permitem o input do usuário e usam esse input para mudar o conteúdo ou a forma do documento manifestado". Essa mudança pode ser regulada tanto por meio de regras fixas quanto de variáveis. As primeiras resultam nos chamados documentos digitais interativos não dinâmicos, enquanto as últimas representam os documentos digitais interativos dinâmicos.

Um exemplo de documentos digitais interativos não dinâmicos pode ser um gráfico elaborado no programa Excel, o qual permite que o mesmo documento seja visto ora em forma de pizza, ora de tabela ou de barra. Nesse caso, dá-se uma variação na forma do documento mediante uma série de possibilidades predeterminadas pelo próprio programa, ou seja, por meio de regras fixas.

Outro exemplo de documento digital interativo não dinâmico seria um catálogo de compras on-line. Nesse tipo de documento, cada *input* do usuário resulta numa imagem diferente na tela do computador. Seria então o caso de se considerar tal documento desprovido de forma fixa e conteúdo estável. Ocorre, porém, que o sistema em questão é dotado de regras fixas que permitem a repetição de todo o processo realizado. Assim, por meio de um *input* do usuário, o catálogo é reapresentado, e a cada novo *input* dá-se uma seleção automática de dados armazenados dentro do sistema que permite ao usuário obter as mesmas respostas dadas anteriormente. Há que esclarecer que, nesse caso, enquanto a imagem que aparece na tela pode ser entendida como um documento, trata-se, na verdade, de uma parte de um único documento, o próprio catálogo.

Em relação aos documentos digitais interativos dinâmicos, estes, de maneira sumária, podem ser entendidos como documentos cujas interações com o usuário ou com outros sistemas ocorrem em tempo real e a partir de regras que podem variar. Exemplos seriam os serviços de informação sobre condições do tempo ou sobre cotação de moedas, cujos sistemas não armazenam os dados recebidos de outros sistemas ou produzidos por eles mesmos, e ainda permitem alterações de forma e/ou de conteúdo por acréscimos, supressões ou substituições de dados. Por outro lado, observa-se em ambos os casos alguma fixidez de conteúdo, como as regiões contempladas pelo serviço de previsão do tempo e os tipos de moedas em cotação. Da mesma maneira, pode ser que os diferentes conteúdos, como temperatura, precipitação de chuva ou a cotação de uma determinada moeda, sejam apresentados sempre com a mesma forma. Trata-se, pois, de sistemas regidos por regras fixas e variáveis ao mesmo tempo. Em sendo assim, esses casos, na verdade, caracterizam-se mais como sistemas de informação do que propriamente como documentos.

Finalmente, consideremos os chamados documentos experienciais, definidos como documentos próprios de "um sistema que imerge o usuário numa experiência sensorial" (Duranti e Preston, 2008:815). E por que esse nome "experiencial"? Segundo Duranti e Thibodeau (2008:431), "o principal objetivo de classificar um documento como experiencial é enfatizar que ele é claramente destinado a, não simplesmente, e, talvez, de forma alguma, comunicar uma informação específica, mas proporcionar uma experiência subjetiva".

Desse modo, exemplos de documentos experienciais seriam, entre outros, aqueles gerados em sistemas voltados para experimentos científicos, pesquisas em bioinformática, ou mesmo para a realidade virtual, como simuladores de voo ou de salto de paraquedas.

Cabe registrar que os documentos experienciais não constituem uma categoria à parte de documentos digitais, mas se inserem nas categorias anteriormente descritas, ou seja, podem eles mesmos se classificar como estáticos, interativos dinâmicos e interativos não dinâmicos. São documentos cuja alta complexidade tecnológica os situa fora do escopo deste livro, que privilegia os documentos digitais estáticos, por estarem mais próximos da burocracia tradicional, e os interativos não dinâmicos, por serem tecnologicamente menos complexos.

A classificação dos documentos digitais demonstra que, quando se trata desse tipo de documento, a questão da forma fixa e do conteúdo estável assume certo "dinamismo" bastante coerente com o ambiente digital. Por esse dinamismo, certa variação na forma e no conteúdo do documento não compromete sua capacidade documental. Na verdade, trata-se de uma nova concepção das características da forma fixa e do conteúdo estável, a qual resulta no conceito de variabilidade limitada, que será analisado a seguir.

A classificação dos documentos digitais pode ser resumida no quadro 8.

QUADRO 8 Classificação dos documentos digitais

1. DOCUMENTO DIGITAL ESTÁTICO
Não permite alteração na forma e no conteúdo além das determinadas pela tecnologia como abrir, fechar, diminuir, aumentar etc. Exemplo: documentos com equivalentes em papel: carta em Word; recibo de compra on-line.

2. DOCUMENTO DIGITAL INTERATIVO
Permite alteração de forma e/ou conteúdo por meio de regras fixas ou variáveis.

2.1 DOCUMENTO DIGITAL INTERATIVO NÃO DINÂMICO
As regras que gerenciam forma e conteúdo são fixas, e o conteúdo é selecionado a partir de dados armazenados no sistema.
Exemplo: catálogos de vendas on-line.

2.2 DOCUMENTO DIGITAL INTERATIVO DINÂMICO
As regras que gerenciam forma e conteúdo podem variar.
Exemplo: serviços de previsão do tempo e de cotação de moedas cujos conteúdos estão sempre mudando (sistemas de informação, e não documentos propriamente).

Documento digital, documento arquivístico digital e o conceito de variabilidade limitada

De acordo com o quadro 8, os documentos digitais estáticos são os que mais se adequam ao status arquivístico, visto que são detentores de forma fixa e conteúdo estável. Afinal, segundo Duranti e Thibodeau (2008:438):

> A função essencial de um documento arquivístico é servir como uma ponte no tempo, carregar informação sobre uma ação, um evento ou estado de negócios para quando for necessário em ações subsequentes ou como referência sobre o que aconteceu ou o que foi descrito ou dito no passado.

Para ser "uma ponte no tempo", os documentos têm que ser estáveis. Por conseguinte, a variabilidade da forma e do conteúdo própria dos documentos digitais interativos, em princípio, os privaria do status arquivístico, porque "um documento arquivístico que não contenha uma mensagem fixa [...] não pode ser chamado de volta e não pode servir como meio de lembrança" (Duranti e Thibodeau, 2008:438).

De fato, no caso específico do documento arquivístico, que não precisa estar completo do ponto de vista da forma para se caracterizar como tal, a forma, uma vez constituída, deve permanecer a mesma durante todo o seu ciclo de vida, sob pena de comprometer sua própria natureza. Diante dessa realidade, cumpre indagar como documentos digitais interativos podem ser documentos arquivísticos. A resposta está numa nova concepção das características da forma fixa e do conteúdo estável, a qual resulta no conceito de variabilidade limitada, que significa "mudanças na forma e/ou conteúdo de um documento arquivístico digital que são limitadas e controladas por meio de regras fixas, de maneira que a mesma consulta, pedido ou interações sempre geram o mesmo resultado" (Duranti e Preston, 2008:803).

Por variabilidade limitada entende-se uma variação da forma e do conteúdo do documento que não compromete seu caráter arquivístico à medida que é implementada por regras fixas, o que equivale a dizer que tal variação é intencionada pelo autor. Esse é o caso do gráfico em Excel e do catálogo de compras on-line. Nos dois exemplos, as alterações de forma e de conteúdo foram planejadas pelo autor e implementadas por regras fixas. Um documento digital dotado de variabilidade limitada e das seis características mencionadas reúne as condições necessárias para ser considerado documento arquivístico. Isto posto, a questão é: quando se trata de um ambiente digital, seria esse documento tão somente aquele que aparece na tela, o documento manifestado?

Num primeiro momento, o documento manifestado seria logo identificado como arquivístico, e de fato o é, uma vez que constitui o documento semântico, aquele passível de compreensão pelo ser humano. Mas esse documento não se encerra em si mesmo. Como se afirmou, ele é dotado de componentes digitais cujo processamento leva à sua manifestação. Na verdade há uma relação de interdependência entre o documento manifestado e seus componentes digitais, pela qual

> o documento arquivístico é produzido a partir dos seus componentes digitais, mas os componentes digitais devem ser produzidos de maneira a garantir que todas as propriedades essenciais do documento arquivístico estejam presentes e sejam as mesmas sempre que este se manifestar [Duranti e Thibodeau, 2008:442].

No caso de um documento arquivístico estático, uma carta em Word, por exemplo, há um documento arquivístico manifestado, isto é, a carta visível na tela do computador à qual corresponde um único componente digital com dados de forma e de conteúdo da carta.

A questão assume maior complexidade quando se trata de documentos arquivísticos inseridos em sistemas interativos não dinâmicos. Isso porque, em alguns casos, os componentes digitais integram um documento arquivístico armazenado, isto é, um documento digital com as seis características próprias de um documento arquivístico que é invisível ao usuário. Nesse contexto há duas entidades arquivísticas distintas mas relacionadas: o documento arquivístico manifestado e o documento arquivístico armazenado.

Tomemos como exemplo, e de um modo bastante simplificado, o sistema brasileiro de consultas on-line de contracheque, do governo federal. Nesse sistema consta um banco de dados,[54] mais precisamente o banco de folha de pagamento, no qual há diferentes tabelas com os nomes dos servidores, números de matrícula, mês e ano de pagamento etc. Mediante os *inputs* de um usuário, os dados existentes em cada tabela são cruzados e o contracheque é apresentado na tela. Nesse caso, o banco de folha de pagamento constitui um grande documento arquivístico armazenado, enquanto o contracheque visto na tela do computador é o documento arquivístico manifestado. A esses dois documentos correspondem vários componentes digitais, ou seja, as diferentes tabelas, seus relacionamentos e o *layout* do contracheque (dados de forma, de conteúdo e de composição). Cabe registrar que, de acordo com a taxonomia apresentada, o contracheque constitui um *documento arquivístico estático* inserido num *sistema interativo*. O documento é estático porque se apresenta sempre da mesma maneira para o usuário, sendo então dotado de forma fixa e conteúdo estável; porém, encontra-se inserido num sistema que permite interações.

Observamos, então, que, para além do documento arquivístico manifestado, há sempre um ou mais componentes digitais, bem como, em alguns casos, um documento arquivístico armazenado. Há que considerar também situações em que o documento arquivístico armazenado pode não estar relacionado a qualquer documento arquivístico manifestado. É o caso, por exemplo, dos programas conhecidos como patches, os quais permitem que um instrumento musical interaja com um computador para a execução de determinada música. Outro exemplo seria um fluxo de trabalho (*workflow*) utilizado em laboratórios de experimentação.

Consideremos agora os documentos interativos dinâmicos, aqueles desprovidos de forma fixa e conteúdo estável, como os já mencionados

---

[54] Segundo a Câmara Técnica de Documentos Eletrônicos, banco de dados é um "ambiente computacional composto por: a) dados estruturados em bases de dados relacionadas entre si, segundo um modelo de dados; b) regras que definem as operações válidas sobre os dados e garantem sua integridade.

sistemas que informam sobre condições do tempo e cotações de moeda. Em tais casos, as possibilidades de alteração constante dos dados fazem com que estes sejam entidades digitais, e não documentos propriamente ditos, menos ainda documentos arquivísticos. Afinal, essas entidades são reguladas por regras que podem variar; sendo assim, se caracterizam pelo que se chama de documentos arquivísticos em potencial. E por que essa denominação? Porque essas mesmas entidades podem "se tornar documentos arquivísticos" tanto por meio do redesenho do sistema que as envolve, "de maneira que as regras não variem mais", quanto pela remoção das regras para "um outro sistema que mantenha apenas documentos arquivísticos digitais (isto é, entidades estáticas ou não dinâmicas)" (Duranti, 2010:13).

Documento arquivístico em potencial é mais um conceito elaborado a partir da realidade digital, sendo entendido como:

> Um documento em processo de se tornar um documento arquivístico. Se o produtor o trata como um documento arquivístico, associa-o com entidades que são inegavelmente arquivísticas, e o faz no curso de uma atividade e para seus propósitos, tal objeto precisa apenas de conteúdo estável e de forma fixa para se materializar como um documento arquivístico de fato [Duranti e Preston, 2008:829].

"Um sistema que possui informação ou dados fluidos em constante mudança, na verdade, não contém documentos arquivísticos até que alguém decida elaborá-los e salvá-los com forma fixa e conteúdo estável" (Duranti, 2006).

Por tudo isso, inferimos que o conceito de variabilidade limitada é fundamental para que um documento digital seja diferenciado de um simples dado ou informação. Isso porque, por esse conceito, as características essenciais de um documento – forma fixa e conteúdo estável – estão presentes. Uma vez de posse dessas duas características, um documento digital é alçado à categoria de arquivístico se as demais características também estiverem presentes. Recapitulando, para ser considerado arquivístico, um documento digital deve apresentar as seguintes características: forma fixa, conteúdo estável, relação orgânica, contexto identificável, ação e cinco pessoas: autor, redator, destinatário, originador e produtor (ou pelo menos as três primeiras).

Documento arquivístico digital: categorias funcionais e credibilidade

Ainda sobre a percepção do documento arquivístico como "um meio de lembrança", Duranti e Thibodeau (2008:449) afirmam que ele "deve ser alguma coisa que o produtor possa de fato manter, associar com outros documentos arquivísticos e, depois, chamar de volta". Esse "chamar de volta" tem a ver com o que os autores chamam "função memorial" do documento arquivístico, a qual deve ser entendida como uma função inerente não somente ao documento de valor permanente, mas ao documento de arquivo em qualquer fase do seu ciclo de vida. Duranti e Thibodeau distinguem duas maneiras pelas quais um documento arquivístico desempenha sua função memorial: retrospectiva e prospectiva.

A função memorial retrospectiva de um documento arquivístico é a mais comum e se refere exatamente ao fato de esse documento permitir lembrar o que foi feito, dito, ocorrido e, com isso, "aprender sobre o passado" (Duranti e Thibodeau, 2008:449). Já a função memorial prospectiva é aquela que permite lembrar o que será feito e como será feito. Um exemplo seria uma partitura musical ou o roteiro de uma peça teatral.

Na verdade, a função retrospectiva de um documento arquivístico remonta à diplomática de documentos medievais, quando apenas duas categorias documentais existiam: o documento probativo e o dispositivo. Segundo Duranti e Preston (2008:830), um documento arquivístico probativo é "um documento arquivístico retrospectivo para o qual o sistema jurídico requer uma forma escrita como evidência de uma ação que veio a existir e foi completada antes de se manifestar por escrito". Exemplos seriam certidões de nascimento e recibos. Já documento arquivístico dispositivo é: "Um documento arquivístico retrospectivo cujo propósito é dar existência a um ato cujos efeitos são determinados por sua escrita, isto é, a forma escrita do documento arquivístico é a essência e a substância do ato" (2008:811). Exemplos de documento arquivístico retrospectivo dispositivo seriam certidões de compra e venda de imóveis e contratos.

Note-se que esses documentos são originários de atos jurídicos e, portanto, têm em comum o fato de disporem de uma forma escrita determinada pelo sistema jurídico. São os chamados documentos arquivísticos legais, os quais, tradicionalmente, apresentam uma escrita formal.

Ocorre que – como se observou no item relativo à diplomática a partir de uma perspectiva histórica –, como consequência do desenvolvimento social ocorrido a partir do século XVI, as pessoas passaram a registrar seus sentimentos, pensamentos e opiniões, gerando uma profusão de documentos com forma escrita arbitrária, justamente por não emanarem de atos jurídicos. Com isso, começaram a surgir documentos com funções diferentes da probativa e dispositiva. São os documentos identificados como de apoio e narrativos (Duranti, 1998).

O documento arquivístico de apoio é definido como "um documento arquivístico retrospectivo, que constitui evidência escrita de uma atividade não resultante em um ato jurídico, mas juridicamente relevante" (Duranti e Preston, 2008:840). Um exemplo seria a planta baixa de determinado projeto arquitetônico. Já o arquivístico narrativo é "um documento arquivístico retrospectivo que constitui evidência escrita de atividades juridicamente irrelevantes" (Duranti e Preston, 2008:825). Como exemplo, pode-se citar um relatório parcial, não solicitado, de determinado projeto.

Embora os documentos narrativos e de apoio participem de determinada ação, eles sozinhos não a executam nem produzem evidência desta ação. Trata-se, portanto, de documentos que não resultam de atos jurídicos e apresentam forma escrita arbitrária, são documentos arquivísticos não legais.

O século XX registra uma nova onda de desenvolvimento social, agora no âmbito da tecnologia digital. Mais uma vez, documentos com novas funções começam a surgir, aumentando o número de documentos não legais. É exatamente nesse contexto que surge o conceito de documento arquivístico prospectivo, o qual compreende duas subclasses: documento arquivístico instrutivo e documento arquivístico capacitador. O primeiro é "um documento arquivístico prospectivo que contém instruções sobre a execução de uma ação ou de um processo" (InterPares 2, 2008:819). Já o segundo seria "um documento arquivístico prospectivo codificado numa linguagem de máquina que está ativamente envolvido em executar uma ação ou tarefa" (Duranti e Preston, 2008:814).

Exemplos de documento arquivístico prospectivo instrutivo são manuais, instruções para preenchimento de formulários ou os já mencionados roteiros de peças teatrais e partituras musicais. Deve-se registrar que, embora esses documentos antecedam a tecnologia digital, o conceito surge a partir dessa tecnologia justamente pela necessidade de se diferenciar documento prospectivo instrutivo e capacitador, o qual é eminentemente tecnológico. Exemplos de documentos arquivísticos prospectivos capacitadores seriam o já mencionado programa patche, que possibilita a interação do computador com um instrumento musical, e programas de sites de marketing, os quais interpretam as consultas de cada usuário de maneira a determinar o que lhe deve ser apresentado na próxima consulta. Em relação a esses exemplos, cumpre ressaltar que, embora os programas (software) em geral não sejam considerados documentos arquivísticos, mas componentes digitais, nesses casos, trata-se de documentos arquivísticos, uma vez que são produzidos e utilizados no decorrer de uma atividade específica.

Formulemos agora um único exemplo que envolva mais de uma das funções apresentadas. Para tanto, voltemos ao banco de folha de pagamento e identifiquemos ali as diferentes categorias de documentos arquivísticos segundo suas respectivas funções:

- As rotinas em linguagem computacional que buscam, num conjunto de tabelas, informações cadastrais, de frequência e financeira, para executar os cálculos e produzir a folha de pagamento constituem *documentos arquivísticos armazenados prospectivos capacitadores*, porque sua função é capacitar a geração da folha de pagamento na forma armazenada.
- Outro conjunto de tabelas com as informações resultantes dos cálculos feitos pelas rotinas, isto é, salário-base, férias, décimo terceiro, des-

contos etc., é um *documento arquivístico armazenado retrospectivo de apoio*, pois sua função é apoiar o pagamento dos funcionários.

- O contracheque que aparece na tela do computador é um *documento arquivístico manifestado retrospectivo probativo*, uma vez que sua função é provar que o pagamento do salário foi efetivado.

Assim, todo documento arquivístico possui uma função memorial que se desdobra em funções específicas de acordo com a atividade da qual participa, sendo que essas funções se traduzem em diferentes categorias documentais.

Essas categorias estão resumidas no quadro 9.

QUADRO 9 Categorias funcionais do documento arquivístico

---

1. DOCUMENTO ARQUIVÍSTICO RETROSPECTIVO (ambiente digital e não digital)

- LEGAIS
    - Probativo
    - Dispositivo

- NÃO LEGAIS
    - De apoio
    - Narrativo

2. DOCUMENTO ARQUIVÍSTICO PROSPECTIVO

- NÃO LEGAIS
    - Instrutivo (ambiente digital e não digital)
    - Capacitador (específico do ambiente digital)

Deve-se ressaltar que as funções e categorias de um documento arquivístico estão intimamente ligadas ao ambiente jurídico-administrativo que o cerca, e, portanto, não devem ser vistas de maneira simplista. Assim, por exemplo, o relatório final de um projeto que a princípio teria apenas uma função de apoio pode também ser probativo, caso sua elaboração seja exigida pelas normas que regem o projeto ou mesmo a instituição que o desenvolve.

Outra questão que se impõe diz respeito à credibilidade do documento arquivístico digital. Afinal, a natureza dinâmica desse tipo de documento, ao mesmo tempo que facilita sua elaboração, atualização e comunicação, também permite que as informações nele contidas se percam ou sejam alteradas de maneira acidental ou proposital (Duranti, 2006). Desse modo, no que diz respeito à tecnologia digital, certo antagonismo se estabelece: sua força é também sua fragilidade, o que é particularmente grave no caso do documento arquivístico, uma vez que pode comprometer de maneira definitiva seu papel como instrumento e testemunho das ações humanas. Diante de tal realidade, encontram-se mais uma vez na diplomática as bases conceituais para a implementação de procedimentos que garantam a "documentabilidade" (*recordness*) do documento arquivístico.

De acordo com a diplomática, a credibilidade de um documento arquivístico digital está diretamente vinculada a três conceitos básicos: *acurácia, confiabilidade* e *autenticidade* (Duranti, 2009b).

A acurácia é um conceito que, até o advento da tecnologia digital, permaneceu diluído nos conceitos de confiabilidade e autenticidade, não sendo tratado separadamente pela diplomática geral. Entretanto, a facilidade de perda e de alteração de dados em ambientes digitais, tanto durante a transmissão no espaço (entre pessoas e sistemas) quanto no tempo (devido à atualização dos sistemas ou migrações de documentos), levou à necessidade de individuação da acurácia. Entende-se por acurácia o "grau ao qual dados, informações, documentos e documentos arquivísticos são precisos, corretos, verdadeiros, livres de erros ou distorções, ou pertinentes ao assunto" (Duranti, 2009; Preston, 2008:796). Em outras palavras, e no caso específico do documento arquivístico, trata-se do grau de credibilidade dos dados contidos nesse documento, dotando-o de veracidade, exatidão e precisão. Deve-se reiterar que, *no âmbito arquivístico*, dado é a menor parte da informação contida em um documento, ou seja, a data é um dado, o autor é um dado e assim por diante (Duranti, 2009b).

No que se refere à confiabilidade esta é definida como:

> Credibilidade de um documento arquivístico como uma afirmação do fato. Existe quando um documento arquivístico pode sustentar o fato ao qual se

refere e é estabelecida pelo exame da completeza da forma do documento e do grau de controle exercido no processo de sua criação [Câmara Técnica de Documentos Eletrônicos, 2010].

A confiabilidade de um documento arquivístico tem a ver com a veracidade de seu conteúdo, sendo ela de total responsabilidade do órgão produtor, representado pela pessoa encarregada de elaborá-lo, isto é, seu autor, bem como da pessoa responsável pela sua gestão.

Finalmente, autenticidade é: "Credibilidade de um documento arquivístico como documento arquivístico, isto é, a qualidade de um documento arquivístico ser o que diz ser, estando livre de adulteração ou qualquer outro tipo de corrupção" (Câmara Técnica de Documentos Eletrônicos, 2010).

Assim, um documento arquivístico autêntico é "aquele que preserva a mesma *identidade* que tinha quando gerado pela primeira vez, e cuja *integridade* pode ser presumida ou provada ao longo do tempo" (Duranti, 2009b:68, grifos nossos).

A identidade de um documento arquivístico digital se dá pelos elementos extrínsecos e intrínsecos presentes na face do documento e pelos atributos expressos em metadados, que são: os nomes das cinco pessoas, ou ao menos três, responsáveis pela sua produção; data e hora de produção e transmissão; a ação da qual o documento participa e que é representada pela indicação do assunto; identificação da relação orgânica (pelo código de classificação, por exemplo); indicação de formato (doc, xml, pdf etc.); indicação de anexos; indicação da existência de assinatura digital, se for o caso; e, finalmente, o nome da pessoa física ou jurídica que produz ou recebe o documento (Duranti, 2009b). Note-se que alguns desses metadados constam também da face do documento, ou seja, da sua forma manifestada, e aí figuram não como metadados, mas como elementos da forma documental.

A integridade de um documento arquivístico se refere ao fato de esse documento ser completo e inalterado. Ela está intimamente ligada às circunstâncias da gestão e preservação do documento, o que nos remete à cadeia ininterrupta de custódia tão defendida por Jenkinson – e abordada no item que trata da visão deste autor sobre o conceito de documento arquivístico. Essa "cadeia ininterrupta de custódia responsável e legítima é considerada uma garantia de integridade até prova em contrário" (Duranti, 2009b:53). Por tal cadeia, os procedimentos de gestão e preservação não são interrompidos, e implementam-se por meio dos seguintes metadados: nome das pessoas ou setor que utilizam o documento; nome da pessoa ou setor responsável pela gestão do documento; indicação de mudança tecnológica; indicação da presença ou remoção de assinatura digital; momento estabelecido para a remoção do documento do sistema digital ao qual pertence; momento estabelecido para a transferência do documento para o arquivo intermediário ou permanente; momento estabelecido para eliminação; e, finalmente, a indicação da existência e localização de duplicatas daquele documento fora do sistema ao qual pertence (Duranti, 2009b).

Esses conceitos deixam claro que a credibilidade dos documentos arquivísticos digitais implica metadados cuja implementação deve se dar no âmbito de programas de gestão e preservação de documentos – os quais extrapolam nosso escopo aqui.

Ideias centrais sobre o documento arquivístico em ambiente digital

Como se demonstrou no item "Documento arquivístico digital, o que é?", o conceito de documento arquivístico digital perpassa o conceito de documento, o qual, segundo a diplomática, pressupõe as características de forma fixa e conteúdo estável. Em um primeiro momento, tais características podem parecer incompatíveis com o dinamismo do ambiente digital. Entretanto, um estudo desse ambiente e dos objetos ali existentes, à luz da ciência da computação, da diplomática e da arquivologia, resultou numa taxonomia dos documentos digitais pela qual estes são classificados em estáticos, interativos não dinâmicos e interativos dinâmicos. Essa classificação toma por base o grau de variação da forma e do conteúdo de um documento digital, o qual, por sua vez, é medido pela existência ou não de regras fixas que controlam o documento. É justamente a partir daí que surge o conceito arquivístico de variabilidade limitada. Segundo ele, um documento digital pode se tornar arquivístico à medida que sua variação de forma e de conteúdo é prevista pelo autor e implementada por meio de regras fixas. Esse é o caso das características de forma fixa e conteúdo estável, as quais, acrescidas de outras quatro – relação orgânica, contexto identificável, ação e cinco pessoas (autor, redator, destinatário, originador e produtor) – dotam o documento digital estático e não dinâmico de status arquivístico.

Para serem arquivísticos, os documentos digitais dinâmicos precisariam, em primeiro lugar, adquirir as características de forma fixa e conteúdo estável, o que só seria possível por meio do redesenho do sistema que os envolve ou da sua remoção para outro sistema, concebido a partir de critérios arquivísticos.

Sistemas computacionais que abrigam entidades digitais cuja forma e conteúdo estão sempre mudando, ou seja, que não são regidos por regras fixas, não possuem documentos de fato, menos ainda documentos arquivísticos, mas meros dados ou informações. Essa fluidez de forma e de conteúdo pode ser intencional, isto é, a proposta é apenas informar. Entretanto, quando se pretende gerar documentos arquivísticos, enquanto o redesenho ou a remoção não ocorrerem o que há ali são os chamados documentos arquivísticos em potencial, isto é, em via de se tornar arquivísticos.

No que diz respeito às partes constituintes do documento arquivístico segundo a diplomática, cumpre reiterar que, quanto mais completo, maior será a documentabilidade do documento, ou seja, sua capacidade de documentar a ação da qual participa. Tal completude implicará diretamente sua credibilidade, seu grau de acurácia, confiabilidade e autenticidade. Entretanto, deve-se enfatizar que um documento não perde seu status arquivístico por não apresentar todos os elementos de forma (intrínsecos e extrínsecos). Nesse caso, há um "mau documento arquivístico".

Finalmente é preciso destacar o fato de o documento arquivístico digital possuir uma forma manifestada, à qual corresponde uma codificação digital. A forma manifestada, na verdade, é o documento passível de leitura e compreensão pelo ser humano. Já a codificação digital se traduz em cadeias de bits que integram os chamados componentes digitais do documento arquivístico, os quais são invisíveis para o usuário e desinteressantes para ele. Tais componentes contêm dados de forma, conteúdo e composição, e é por meio de seu processamento que o documento arquivístico se manifesta na tela do computador. Os componentes digitais ainda podem integrar um documento arquivístico armazenado, ou seja, um documento digital com as seis características do documento arquivístico, mas que é invisível aos olhos humanos.

A análise ora efetuada pode ser sintetizada no quadro 10.

QUADRO 10 Entidades digitais

OBJETO DIGITAL (CADEIA DE BITS)

Documento digital

- Documento manifestado: documento digital semântico ao qual corresponde um ou mais componentes digitais.
- Documento armazenado: documento digital invisível ao usuário ao qual corresponde um ou mais componentes digitais.

DOCUMENTO NÃO ARQUIVÍSTICO DIGITAL

- Documento não arquivístico digital estático: forma fixa + conteúdo estável.
- Documento não arquivístico digital interativo não dinâmico: regras fixas = forma fixa + conteúdo estável.
- Documento não arquivístico digital interativo dinâmico: regras variáveis = dado/informação × documento propriamente.

DOCUMENTO ARQUIVÍSTICO DIGITAL

- Documento arquivístico manifestado: documento arquivístico digital semântico, ao qual corresponde um ou mais componentes digitais.
- Documento arquivístico armazenado: documento arquivístico digital invisível para o usuário, ao qual corresponde um ou mais componentes digitais.
  - Documento arquivístico digital estático: forma fixa + conteúdo estável + cinco pessoas + relação orgânica + contexto + ação.
  - Documento arquivístico digital interativo não dinâmico: variabilidade limitada (regras fixas controlam variações de forma e conteúdo) + cinco pessoas + relação orgânica + contexto + ação.

Considerações finais

A revisitação do conceito de documento arquivístico empreendida neste livro demonstrou que, desde o *Manual dos arquivistas holandeses* até hoje, a entidade tem sido conceituada como um produto social, como o documento produzido e recebido no decorrer das atividades humanas.

Em relação à utilização dos termos documento e informação no ato da formulação do conceito de documento arquivístico, observa-se que a maioria dos autores estudados prefere o primeiro em detrimento do segundo. Nos casos em que o termo informação é adotado, ele aparece acompanhado do adjetivo "registrada", ou, mais claramente, "registrada num suporte", o que configura uma menção implícita ao ente documento.

Diante dessa realidade, um estudo do conceito de documento e informação deveria necessariamente preceder a análise de documento arquivístico. A partir do exame de autores que produzem na área da ciência da informação, procedeu-se, primeiramente, a uma análise filológica dos termos documento e informação. Em seguida, partiu-se para a análise entitiva de ambos os termos consultando também autores da arquivologia. Como resultado, identificou-se nos conceitos das duas entidades dois pontos convergentes: materialidade (conteúdo fixado num suporte) e funcionalidade (missão de ensino, aprendizagem, comunicação, testemunho). A partir daí, e em articulação com a arquivologia, identificou-se nos conceitos das duas entidades dois pontos convergentes: materialidade (conteúdo fixado num suporte) e funcionalidade (missão de ensino, aprendizagem, comunicação, testemunho). Cabe registrar, em todo esse processo, a grande contribuição da ciência da informação, tanto pelo número de autores desse campo que estudam os conceitos em questão, seja pela vertente etimológica, seja pela entitiva, quanto pela profundidade com que o fazem.

Uma vez de posse dos conceitos de documento e informação, procedeu-se à análise do conceito de documento arquivístico a partir de autores e publicações que remontam o século XIX, marco do nascimento da arquivologia como área do conhecimento, e vêm até os nossos dias. Nesse caso, a convergência se deu por meio da natureza dos documentos arquivísticos e pela sua organicidade. Em relação ao primeiro ponto convergente importa esclarecer que, embora a maioria dos autores aqui contemplados mencionem pessoas físicas como produtoras de documentos arquivísticos, seus discursos conceituais privilegiam sempre aqueles provenientes de instituições públicas e privadas, ou seja, de pessoa jurídica. Tal constatação sugere a reapresentação das palavras corajosas de Yeo (2008:124), para quem:

> documentos arquivísticos organizacionais são sempre vistos como "melhores" membros da categoria do que os produzidos fora da estrutura institucional. Muitas definições de documentos arquivísticos declaram explicitamente que [esses documentos] podem ser produzidos e mantidos tanto por pessoas como por instituições. Entretanto, a terminologia profissional sugere outra coisa. Geralmente falamos de documentos arquivísticos institucionais, e não dos pessoais.

Assim, em sintonia com Yeo, reiteramos nossa percepção de que a aplicação do conceito de documento arquivístico aos documentos privados pessoais carece de reflexões mais aprofundadas.

A análise do conceito de documento arquivístico revelou também que essa entidade é conceituada a partir do termo documento, o qual, por sua vez, é definido pela diplomática como informação registrada, ou seja, conjunto de dados fixados num suporte e dotados de significado. Observa-se assim que, no conceito de documento arquivístico, encontram-se implícitas as mesmas características identificadas nos conceitos de documento e informação: materialidade e funcionalidade. O documento arquivístico possui base física e tem por função registrar, reter, testemunhar, "chamar à lembrança" as atividades desempenhadas por pessoas físicas e jurídicas. Como corolário dessa função está o fato de o documento arquivístico refletir o sistema jurídico a partir do qual é produzido, o que equivale a dizer que esse documento obedece a regras diplomáticas emanadas desse sistema jurídico, determinando sua composição e aparência.

Parafraseando Jenkinson (1947), embora todo documento arquivístico seja um documento, nem todo documento é um documento arquivístico. Para se configurar como tal, o documento deve ser produzido ou recebido no decorrer das atividades de uma pessoa física ou jurídica e ser dotado das seguintes características diplomáticas: forma fixa, conteúdo estável, relação orgânica, contexto identificável, ação e cinco pessoas (autor, redator, destinatário, originador e produtor), ou ao menos as três primeiras. Em relação à forma fixa e ao conteúdo estável, cabe ressaltar que se trata de características herdadas pelo documento arquivístico diretamente da diplomática, ou melhor, do conceito diplomático de documento como informação registrada num suporte, o que implica diretamente a materialidade do documento arquivístico, seja ele digital ou não.

Pelo que foi exposto, inferimos que documentos digitais produzidos no decorrer de atividades desempenhadas por instituições públicas e privadas,[55] e, portanto, a partir de um determinado sistema jurídico, podem perfeitamente ser documentos arquivísticos. No entanto, há uma questão que se impõe de imediato: como documentos naturalmente dinâmicos, como é o caso dos digitais, podem atender às características arquivísticas de forma fixa e conteúdo estável? É exatamente aí que nasce um conceito fundamental para a identificação do documento arquivístico em ambiente digital: o de variabilidade limitada. Isso significa que o documento arquivístico digital pode sofrer variações de forma e de conteúdo desde que elas se deem a partir de regras fixas devidamente planejadas e desejadas por seu autor.

---

[55] Contexto predominante neste livro.

Pelo conceito de variabilidade limitada, a entidade digital desprovida de forma fixa e conteúdo estável – cuja forma e conteúdo estão sempre mudando – não é documento, muito menos documento arquivístico, mas dado ou informação. Dessa forma, estabelece-se no ambiente digital uma separação definitiva entre documento arquivístico e informação, sendo esta identificada a dados que fluem em constante alteração.

No entanto, tendo em vista as relações de interdisciplinaridade com a ciência da informação, infere-se que, exatamente como no caso do documento arquivístico, informação e documento também são dotados de materialidade. Como então justificar essa separação entre documento arquivístico e informação estabelecida a partir do conceito de variabilidade limitada? Em outras palavras, não estaria a questão da forma fixa e do conteúdo estável incluída também no discurso da ciência da informação sobre materialidade?

Na verdade, os estudos ora empreendidos nos levam a deduzir que, ao mencionar a questão da materialidade, os autores que atuam na área da ciência da informação estão se referindo apenas à fixação de signos semânticos numa base física, sem nenhuma relação com a concepção arquivística de forma fixa e conteúdo estável. A questão chegou a ser dirigida ao professor Capurro, em mensagem eletrônica de 11 de abril de 2010: "Haverá na ciência da informação estudos sobre a necessidade de forma fixa e conteúdo estável para a informação digital?" A resposta foi: "À primeira vista, não, porque o meio digital é um meio efêmero, e a não fixação é a sua vantagem".

Assim, o conceito de variabilidade limitada, no qual se insere a questão da forma fixa e do conteúdo estável, é eminentemente arquivístico, tendo sido formulado a partir das pesquisas do Projeto InterPares, no âmbito dos estudos sobre documentos arquivísticos digitais. Nesse conceito, faz-se a diferenciação entre documento e informação, entre documento arquivístico digital e informação digital.

Resumindo: um objeto digital dotado das características diplomáticas de forma fixa e conteúdo estável constitui documento, e não dado ou informação; um documento digital produzido no decorrer de atividades desempenhadas por pessoas físicas ou jurídicas, e cuja análise diplomática demonstra que, além das características de forma fixa e conteúdo estável, as demais – relação orgânica, contexto identificável, ação, e cinco pessoas (autor, redator, destinatário, originador e produtor), ou ao menos as três primeiras – também se fazem presentes, é documento arquivístico, e como tal deverá ser submetido aos procedimentos de gestão e preservação preconizados pela arquivologia.

Demonstra-se assim a consistência da arquivologia como ciência autônoma, porque os estudos aqui realizados, além de reiterar a solidez do conceito de documento arquivístico – pela comprovação de sua aplicação às entidades digitais produzidas e recebidas no âmbito das pessoas jurídicas –, reiteram também a força dos laços interdisciplinares que envolvem arquivologia, diplomática e ciência da informação.

Bibliografia

LIVROS

ASSOCIAÇÃO DOS ARQUIVISTAS FRANCESES. *Manuel d'archivistique*: théorie et pratique des archives publiques en France. Paris: Sevpen, 1970. 805 p.

ASSOCIAÇÃO DOS ARQUIVISTAS HOLANDESES. *Manual de arranjo e descrição de arquivos*. Rio de Janeiro: Arquivo Nacional, 1973. 167 p.

BELLOTTO, Heloísa Liberalli. *Arquivos permanentes:* tratamento documental. Rio de Janeiro: FGV, 2005. 318 p.

____. *Diplomática e tipologia documental em arquivos*. Brasília: Briquet de Lemos, 2008. 106 p.

BRASIL. Arquivo Nacional. *Dicionário brasileiro de terminologia arquivística*. Rio de Janeiro: Arquivo Nacional, 2005. 232 p. (Publicações Técnicas, n. 51).

BRIET, Suzanne. *Qu'est-ce que la documentation?*. Paris: Édit, 1951. 48 p.

CAMARGO, Ana Maria de Almeida; BELLOTTO, Heloísa Liberalli (Coord.). *Dicionário de terminologia arquivística*. São Paulo: Associação dos Arquivistas Brasileiros, Núcleo Regional de São Paulo; Secretaria de Estado e Cultura, 1996. 142 p.

CAMPOS, Maria Luiza de Almeida. *Linguagem documentária*: teorias que fundamentam sua elaboração. Niterói: Eduff, 2001. 133 p.

____. *Workshop*: o fazer informacional nos acervos da Fundação Casa de Rui Barbosa. Rio de Janeiro: FCRB, 2003.

CARUCCI, Paola. *Le fonti archivistiche*: ordenamiento e conservazione. Roma: La Nuova Italia Scientifica, 1983. 238 p.

CASANOVA, Eugenio. *Archivistica*. 2. ed. Stab. Siena: Stab. Arti Grafiche Lazzeri, 1928. 532 p.

CORTÉS ALONSO, Vicenta. *Manual de archivos municipales*. Madri: Anabad, 1989. 159 p.

CRUZ MUNDET, José Ramón. *Manual de archivística*. Madri: Fundación Gemán Sánchez Ruipérez, 2001. 413 p.

DURANTI, Luciana. *Diplomatics*: new uses for an old science. Society of American Archivists: Maryland, 1998. 186 p.

____ (Org.). *The InterPares Project*: The long-term preservation of the authentic electronic records: findings of the InterPares Project. San Miniato: Archilab, 2005. 364 p.

____ (Org.). *Creator guidelines*: making and maintaining digital materials: guidelines for individuals. Vancouver: InterPares 2 Project, [2006]. 21 p.

____; EASTWOOD, Terry; MACNEIL, Heather. *Preservation of the integrity of electronic records*. Dordrecht: Kluwer Academic, 2002. 172 p.

____; PRESTON, Randy. *International research on permanent authentic records in electronic systems* (*InterPares 2*): experimental, interactive and dynamic records. Roma: Anai, 2008. 844 p.

ECO, Humberto. *Interpretação e superinterpretação*. São Paulo: Martins Fontes, 2005. 184 p.

EVES, Howard. *Introdução à história da matemática*. Campinas: Unicamp, 1997. 843 p.

FERRATER MORA, José. *Dicionário de filosofia*. São Paulo: Loyola, 2001. t. 3.

FONSECA, Maria Odila. *Arquivologia e ciência da informação*. Rio de Janeiro: FGV, 2005. 121 p.

GRUPO IBEROAMERICANO DE TRATAMIENTO DE ARCHIVOS ADMINISTRATIVOS. *Hacia un dicionario de terminologia archivistica*. Santa Fé de Bogotá: Archivo General de la Nacion de Colombia, 1997. 127 p.

HEREDIA HERRERA, Antonia. *Archivística general*: teoría y práctica. Sevilha: Diputación Provincial de Sevilla, 1991.

____. *Que es un archivo?*. Gijón: Ediciones Trea, 2007. 135 p.

HOUAISS, Antonio; VILLAR, Mauro Salles. *Dicionário Houaiss da língua portuguesa*. Rio de Janeiro: Objetiva, 2001.

JAPIASSU, Hilton; MARCONDES, Danilo. *Dicionário básico de filosofia*. 2. ed. rev. Rio de Janeiro: Zahar, 1995.

JARDIM, José Maria. *Transparência e opacidade do Estado no Brasil*: usos e desusos da informação governamental. Niterói: Eduff, 1999. 239 p.

JENKINSON, Hilary. *A manual of archive administration*. Oxford: Oxford University Press, 1922. 243 p.

LARROSA, Jorge. *Nietzsche e a educação*. Belo Horizonte: Autêntica, 2005. 135 p.

LASSO DE LA VEGA, Javier. *Manual de documentación*. Barcelona: Editorial Labor, 1969.

LIVELTON, Trevor. *Archival theory, records and the public*. Lanham: Scarecrow Press. 1996. 177 p.

LLANSÓN SANJUAN, Joaquim. *Gestión de documentos*: definición y analysis de modelos. Bergara: Irangi, Centro de Patrimônio Documental de Euskadi, 1993. 250 p.

LODOLINI, Elio. *Archivística*: principi e problemi. 5. ed. ampl. Milão: Franco Angeli Libri, 1990. 324 p.

MACNEIL, Heather. *Trusting records*: legal, historical and diplomatic perspectives. Dordrech: Kluwer Academic, 2000. 163 p.

MARCONDES, Danilo. *Iniciação à história da filosofia*: dos pré-socráticos a Wittgesntein. Rio de Janeiro: Zahar, 2007. 303 p.

MARTÍN–POZUELO CAMPILLOS, M. Paz. *La construcción teórica em archivística*: el principio de procedência. Madri: Universidad Carlos III de Madrid, 1996. 190 p.

MCGARRY, K. J. *Da documentação à informação*: um conceito em evolução. Lisboa: Presença, 1984.

MINAYO, Maria Cecília de Souza. *O desafio do conhecimento*: pesquisa qualitativa em saúde. São Paulo: Hucitec-Abraso, 1992. 269 p.

MLODINOW, Leonard. *A janela de Euclides*. São Paulo: Geração editorial, 2004. 295p.

NIETZSCHE, Friedrich. *Ecce Homo*. Porto Alegre: L&PM, 2010.

OTLET, Paul. *El tratado de documentación*: el libro sobre el libro, teoría y práctica. Bruxelas: Mundaneum, 1934.

PUBLIC RECORD OFFICE. *Guide to the public records*. Parte I: Introductory. Londres: His Majesty's Stationery Office, 1949. 7 p.

RABISKAUSKAS, Paulius. *Diplomática geral*. Roma: Pontificia Università Gregoriana, 2000.

RODRÍGUEZ BRAVO, Blanca. *El documento*: entre la tradición y la renovación. Gijón: Trea, 2002. 281 p.

RONDINELLI, Rosely Curi. *Gerenciamento arquivístico de documentos Eletrônicos*: uma abordagem teórica da diplomática arquivística contemporânea. Rio de Janeiro: FGV, 2002. 158 p.

ROUSSEAU, Jean Yves; COUTURE, Carol. *Os fundamentos da disciplina arquivística*. Lisboa: Dom Quixote, 1998. 356 p.

SAFRANSKI, Rüdiger. *Heidegger, um mestre na Alemanha entre o bem e o mal*. São Paulo: Geração, 2005.

SCHELLENBERG, T. R. *Modern archives*: principles and techniques. Chicago: University of Chicago Press, 1956. 247 p.

SHANNON, Claude; WEAVER, Warren. *Teoria matemática da comunicação*. [S.l.: s.n.], [1975]. 136 p.

SILVA, Armando Malheiro et al. *Arquivística*: teoria e prática de uma ciência da informação. Porto: Afrontamento, 1999. 253 p.

SILVA, Benedito. *Dicionário de ciências sociais*. Rio de Janeiro: FGV, 1987.

SILVA, Teófilo da et al. *Metodologia científica*: teorias, conceitos e observação: definições. Brasília: UCB, [2006?].

WITTGENSTEIN, Ludwig. *Investigações filosóficas*. São Paulo: Nova Cultural, 2000. 207 p.

ARTIGOS, DISSERTAÇÕES E TESES

BELKIN, J. Nicholas et al. Information science and the phenomenon of information. *Journal of the American Society for Information Science*, Jasis, v. 27, n. 4, p. 197-204, 1976.

BELLOTTO, Heloísa Liberalli. Da gênese à função: o documento de arquivo como informação e testemunho. In: SEMINÁRIO DE ESTUDOS DE INFORMAÇÃO: DOCUMENTO. GÊNESE E CONTEXTOS DE USO, 1. Niterói, RJ, 2010.

BLOUIN, Francis. A framework for a consideration of diplomatics in the electronic environment. *American Archivist*, v. 59, p. 466-479, 1996.

BROOK, Christopher N. L. The teaching of diplomatic. *Journal of the Society of Archivists*, v. 4, n. 1, p. 1-9, 1970.

BROOKS, Bertran C. The foundations of information science. Part I. Philosophical aspects. *Journal of Information Science*, v. 2, p. 125-133, 1980.

BROTHMAN, Brien. Afterglow: conceptions of record and evidence in archival discourse. *Archival Science*, v. 2, p. 311-342, 2002.

CAMARGO, Ana Maria de Almeida. Arquivo, documento e informação. *Arquivo e administração*, v. 15-23, p. 34-40, jan./dez. 1994.

CAPURRO, Rafael; HJORLAND, Birger. O conceito de informação. *Perspectivas em Ciência da Informação*, v. 12, n. 1, p. 148-207, 2007.

COOK, Terry. What is past is prologue: a history of archival ideas since 1898, and the future paradigm shift. *Archivaria*, v. 43, p. 18-63, 1997.

DELMAS, Bruno. Manifesto for a contemporary diplomatics: from institutional documents to organic information. *American Archivist*, v. 59, p. 438-452, 1996.

DUCHEIN, Michel. O respeito aos fundos em arquivística: princípios teóricos e problemas práticos. *Arquivo e Administração*, v. 10-14, n. 1, p. 14-33, 1986.

____. O respeito aos fundos em arquivística: princípios teóricos e problemas práticos. *Arquivo e Administração*, v. 10-14, n. 1, p. 14-33, 1986.

DURANTI, Luciana. The Odyssey of records managers. *Records Management Quarterly*. v. 23, n. 3, p. 3-11, 1989.

____. The archival body of knowledge: archival theory, method, practice and graduate and continuing education. *The Journal of Education for Library and Information Science*, v. 34, p. 8-24, 1993.

____. The concept of appraisal and archival theory. *American Archivist*, v. 57, p. 329-344, 1994a.

____. Registros documentais contemporâneos como prova de ação. *Estudos Históricos*, Rio de Janeiro, v. 7, n. 13, p. 49-64, 1994b.

____. Archival science. *Encyclopedia of Library and Information Science*, Allen Kent, v. 59, p. 1-19, 1996a.

____. Archives as a place. *Archives and Manuscripts*, v. 24, n. 2, p. 242-255, 1996b.

____. The archival bond. *Archives and Museum Informatics*, v. 11, p. 213-218, 1997.

____. The concept of electronic record. In: EASTWOOD, Terry et al. *Preservation of the integrity of electronic records*. Dordrecht: Kluwer Academic, 2002. cap. 1, p. 9-22.

_____. Diplomatics. *Encyclopedia of Library and Information Science*. Nova York: Marcel Dekker, p. 1-9, 2009a.

_____. From digital diplomatics to digital records forensics. *Archivaria*, n. 68, p. 39-66, 2009b.

_____. Structural and formal analysis: the contribution of diplomatics to archival appraisal in the digital environment. In: *The future of archives and recordkeeping*: a reader. Londres: Facet, 2010, p. 65-68.

_____; MACNEIL, Heather. The protection of the integrity of electronic records: an overview of the UBC-MAS research project. *Archivaria*, n. 42, p. 46-67, Fall 1996.

_____; THIBODEAU, Ken. The concept of record in interactive, experimental and dynamic environments: the view of InterPares. In: DURANTI, Luciana; PRESTON, Randy. *International research on permanent authentic records in electronic systems* (InterPares 2): experimental, interactive and dynamic records. Itália: Anai, 2008. p. 402-459.

EASTWOOD, Terry. Nailing a little jelly to the wall of archival studies. *Archivaria*, v. 35, p. 232-246, 1993.

_____. Introduction. In: DURANTI, Luciana et al. *Preservation of the integrity of electronic records*. Dordrecht: Kluwer Academic, 2002. cap. 1, p. 1-8.

_____. A contested realm: the nature of archives in the orientation of archives science. In: EASTWOOD, Terry; MACNEIL, Heather (Orgs.). *Currents of archival thinking*. Santa Barbara: ABC-Clio, 2010. p. 3-21.

FARRADANE, J. Knowledge, in information and information science. *Journal of Information Science*, v. 2, p. 75-80, 1980.

FONSECA, Maria Odila. Informação, arquivos e instituições arquivísticas. *Arquivo e Administração*, Rio de Janeiro, v. 1, n. 1, p. 33-45, jan./jun. 1998.

FRANCKE, Helena. What's in a name? Contextualizing the document concept. *Library and Linguistic Computing*, v. 20, n. 1, p. 61-69, 2005.

GALENDE DIAZ, Juan Carlos; GARCÍA RUIPÉREZ, Mariano. El concepto de documento desde una perspectiva interdisciplinar: de la diplomática a la archivística. *Revista General de Información y Documentación*, v. 13, n. 2, p. 7-35, 2003.

GOMES, Hagar Espanha et al. Organização da informação e terminologia: a abordagem onomasiológica. *Datagrama Zero – Revista de Ciência da Informação*, v. 11, n. 5, out. 2010.

GUYOTJEANIN, Olivier. The expansion of diplomatics as a discipline. *The American Archivists*, v. 59, p. 414-421, 1996.

HJORLAND, Birger. Documents, memory institutions and information science. *Journal of Documentation*, v. 56, n. 1, p. 27-41, jan. 2000.

HORSMAN, Peter et al. New respect for the older: the context of the Dutch manual. *The American Archivist*, v. 66, p. 249-270, 2003.

INDOLFO, Ana Celeste. *O uso de normas arquivísticas no Estado brasileiro*: uma análise do Poder Executivo Federal. Dissertação (Mestrado em Ciência da Informação) – Universidade Federal Fluminense, Niterói, 2008, 235 f.

JENKINSON, Hilary. *The English archivist*: a new profession. Palestra proferida na abertura do curso de Administração de Arquivos, Londres, University College of London, 14 out. 1947. H. K. Lewis, 1948. 22 p.

____. Modern archives: some reflexions on [the book] T. R. Schellenberg: modern archives: principles and techniques. *Journal of the Society of Archivists*, v. 1, n. 11, p. 147-149, 1957.

____. The problems of nomenclature in archives. *Journal of the Society of Archivists*, v. 1, n. 9, p. 233-239, 1959.

LIU, Ziming. The evolution of documents and its impact. *Journal of Documentation*, v. 60, n. 3, p. 279-288, 2004.

LODOLINI, Elio. El problema fundamental de la archivistica: la naturaleza y el ordenamiento del archivo. *Irargi – Revista de Archivistica*, v. 1, n. 0, p. 27-61, 1988.

MACNEIL, Heather. Trusting records in a postmodern world. *Archivaria*, Ottawa, n. 51, p. 36-47, 2001.

____. Contemporary archival diplomatics as a method of inquiry: lessons learned from two research projects. *Archival Science*, n. 4, p. 199-232, 2006.

____ et al. Part one: establishing and maintaining trust in electronic records: authenticity task force report. In: DURANTI, Luciana (Org.). *The InterPares Project*: the long-term preservation of the authentic electronic records: findings of the InterPares Project. Roma: Archilab, 2005. p. 20-63.

MADDEN, A. D. A definition of information. *Aslib Proceedings*, v. 52, n. 9, out. 2000.

MARTÍN-POZUELO CAMPILLOS, M. Paz. Placing records continuum theory and practice. *Archival Science*, v. 1, p. 333-359, 2001.

_____. Speculations in documentation evolution and information. *Journal of Documentation*, v. 60, n. 1, p. 9-23, 2004.

MEADOW, Charles; YUAN, Weijing. Measuring the impact of information: defining the concepts. *Information Processing & Management*, v. 33, n. 6, p. 697-714, 1997.

MEEHAN, Jennifer. Towards an archival concept of evidence. *Archivaria*, n. 61, p. 127-146, 2006.

MENNE-HARITZ, Angelika. What can be achieved with archives? In: STOCKHOLM CONFERENCE ON ARCHIVAL SCIENCE AND THE CONCEPT OF RECORD, 2.proceeding p. 30-1, may 1996. *The concept of record*: report. Stockholm: Riksarkivet, 1998. p. 11-24.

NASCIMENTO, Lúcia Maria Barbosa. *Análise documental e análise diplomática*: perspectivas de interlocução de procedimentos. Tese (Doutorado em Ciência da Informação) – Unesp, São Paulo, 2009, 198 f.

PINHEIRO, Lena Vania Ribeiro. *A ciência da informação entre luz e sombra*: domínio epistemológico e campo interdisciplinar. Tese (Doutorado em Comunicação) – UFRJ, Rio de Janeiro, 1997, 266 f.

_____. Gênese da ciência da informação ou sinais anunciadores da nova área. In: *O campo da ciência da informação*: gênese, conexões e especificidades. João Pessoa: UFPB, 2002. p. 61-86.

POSNER, Ernest. Some aspects of archival development since the French Revolution. In: DANIELS, Maygene et al. *A modern archives reader*: basic readings on archival theory and practice. Washington: National Archives and Records Service, 1984. p. 3-14.

RABELLO, Rodrigo. *A face oculta do documento:* tradição e inovação no limiar da ciência da informação. Tese (Doutorado em Ciência da Informação) – Unesp, Marília, 2009. 331 f.

RENDÓN ROJAS, Miguel Angel. Cuestiones epistemológicas de la ciencia bibliotecológica y de la información. *Informare*, v. 5, n. 2, p. 31-7, jul./dez., 1999.

_____. Relación entre los conceptos: información, conocimiento y valor: semejanzas y diferencias. *Ciência da Informação*, v. 34, n. 2, p. 52-61, maio/ago. 2005.

ROBERTS, David. Defining electronic records, documents and data. *Archives and Manuscripts*, v. 22, n. 1, p. 15-26, 1994.

RODRIGUES, Ana Célia. *Diplomática contemporânea como fundamento metodológico da identificação de tipologia documental em arquivos*. Tese (Doutorado em História Social) – USP, São Paulo, 2008. 258 f.

RUMSCHÖTTEL, Herman. The development of archival science as a scholarly discipline. *Archival Science*, n. 1, p. 143-155, 2001.

SHERA, Jesse H.; CLEVELAND, Donald B. History and foundations of information science. *Arist – Annual Review of Information Science and Technology*, v. 12, p. 249-275, 1977.

SILVA, Eliezer Pires da. *A noção de informação em arquivística na produção de conhecimento em arquivologia no Brasil*. Dissertação (Mestrado em Ciência da Informação) – Universidade Federal Fluminense, Niterói, 2009. 125 f.

STANDARD AUSTRALIA INTERNATIONAL. *AS ISO 15489.1*: records management: part 1: general. Sidney, 2002.

STAPLETON, Richard. Jenkinson and Schellenberg: a comparison. *Archivaria*, v. 17, p. 75-85, 1983-84.

THOMASSEN, Theo. A first introduction to archival science. *Archival Science*, v 1, p. 373-385, 2001.

TOGNOLLI, Natália Bolfarini. *A contribuição epistemológica canadense para a construção da arquivística contemporânea*. Dissertação (Mestrado em Ciência da Informação) – Universidade Estadual Paulista, São Paulo, 2010. 120 f.

TOURNEY, Michele M. Caging virtual antelopes: Suzanne Briet's definition of documents in the context of the digital age. *Archival Science*, v. 3, p. 291-311, 2003.

TSCHAN, Reto. A comparison of Jenkinson and Schellenberg on appraisal. *The American Archivist*, v. 65, p. 176-96, 2002.

UPWARD, Frank. *Online cultures and the continuum project*: a guide for archivists and records managers. Melbourne: Monash University, 2010. p. 1-28. Em elaboração.

VIVAS MORENO, Agustín. El tiempo de la arquivística: um estúdio de sus espacios de racionalidad histórica. *Ciência da Informação*, v. 33, n. 3, p. 76-96, set./dez., 2004.

WERSIG, Gernot et al. The phenomenon of interest to information science. *The Information Scientist*, v. 9, n. 4, p. 127-140, dez. 1975.

WILLIAMS, Caroline. Diplomatics attitudes: from mabillon to metadada. *Journal of the Society of Archivists*, v. 2, n. 1, p. 1-24, 2005.

YEO, Geoffrey. Concepts of record (1): evidence, information and persistent representation. *The American Archivists*, v. 70, p. 315-343, 2007.

_____. Concepts of record (1): prototypes and boundary objects. *The American Archivists*, v. 71, p. 118-143, 2008.

ZEMAN, Jirí. Significado filosófico da noção de informação. In: *O conceito de informação na ciência contemporânea*. Rio de Janeiro: Paz e Terra, 1970.

ZINS, Chaim. Conceptual approaches for defining data, information and knowledge. *Journal of the American Society for Information Science and Technology-Jasist*, v. 58, n. 4, p. 479-493, 2007.

INTERNET

ARMA INTERNATIONAL. *Glossary of records and information terms*. 3. ed. Disponível em: http://www.arma.org/standards/glossary/index.cfm. Acesso em: 20 maio 2009.

BAUTIER, Robert-Henri. *Leçon d'ouverture du cours de diplomatique à L'Ecole des Chartes*. In: Biliothèque de L' Ecole des Chartes, 1961, p. 194-225. Disponível em: <http://www.persee.fr/web/revues/home/prescript/article/bec_0373-6237_1961_num_119_1_449619>. Acesso em: 5 mar. 2010.

BUCKLAND, Michael K. Information as thing. *Journal of the American Society of Information Science*, v. 42, n. 5, p. 351-360, jun. 1991. Disponível em: <http://people.ischool.berkeley.edu/~buckland/thing.html>. Acesso em: 15 jun. 2008.

_____. What is a "document"?. *Historical Studies in Information Science*. Medford, p. 215-220, 1998a. Disponível em: <http://people.ischoolberkeleyedu/~buckland/whatdoc.html>. Acesso em: 10 jun. 2008.

_____. What is a "digital document"?. *Document Numérique*, Paris, v. 2, n. 2, p. 221-230, 1998b. Disponível em: <http//people.ischool.berkeley.edu/~buckland/whatoc.html>. Acesso em: 10 jul. 2009.

CÂMARA TÉCNICA DE DOCUMENTOS ELETRÔNICOS. *Glossário*. Disponível em: <http://www.documentoseletronicos.arquivonacional.gov.br/media/2008ctdeglossariov5.pdf>. Acesso em: set. 2010.

_____. *Glossário*. Disponível em: <http://www.documentoseletronicos.arquivonacional.gov.br/media/2010ctdeglossariov5.pdf>. Acesso em: set. 2010.

CAPURRO, Rafael. *Pasado, presente y futuro de la noción de información*. Trabalho apresentado ao I Encuentro Internacional de Expertos em Teorias de la Información: un enfoque interdisciplinar. León, 2008. Disponível em: <http://www.capurro.de/leon.pdf>. Acesso em: 5 abr. 2009.

FONSECA, Luciana Carvalho. *Evidência e evidence*. Disponível em: <http://www.migalhas.com.br/LawEnglish/74,MI56915,51045-Evidencia+e+Evidence>. Acesso em: 2011.

INTERNATIONAL COUNCIL OF ARCHIVES. *DAT III*: english list (draft). Disponível em: <http://www.staff.uni-marburg.de/~mennehar/datiii/engterm.html>. Acesso em: 5 jul. 2010.

INTERPARES 3 Project: working glossary. Em desenvolvimento com acesso restrito aos pesquisadores do Team Brazil, versão corrente, ago. 2009. Acesso em: 20 maio 2009.

MCKEMMISH, Sue. Traces: document, record, archive, archives. In: McKemmish, Sue et al. (Orgs.). *Archives:* recordkeeping in society. Disponível em: <http://www.csu.edu.au/faculty/educat/sis/CIS/4862/Chapter_1.pdf>. Acesso em: 5 mar. 2010.

NEW SOUTH WALES. *Glossary of recordkeeping terms*. Disponível em: <http://www.records.nsw.gov.au/recordkeeping/government-recordkeeping-manual/introduction/glossary-of-recordkeeping-terms>. Acesso em: 20 maio 2009.

PEARCE-MOSES, Richard. *A glossary of archival and records terminology*. Chicago: The Society of American Archivists, 2005. Disponível em: <http://www.archivists.org/glossary>. Acesso em: 20 maio 2009.

PÉDAUQUE, Roger T. *Document*: form, sign and medium, as reformulated for electronic documents. 2003. Terceira versão. Disponível em: <http://hal.archives-ouvertes.fr/docs/00/06/22/28/PDF/sic_00000594.pdf>. Acesso em: 25 maio 2009.

PINHEIRO, Lena. *Ciência da informação*: desdobramentos disciplinares, interdisciplinares, interdisciplinaridade e trasndisciplinaridade. Disponível em: <http://www.uff.br/ppgci/editais/lenavanialeituras.pdf>. Acesso em: 30 maio 2011.

QUEENSLAND STATE OF ARCHIVES. *Glossary of Archival and Recordkeeping Terms*. Version. 2.3. Australia, 2010. Disponível em: <http://www.archives.qld.gov.au/downloads/GlossaryOfArchivalRKTerms.pdf>. Acesso em: 6 jul. 2010.

RAYWARD, W. Boyd. The origins of information science and the International Institute of Bibliography/ International Federation for Information and Documentation (FID). *Journal of the American Society for Information Science* – Jasis, v. 48, n. 4 p. 289-300, 1997. Disponível em: <http://people.lis.uiuc.edu/~wrayward/OriginsofInfoScience.pdf>. Acesso em: 20 ago. 2008.

SAGREDO, Félix Fernández; IZQUIERDO, José Maria Arroyo. Reflexiones sobre "documento": palabra/objeto (I). *Boletín Millares Carlo*, n. 5, p. 161-198, 1982. Disponível em: <http://dialnet.unirioja.es/servlet/articulo?codigo=1448715>. Acesso em: 1 jun. 2008.

UPWARD, Frank. *In search of the continuum*: Ian Maclean's 'Australian experience' essays on recordkeeping. Austrália, 1994. Disponível em: <http://ourhistory.naa.gov.au/library/pdf/Records_Continuum_Upward.pdf>. Acesso em: 20 maio 2010.

Este livro foi impresso nas oficinas gráficas da Editora Vozes Ltda.,
Rua Frei Luís, 100 – Petrópolis, RJ.